Claudia Cardinal
Sterbe- und Trauerbegleitung

Claudia Cardinal

Sterbe- und Trauerbegleitung

Ein Handbuch

Patmos Verlag

VERLAGSGRUPPE PATMOS

PATMOS
ESCHBACH
GRÜNEWALD
THORBECKE
SCHWABEN
VER SACRUM

Die Verlagsgruppe
mit Sinn für das Leben

In diesem Buch wird bei der Beschreibung der Sterbe-und Trauerphänomene regelmäßig der Begriff „Phasen“ verwendet. Es ist ratsam, hier den Begriff „Phänomene“ zu verwenden. Zu leicht kann sonst der Eindruck entstehen, es wäre möglich, auftretende „Phasen“ nach und nach abzuarbeiten. Das ist nicht der Fall. Die auftretenden Phänomene können wiederholt auftreten und sie können sich abwechseln. Es gibt also keine „Phasen“ im Sinne von linearer Reihenfolge.

MIX
Papier | Fördert gute Waldnutzung
FSC® C083411

Die Verlagsgruppe Patmos ist sich ihrer Verantwortung gegenüber unserer Umwelt bewusst. Wir folgen dem Prinzip der Nachhaltigkeit und streben den Einklang von wirtschaftlicher Entwicklung, sozialer Sicherheit und Erhaltung unserer natürlichen Lebensgrundlagen an. Näheres zur Nachhaltigkeitsstrategie der Verlagsgruppe Patmos auf unserer Webseite www.verlagsgruppe-patmos.de/nachhaltig-gut-leben
Übereinstimmend mit der EU-Verordnung zur allgemeinen Produktsicherheit (GPSR) stellen wir sicher, dass unsere Produkte die Sicherheitsstandards erfüllen. Näheres dazu auf unserer Website www.verlagsgruppe-patmos.de/produktsicherheit. Bei Fragen zur Produktsicherheit wenden Sie sich bitte an produktsicherheit@verlagsgruppe-patmos.de

Bibliografische Information der Deutschen Nationalbibliothek
Die Deutsche Nationalbibliothek verzeichnet diese Publikation in der Deutschen Nationalbibliografie; detaillierte bibliografische Daten sind im Internet über http://dnb.d-nb.de abrufbar.

6. Auflage 2025

Verlagsgruppe Patmos in der Schwabenverlag AG, Senefelderstr. 12, 73760 Ostfildern
www.patmos.de

Druck: CPI books Gmbh, Leck
Hergestellt in Deutschland
ISBN 978-3-8436-0423-9

Inhalt

Einführung 9

Von Würde, Frieden, Heilung und Verzeihen 13

Hier finden Sie:
Die Bedeutung von Würde und Frieden für die Begleitung von Sterbenden – Die Freiheit Sterbender – Nahrungsaufnahme – Vernunft und Unvernunft – Die Stärken und Schwächen von Menschen – Der Wunsch nach Alleinsein oder Gemeinschaft – Der Glaube eines Menschen – Die Achtung dessen, was ein Mensch entwickeln möchte – Die Wünsche eines Menschen – Verurteilen und Beurteilen – Frieden und Würde für sich selbst – Kriterien für eine Heilung – Verzeihen und Gnade

Die Balance von Distanz und Nähe 42

Hier finden Sie:
Die Position der Begleitenden – Die Sterblichkeit alles Lebendigen – Ein gutes Leben haben – Negative Gefühle – Gnade mit sich selbst – Mitleid und Mitgefühl – Sentimentalität und Rührseligkeit – Ein hoffnungsvolles Weltbild – Lösungsorientiertes Denken und Handeln als Schutz gegen Ohnmachtsgefühle

Die Grundlagen der Kommunikation für eine angemessene Sterbe- und Trauerbegleitung 55

Hier finden Sie:
Grundlagen der Kommunikation – Die Wettbewerbskommunikation – Die pädagogische Kommunikation – Die unterstützende Kommunikation – Grundsätze der unterstützenden Kommunikation: Sprachregelungen | Expertentum | Positives–Negatives | Atmosphäre | Deutungen und Bedeutungen | Ehrlichkeit | Offenheit | Das Halten einer Atmosphäre | Die Struktur einer Begleitung | Die Freiheit von Menschen

Sterbephasen 68

Hier finden Sie:
Probleme von Phaseneinteilungen – Die Sterbephasen nach Elisabeth Kübler-Ross: 1 Das Nicht-Wahrhaben-Wollen – 2 Der Zorn – 3 Das Verhandeln – 4 Die Depression: 1. Phase und 2. Phase – 5 Die Zustimmung

Trauerphasen 88

Hier finden Sie:
Trauerphasen nach Claudia Cardinal – 1 Die Fassungslosigkeit angesichts des Unbegreiflichen – 2 Die Schuldgefühle und das Hadern mit Versäumnissen – 3 Die Isolation und die Einsamkeit – 4 Das Verharren in der Vergangenheit und das Erstarren vor dem Schrecken – 5 Ängste angesichts der eigenen Sterblichkeit

Ein Wort über Rituale 104

Hier finden Sie:
Kriterien für ein Ritual – Weltliche Rituale – Geistige Rituale | Krankensalbung | Der Segen | Die Aussprache/Beichte – Beten und Bitten – Rituale für Verstorbene/Trost für Trauernde | Die Aufbahrung – Seltsame Phänomene – Versorgung von Verstorbenen – Die Aussegnung – Die Beerdigung – Allgemeine gesellschaftliche Jahresfeste – Individuelle Jahresfeste – Die Einbindung Trauernder in die Gemeinschaft

Die Symbolsprache von Sterbenden und Trauernden . . . 137

Hier finden Sie:
Symbolsprache als Ausdruck der Seele – Bildersprache und andere Realität – Metaphern für den Beginn einer Reise – Metaphern für das Lösen von der Erde – Metaphern für Zeiten, die sich ändern – Metaphern für das Verlassen des Körpers – Metaphern für das, was unerledigt ist – Metaphern für Hindernisse, die überwunden werden müssen – Imaginärer Besuch – Metaphern für Vereinigung

Was hindert Menschen am Sterben? 170

Hier finden Sie:
Schlaf und Tod – Körperliche Schmerzen – Seelische Schmerzen – Trennungsschmerz beim Abschied: Von nahen Menschen | Von lieb gewordenen Gewohnheiten | Von sinnlichen Erlebnissen – Zukunfts- und Vergangenheitsschmerzen: Die Sorge um andere Menschen | Die Sorge vor der Ungewissheit | Die Sorge vor kommender Abrechnung und Strafe und das schlechte Gewissen – Das Hadern mit anderen Menschen und die Revanche – Hinderung am Sterben: Substanzen und Intensivmedizin

Konflikte 212

Hier finden Sie:
Die Grundgedanken zu Konflikten – Wenn keine Konflikte erkennbar sind – Konflikte Nahestehender mit den Sterbenden – Konflikte Sterbender mit Nahestehenden – Konflikte Sterbender und Nahestehender mit Ärzten und Pflegepersonal – Konflikte Trauernder mit Verstorbenen – Konflikte Trauernder mit anderen Trauernden

Der Tod im Islam **237**

Hier finden Sie:
Geschichte des Islam – Grundgedanken der Religion – Vorschriften – Jenseitsvorstellungen – Ratschläge für eine achtungsvolle Begleitung in der Pflege

Nachwort **245**

Hier finden Sie:
Die Sterbeamme/der Sterbegefährte: Plädoyer für ein neues Berufsbild – Der Tod als Alltagsphänomen – Krankheiten aus der Trauer geboren – Analogien Geburt und Sterben – Was ist eine Sterbeamme/ein Sterbegefährte? – Adressen für weitergehende Unterstützung

Einführung

Menschen treten in unser Leben und begleiten uns eine Weile.
Einige bleiben für immer, denn sie hinterlassen Spuren in unseren Herzen.
Unbekannt

Theoretiker sind Menschen, die praktisch nur denken.
© Werner Mitsch

Niemand kann ehrlichen Herzens versuchen, einem anderen zu helfen, ohne sich selbst zu helfen.
Ralph Waldo Emerson

Tröstende Blicke sind wie kleine Lichter, die in die Enge und Schwere tiefer Dunkelheit leuchten.
Tröstende Worte sind wie Sonnenstrahlen, die durch die Dachluke scheinen und vom blauen Himmel draußen erzählen.
Tröstende Nähe ist wie der Silberschein des Mondes, der den Weg durch unser Fenster findet und uns das Gefühl der Einsamkeit nimmt.
Nachruf

Die Begleitung von Menschen, die sich auf ihr Sterben vorbereiten, ist schwer. Sterbende und ihnen Nahestehende befinden sich in der größten Herausforderung ihres Lebens. In diesen Momenten stellen sich die existenziellen Fragen des Lebens.
Für alle, die den Mut haben, den Betroffenen in den Zeiten des Abschieds nahe zu sein, bedeutet das gleichermaßen, sich den existenziellen Fragen stellen zu müssen. Die Fähigkeit dazu wird jedoch weder MedizinerInnen noch Pflegekräften ausreichend vermittelt. Sie sind vorrangig in den Fragen der medizinischen Behandlung und im pflegerischen Know-how ausgebildet. Und die Fragen nach dem, was nach dem Tod sein könnte oder wie Trauer geheilt werden könnte, werden Psychologen und Seelsorgern zugewiesen. Das allerdings ist weder für die Sterbenden noch für die Trauernden ausreichend. Wie sagte Hardy, als er im Sterben im Hospiz lag: »Ich liege hier und grüble vor mich hin. Und andauernd kommt jemand herein und guckt nach mir. Das verstehe ich. Aber ich wäre sehr froh, wenn ich sagen könnte: ›Ich liege hier und grüble. Bitte, werfen Sie mir etwas zum Nachdenken hin, damit mein Denken eine Richtung finden kann!‹«

Ein hoffnungsvolles Weltbild gehört schon dazu, wenn man sich an die Grenzsituationen des Lebens heranwagen will. Sonst wird es

eine Frage der Zeit sein, bis die Begleitungen nicht mehr ausgehalten werden können. Angesichts des letzten Abschieds, der mit wehenden Schmerzen die Geburt in ein neues Dasein begleitet, ist es sehr leicht, im menschlichen Dasein nur Elend zu erblicken.
Ich habe etliche Menschen kennen gelernt, die im Laufe vieler Jahre in der Arbeit mit Sterbenden eigene Perspektiven gewonnen haben. Diese sind oftmals geprägt von tiefer Weisheit, praktischer Lebenserfahrung und humanistischen Gedanken. Aus ihrem praktischen Weg des Lernens heraus hat sich das entwickelt, was die beste Unterstützung geben kann: die vernünftige Begleitung Sterbender, frei von jeder dogmatischen und einengenden Theorie. Ihr Weg bis zu diesen Erkenntnissen war schwer, denn es gibt keine Lehrbücher, die eine Anleitung geben könnten.
Doch machen wir uns nichts vor: Alle, die einen Abschied begleiten, stehen vor dem gleichen Problem. In Fortbildungen für MedizinerInnen, Kranken- und AltenpflegerInnen und HospizmitarbeiterInnen habe ich erlebt, welche Fragen, Zweifel und Ohnmachtsgefühle bei den Betroffenen entstehen. Eine Unterstützung für alle, die sich an die Begleitung Sterbender und Trauernder wagen, kann nur darin bestehen, ihnen Denkansätze und Ratschläge zu geben, die ihre eigene Hoffnungslosigkeit erlösen und ihnen gleichzeitig die Möglichkeit geben zu handeln, wenn scheinbar »nichts mehr getan werden kann«.

Alle Ratschläge in diesem Buch sind aus der praktischen Arbeit mit Sterbenden, Trauernden, mit BestatterInnen und FloristInnen, SeelsorgerInnen und Menschen in medizinischen Berufen entstanden. Die Ratschläge sind nicht vollständig. Ich bitte Sie, neue Ideen zu entwickeln und dadurch das Schwere, das in endgültigen Abschieden liegt, für alle – auch uns selbst – leichter werden zu lassen.

Zur Benutzung dieses Buches:
In diesem Buch werden sowohl praktische Ratschläge gegeben als auch Denkanstöße, die das eigene Weltbild erweitern können. Die Kapitel werden eingeleitet durch eine Frage einer imaginären Schülerin namens Sabine. In der Antwort auf die Frage werden die unterschiedlichen Aspekte genannt, die den Hintergrund des Problems bilden. Dabei gibt es wiederholt Überschneidungen in der Thematik. In den Ratschlägen tauchen deshalb Hinweise auf, welche Kapitel für eine umfassendere Betrachtung zusätzlich wichtig sind.

Ich habe in jedem Kapitel Erlebnisse mit Sterbenden und ihnen Nahestehenden eingefügt. Diese Beispiele verdeutlichen die beschriebenen Teilaspekte des Abschiedsprozesses. Die Namen der Betroffenen wurden geändert.
Im Inhaltsverzeichnis finden Sie eine Kurzbeschreibung dessen, was Sie in den einzelnen Kapiteln erwartet. Das kann Ihre Stichwortsuche erleichtern.

Zu meiner Person:
Ich bin die schmerzhaften Wege der Begleitung Sterbender in meiner persönlichen Geschichte gegangen. In den Folgejahren habe ich den undeutlichen und verschlungenen Weg aus der Trauer in ein neues Leben hinein durch die Unterstützung von Menschen in meiner Umgebung gefunden. Ich arbeite seit fast fünfzehn Jahren mit Sterbenden und Trauernden.
Wieder habe ich bei der Entstehung dieses Buches jede notwendige Unterstützung gefunden: meine Tochter Anna hat jedes Wort zweimal gelesen und ebenso unnachgiebig wie geduldig mit mir diskutiert. Marlies Geintzer hat mit ihren prägnanten Fragen und Kommentaren Schliff gegeben. Meine Freundin und Kollegin Hildegard Fuhrberg hat sich wieder einmal über Monate tief in jede Feinheit eingelassen und mich mit Ideen unterstützt. Danken möchte ich auch Armin Heiderich für spontane Bereitwilligkeit, die Texte abschließend durchzusehen. Ich danke zusätzlich allen Sterbenden, Trauernden und Fragenden, die mir die Chance gegeben haben, dieses Buch zu entwickeln.
Dieses Buch ist aus der praktischen Arbeit heraus entstanden. Ich arbeite unabhängig und frei von jeder Institution oder Konfession.
Ich wünsche mir sehr, dass die Arbeit mit Abschied und Trauer durch Hoffnung genährt werden kann. Ich wünsche mir, dass es möglich ist, dass angesichts des größten Schmerzes Gemeinschaften vorhanden sind, die diesem Schmerz standhalten und ihm mit dem Mut zur Zukunft begegnen können. Und ich wünsche mir sehr, dass wir über jedes theoretische Reden über Tod und Trauer hinaus zu praktischen und unterstützenden Lösungen finden – für alle am Prozess Beteiligten.

Claudia Cardinal

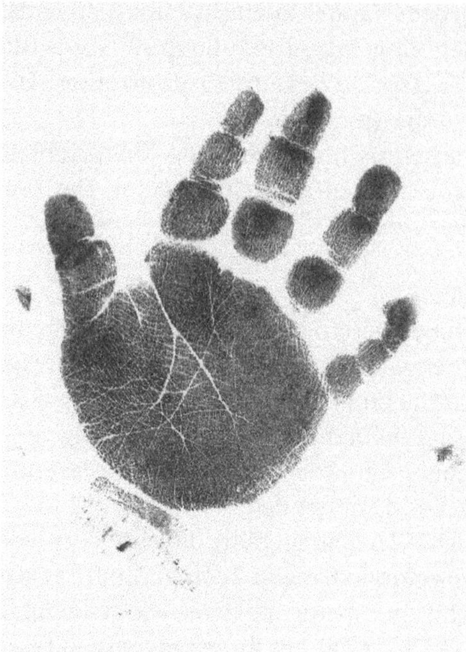

Die Einzigartigkeit eines Menschen ist auch an den Linien einer Handfläche unverkennbar zu entdecken.

Von Würde, Frieden, Heilung und Verzeihen

Über den Frieden wird geredet,
um den Frieden wird gebetet,
wegen Frieden wird nachgedacht,
doch am wenigsten wird er g'macht.
© Hermann Lahm

Die Würde, die in der Bewegung eines Eisberges liegt, beruht darauf, dass nur ein Achtel von ihm über dem Wasser ist.
Ernest Hemingway

Krieg mich, ich bin der Frieden!
Graffito

Die Frage:
»Ich verstehe es nicht mehr«, sagt Sabine. »Wir sprechen immer wieder davon, dass Sterbende in Würde sterben sollen. Und ich habe einmal gelesen, dass der Tod eine Heilung sein kann. Wenn ich aber in Krankenhäusern und Pflegeheimen sehe, wie Menschen sage und schreibe krepieren, und wenn ich erlebe, wie Menschen sich quälen, dann weiß ich überhaupt nicht mehr, was diese Worte eigentlich bedeuten sollen. Und was bedeuten sie für uns selbst?«

Die Antwort:
Sterbende und ihnen Nahestehende stehen vor der größten Herausforderung ihres Lebens: Ein Abschied für immer ist zu bewältigen. Dieser Abschied und damit das, was wir als »Achtung der Würde« bezeichnen, ist für alle eine große Aufgabe. Abschied bedeutet das Ende des Gewohnten und gleichzeitig den Beginn von etwas Neuem und Unbekannten. Die Würde der Menschen innerhalb dieses Prozesses ist es, die für die Sterbenden einen heilsamen neuen Weg bereitet. Was die Achtung der Würde allerdings in einer konkreten Situation heißen kann, ist sehr unterschiedlich.
Noch schwieriger wird es, wenn der Begriff des »Friedens«, den wir ebenso leichthin aussprechen, auf seine Bedeutung und Umsetzung überprüft werden soll. Ein tatsächlicher und haltbarer Frieden angesichts des Todes unterscheidet sich dabei nur wenig von einer der – wie wir wissen, kaum umsetzbaren – Friedensvisionen, die die Menschheit seit Urgedenken in sich trägt.
Worte wie Frieden, Würde und Heilung sind zwar vielfach beschrie-

ben, doch kaum definiert, was jedoch zu ihrer Verwendung grundlegend notwenig erscheint. Wir haben wenig präzise Vorstellungen von den großen Worten, mit denen wir in unserer »Spaßgesellschaft« leichtfertig umgehen.

Die Praxis der Begleitung sollte entscheidend sein, nicht die Theorie. Erst dann lässt sich eine konkrete Vorstellung davon entwickeln, wie ein heilsamer Weg in eine neue Zukunft für alle Beteiligten entstehen kann. Dazu gehört auch, dass Menschen, die beruflich in der Begleitung tätig sind, ihre eigene Kraft und ihr eigenes Weltbild entwickeln. Dann können sie auch angesichts des dauernden Abschieds und Neubeginns Hoffnung in sich tragen.

Was bedeutet Würde angesichts des Sterbens?

»Die Würde des Menschen ist unantastbar.« So steht es in unserem Grundgesetz. Würde angesichts des Sterbens bedeutet, dass Sterbenden und ihnen Nahestehenden die gleichen Rechte zugestanden werden, die wir uns zugestehen. Das bedeutet, dass Sterbende selbständig entscheiden, welche Maßnahmen, ob medizinisch oder pflegerisch, ergriffen werden dürfen. Es bedeutet ferner, dass sie in ihrem eigenen Prozess, in dem sie sich befinden, das lernen und entwickeln dürfen, was sie selbst für sich wollen, unabhängig davon, ob Menschen in ihrer Umgebung das auch so wollen oder nicht. Und die Achtung der Würde eines Menschen beinhaltet, dass wir bemüht sind, seine Einzigartigkeit zu sehen und seinen Wert zu schätzen.

Was bedeutet Frieden angesichts des Sterbens?

Ein haltbarer und wirklicher Frieden geht weit über das hinaus, was wir als bloße Akzeptanz bezeichnen. Frieden kann synonym für Heilung verwendet werden und entspricht so einem sehr hohen Anspruch. Ein wirklicher Frieden ist nur dann erreicht, wenn ich einverstanden bin mit dem, was passiert und was geschehen ist. Es ist ratsam, dieses Kriterium auch für eine Heilung anzulegen.

Kein Mensch ist dem anderen gleich. Es ist das Zusammenspiel unserer Eigenarten, unserer Fähigkeiten und unserer Schwächen, das uns unverwechselbar macht und das so schwer greifbar und kaum zu erfassen ist. Es ist das Besondere, dass sich unser individueller Ausdruck in tatsächlicher Freiheit befindet – unabhängig von allen gesellschaftlichen Anforderungen. Kein Mensch kann gezwungen werden zu denken, zu glauben, zu lieben oder zu genießen. Alles das sind freiwillige Leistungen. Ebenso wenig kann ein Mensch gezwungen werden zu leben, wenn er nicht leben will. Es ist einzig unsere Anmaßung, die unsere innere Vorstellung nährt, wir könnten dauerhaft Menschen am Leben halten. Allen lebensverlängernden Maßnahmen sind Grenzen gesetzt, so gern wir es auch anders hätten. Keine Chemotherapie, keine Herz-Lungen-Maschine kann einen Menschen gegen seinen Willen beständig im Leben halten. Freiheit und Würde stehen eng miteinander in Verbindung und bedingen sich gegenseitig.

Ratschläge für die Achtung der Würde des Menschen in der praktischen Begleitung:

Wenn Sie erkennen, dass sich ein Mensch auf das Sterben vorbereitet, bleiben Sie ihm nahe und achten Sie seine Freiheit seinen eigenen Weg zu gehen.

Der Himmel ist uns überall gleich nahe.
Friedrich Gottlieb Klopstock

Gute Taten stehen für sich. Und dort werden sie wohl auch immer stehen bleiben.
© Erhard Blanck

Geschichte von Marlene
Marlene hatte Krebs. Sie war Mutter von drei Kindern im Alter zwischen 8 und 13 Jahren. Die Kinder waren noch zu jung, um die Ernsthaftigkeit der Krankheit und deren Konsequenzen überblicken zu können. Als in Folge der zunehmenden Metastasierung ein akuter Darmverschluss hinzu kam, wurde Marlene ins Krankenhaus gebracht. Hier wurden ihre Schmerzen versorgt, eine weitere medizinische Behandlung gab es nicht, da eine Operation zu riskant erschien. Nach zehn Tagen verschwand der Darmverschluss von selbst. In diesem Moment rieten die behandelnden Ärzte Marlene zu einer weiteren zytostatischen Therapie, in der Hoffnung, dadurch ihr Leben verlängern zu können. Marlene war satt. Sie lehnte jede weitere Form der Behandlung ab und konfrontierte ihre Umgebung mit ihrem innigen Wunsch sterben zu dürfen. Sie wollte nur nach Hause, um im Kreis ihrer Lieben den Abschied zu vollbringen.

Ihre Freunde und ihre Familie besprachen sich mit den Ärzten und erfüllten ihr den Wunsch. Nach allen medizinischen Prognosen wäre ihr Leben durch eine weitere Therapie möglicherweise verlängert worden, eine Gesundung allerdings war in ihrem Stadium der Erkrankung kaum möglich. Für alle Beteiligten stand die Lebensqualität von Marlene bei den Überlegungen im Vordergrund. Sie hatten im Laufe der Krankheit eingesehen, dass Marlene des Kämpfens für ihr Leben müde geworden war. Marlene nahm von ihren Kindern Abschied. Sie hatte alles darangesetzt, sie gut versorgt zu wissen. Nach einer guten Woche starb sie.

Begleitende Worte:
Der Wunsch auf Achtung der Freiheit ist zutiefst ethisch begründet. Einen Menschen in dieser Situation zu unterstützen und nicht zu fordern, er müsse weiterleben, gesteht ihm ein hohes Maß an Freiheit zu. Sich vor dem Willen und dem Weg eines anderen Menschen zu verneigen und keine intensivmedizinischen Zwänge einzuleiten, bedeutet ein großes Maß an Demut dem Leben eines anderen Menschen gegenüber. Diese Situation ist einer ganz alltäglichen vergleichbar.
Stellen Sie sich vor, sie seien gemeinsam mit Freunden und Ihnen Nahestehenden auf einer Feier. Wenn nun eine Person aus Ihrem Kreis den Wunsch hegt, nach Hause zu gehen, weil sie müde ist, würden Sie diese nicht zwingen wollen, froh und erfüllt der Feier weiter beizuwohnen. Die Achtung der Würde bedeutet in diesem Moment, den Menschen zur Tür zu begleiten und ihn zu verabschieden, ihm einen guten Heimweg zu wünschen. In diesem Moment würden wir der betreffenden Person in den Mantel helfen, wir würden sie unterstützen, die fehlenden Gegenstände zusammenzusuchen, und wir wären bei ihr, bis sie gegangen ist. Jedes Ansinnen, die Person müsse weiter an der Feier teilnehmen, kommt dem Zwang gleich, den niemand für sich selbst wünschen würde (siehe auch: Claudia Cardinal, Trauerheilung – ein Wegbegleiter, Patmos Verlag 2002, »Das Haus des Lebens«).
Dieses Bild kann uns helfen, eine Situation des Abschieds auch im übertragenen Sinn zu verstehen. Möglicherweise spielen sich die großen Abschiede des Lebens ähnlich ab. Beim Sterben eines Menschen handelt es sich allerdings um einen Abschied, der mit großem Schmerz verbunden ist.

Respektieren Sie, wenn ein Sterbender nicht mehr essen und trinken will.

Wahrhaft frei ist, wer eine Einladung zum Essen ohne Begründung ablehnen kann.
Jules Renard

Geschichte von Elsa
Elsa war Bewohnerin eines Altenheimes. Durch Arthrose und Herzinsuffizienz in ihrer Bewegungsfreiheit und Lebensqualität stark eingeschränkt und zusehends vereinsamt, rief sie mich eines Tages an und bat mich um einen Tipp, wie sie ihr Leben beenden könne. Ich machte ihr deutlich, dass aktive Sterbehilfe nicht die Unterstützung einer Sterbeamme sein kann. Elsa bat mich dann, ihr doch einen Rat zu geben, wie sie auch ohne aktive Sterbehilfe ihren eigenen Weg aus dem Leben nehmen könnte. Die einzige Möglichkeit für sie zu sterben wäre es, per Patientenverfügung jede künstliche Ernährung abzulehnen und dann aufzuhören zu essen. Elsa war dazu nicht bereit. Sie sagte: »Ich weiß nicht, ob ich das schaffe!« Natürlich war Elsas Haltung nur allzu verständlich. Der von ihr gewünschte Zeitpunkt des Sterbens – quasi auf Knopfdruck – erschien mir viel zu verfrüht gesetzt. Ich riet ihr daher, das Leben und im Besonderen das Essen so lange zu genießen, bis es für sie selbst nicht mehr wichtig sei.

Geschichte von Elli
Elli lebte schon lange bettlägerig im Pflegeheim. Ihre wenigen Vergnügungen bestanden darin, einige Besonderheiten des Essens zu genießen: ein Stück Torte, eine Tasse Kaffee, eine Zigarette und dazu das eine oder andere Edelkonfekt. Elli ließ im Laufe von zwei Jahren immer mehr von diesen Genüssen ab. Letztlich nahm sie täglich noch ein Bruchstück einer Praline zu sich. Und als das nicht mehr wichtig für sie war, starb sie eines Nachts vollkommen ruhig und friedlich.

Begleitende Worte:
Ein Mensch, der nicht mehr essen oder trinken möchte, muss auch nicht mehr essen und trinken. Nahrung und Wasser verbindet uns Menschen mit allem Lebendigen in der Natur. Wir nehmen die Nahrung in uns auf, die am Leben erhält. Menschen, die sich auf das Sterben vorbereiten, schließen während des Sterbeprozesses mit vielem ab, was vorher wichtig erschien. Hierzu gehört auch

die Nahrungsaufnahme. Jeder Mensch, von dem verlangt wird, daran festzuhalten, bleibt in den Prozess des Lebens eingebunden. Künstliche Ernährung als Maßnahme kommt dann einem Zwang gleich. Selbstverständlich muss hier zwischen einem schwerkranken Menschen und dem nahenden Tod und einer manifesten oder modifizierten Form einer therapierbaren Essstörung unterschieden werden.

Der verzweifelte Versuch von Nahestehenden, Menschen, die mit dem Essen abgeschlossen haben, zu weiterer Nahrungsaufnahme zu bewegen, wird darin manifest, dass sie ihr Bestes geben, die Lieblingsspeise der Person, die im Sterben liegt, aufzutreiben und sich alle Mühe geben, diese so zu servieren, wie die sterbende Person »es liebte«. Gleichzeitig geschieht es sehr häufig, dass Nahestehende das Empfinden haben, das Pflegepersonal würde ihren Lieben weder ausreichende Pflege noch stärkendes Essen bieten. Solches ist nur allzu verständlich und nachvollziehbar, insofern es aus tiefem Mitgefühl und der Hoffnung auf ein gemeinsames Weiterleben hervorgeht (denn Essen ist Leben!). Dass es damit Sterbenden unter Umständen schwer gemacht wird, sich aus dieser Welt zu lösen, ist ein häufiges Phänomen.

Es ist für Personen, die beruflich-professionell mit Sterbenden arbeiten, sehr viel einfacher, diese Wünsche zu respektieren, als für diejenigen, die einen schweren Abschied und eine schwere Zeit für sich selbst ahnen.

Dass mit der üblichen medizinischen Maßnahme der künstlichen Ernährung dieser Aspekt der Würde fortwährend eingeschränkt wird, erlebt jeder, der in der Pflege mit Schwerkranken beschäftigt ist. Eine Patientenverfügung soll dazu dienen, im Falle einer medizinischen Notfallversorgung seine eigenen Belange und Wünsche gewahrt zu wissen. Dazu gehört, dass ich selbst erkläre, welche medizinisch-klinischen Maßnahmen ich im Falle einer Notfallversorgung erlaube und welche ich nicht an mir durchgeführt haben will. Ein Problem besteht darin, dass Patientenverfügungen in einer Notfallsituation oftmals erst dann gefunden und vorgelegt werden, wenn die Person bereits an Apparaturen angeschlossen ist. Das Entscheidende ist dabei, dass diese Geräte im Nachhinein nicht mehr abgeschaltet werden können. Wer immer die Geräte dann abschaltet, kann juristisch für den Tod verantwortlich gemacht werden. Des Weiteren unterliegt die Beachtung einer Patientenverfügung dem Ermessen des Arztes. Ein Mediziner kann sich nach

dem Wunsche des Patienten richten. Falls der behandelnde Arzt eine Chance für medizinische Maßnahmen sieht, muss er die Patientenverfügung jedoch nicht berücksichtigen.
Den Wert einer Patientenverfügung zu erkennen und diesen Wunsch auf Selbstbestimmung auch zu achten, wird erst in der Zukunft durchgesetzt werden können. Noch immer entstehen würdelose Situationen, in denen Nahestehende fassungslos vor dem Krankenbett ihrer Nächsten stehen und sich schwere Vorwürfe machen, weil sie den Willen, den die betreffende Person schriftlich niedergelegt hatte, nicht durchsetzen konnten. Kliniken sind hier aufgefordert, den Wunsch von Patienten zu respektieren.
Die Achtung des Wunsches und der Würde eines Menschen im Sterbeprozess bedarf zunehmender Beachtung durch die Gesellschaft und weiterer juristischer Klärung.

Tolerieren Sie, wenn ein Mensch scheinbar »unvernünftig« ist.

Wo die Unvernunft blüht, da
schießen die Apotheken wie
Giftpilze aus dem Boden.
© Werner Mitsch

Toleranz kann man von den
Rauchern lernen.
Noch nie hat sich ein Raucher über
einen Nichtraucher beschwert.
Sandro Pertini

Es gehört zur Weisheit, gelegentlich
ein bisschen töricht zu sein.
Wilhelm Raabe

Geschichte von Harald
Harald erkrankte wenige Jahre bevor er in die Palliativstation verlegt wurde an einem Pankreas-Kopf-Karzinom (Bauchspeicheldrüsenkrebs). Harald verlebte die letzten Wochen in einer Umgebung, die es ihm ermöglichte, alle Genüsse, die er so schätzte, noch einmal zu durchleben: zum Frühstück bekam er seine geliebte Tageszeitung, Krankenschwestern richteten ihm sein tägliches Bad und brachten ihm sein Glas Sekt, sie zündeten ihm seine Zigarette an, er konnte die Musik hören, die er gern mochte – den Kaiserwalzer. Zwei Wochen benötigte Harald, um diese Genüsse ohne jede Maßregelung von außen für sich abzuschließen. Harald dankte den Begleiten-

den für diesen Liebesdienst (!), bevor er starb. In Erinnerung blieb denen, die auf der Station Dienst hatten, das genießerische Lächeln auf seinem Gesicht, wenn er in das vorbereitete Badewasser tauchte und wenn er die Takte der Musik mitsummte.

Begleitende Worte:

Angesichts des Sterbens stellt sich alles auf den Kopf, was wir einmal gedacht und/oder als richtig empfunden haben. Was haben wir zu verlieren? Letztlich ist es »nur« unser Stückchen Leben, das in unserem Sterben und unserem Abschied verloren geht. Einige Menschen haben große Schwierigkeiten, die Freiheit, die in dieser einfachen Tatsache steckt, zu erfassen und in ihrem Leben umzusetzen. Das hat den Hintergrund, dass wir zeit unseres Lebens gelernt haben, wie »man vernünftig durch das Leben geht« bzw. »was man tut, was man nicht tut«. Angesichts dessen jedoch, dass wir eigentlich nichts zu verlieren haben, kann es geschehen, dass Sterbende genauso gerne Wein trinken, wie zeit ihres Lebens, dass sie ebenso sehnsüchtig Zigaretten rauchen, wie in allen Jahren zuvor. Sie sind möglicherweise daran gewöhnt, dass der Tag mit einer Zeitung beginnt und mit der Soap-Opera oder den Sportnachrichten im Fernsehen aufhört. Menschen haben ihre Neigungen und Vorlieben. Angesichts dessen, dass der endgültige Abschied wartet, ist es absurd, einem sterbenden Diabetes-Patienten die Sahnetorte zu verweigern, mögen Nahestehende auch noch so sehr hoffen, dass sich mit genügender Vernunft alles wieder zum Alten wenden lässt und das gelebte Leben weiterläuft, als sei nie eine schwere und lebensbedrohliche Krankheit im Endstadium entstanden. Ebenso absurd ist es, wenn angesichts des nahenden Todes eines Menschen auf die Gefahr hingewiesen wird, die durch Rauchen, durch Alkohol oder durch Medikamentenabhängigkeit entstehen kann. Für Sterbende gibt es keine ungesunden Vorlieben!

Hier ist selbstverständlich zu unterscheiden, ob sich der betreffende Mensch tatsächlich an der Schwelle des Abschieds befindet oder eine körperliche Gesundung anvisiert werden kann. Während eines Heilungsprozesses sind fraglos alle zur Verfügung stehenden Möglichkeiten zu nutzen, um das Leben wieder in voller Gesundheit führen zu können. Zur Klärung, ob ein Abschied naht oder Heilung anvisiert werden kann, ist neben dem Wunsch der betreffenden Person deren Lebensqualität zu berücksichtigen. Dass sich Lebensmut nicht durch Medikamente wecken lässt, ist eine Tatsache.

Sehen Sie den ganzen Menschen, bleiben Sie nicht bei den Schwächen oder Stärken eines Menschen stehen.

Nur die guten Seiten eines
Menschen zu mögen,
ist ein Zeichen von Einseitigkeit
und Schwäche.
© Ernst Ferstl

Man muss Gott beim Herzen zu
packen verstehen:
das ist seine schwache Seite.
Theresia von Lisieux

Ich habe niemals einen Menschen ohne Schwäche gesehen;
nur ist sie auffallender bei vorzüglichen Menschen.
Johann Wolfgang von Goethe

Geschichte von Friedrich

Friedrich lag nach seiner Bypass-OP im Krankenhaus. Er war aggressiv und böse auf alles, was sich in seiner Nähe zeigte. Seiner Frau sagte er kein nettes Wort, seine Söhne waren Versager, Ärzte und Krankenpersonal waren in seinen Augen unfähig. Friedrich war Alkoholiker und hatte vieles in seinem Leben versäumt. Das wusste er genau. Erst als ein Krankenpfleger sich in einer ruhigen Minute an sein Bett setzte und gemeinsam mit ihm über sein Hobby – Rosenzucht – sprach, taute Friedrich auf. Er erzählte dem jungen Krankenpfleger leidenschaftlich alles, was er im Laufe seines Lebens gelernt hatte und er beantwortete geduldig alle Fragen, die der junge Mann hatte.

Geschichte von Betti

Betti war Zeit ihres Lebens von allen wegen ihrer scharfen Worte gefürchtet. Sie war viele Jahre Stationsschwester in einem Landeskrankenhaus gewesen. Auch als sie an ihrer letzten Station, dem Hospiz, angekommen war, machte sie es allen schwer. Sie scheuchte alle, die mit ihrer Pflege betreut waren, herum und war sehr geschickt darin, sie gegeneinander auszuspielen. Das tat sie, indem sie jeder einzelnen Pflegekraft sagte, sie sei doch wirklich die beste von allen und dass die anderen große Fehler in der Pflege machen würden. Es dauerte eine ganze Zeit, bis das Team erkannte, welches Spiel ablief.
Nachdem Betti bereits drei Monate in dem Hospiz verbracht hatte, erschien dort eine Schülerin, die ihr Sozialpraktikum absolvierte. Auch dieses Mädchen hieß Betti. Sie war schüchtern, sie wusste nicht recht, was sie in ihrem zukünftigen Leben machen sollte. Betti stand die Aufgabe bevor, der alt gedienten Krankenschwester zur Unterstützung zur

Seite zu stehen. Ihre Schüchternheit wurde größer, denn sie hatte bereits viel von der Patientin Betti gehört. Sehr zum Erstaunen aller war Betti sehr ruhig, sehr freundlich und sehr liebevoll zu der jungen Frau. Bei den gemeinsamen Spaziergängen, wenn Betti ihre Namensschwester im Rollstuhl ausfuhr, erzählte diese ihr aus ihrem Leben und gab ihr Bestes, der jungen Frau zu mehr Selbstbewusstsein zu verhelfen.

Begleitende Worte:
Zur Achtung der Würde eines Menschen gehört, dass er in seiner Ganzheit erkannt werden soll. Jede Fixierung auf seine Fehler, jede Konzentration auf seine Stärken betrachtet nur Teilaspekte. Jeder Mensch besitzt Stärken und Schwächen, und erst durch die einzigartige Verflechtung dieser Eigenschaften entsteht das Gesamtbild. Es kann sein, dass ein Gesamtbild sich nicht schnell oder überhaupt nicht erschließt. Zu einer würde- und achtungsvollen Haltung jedoch gehört, dass wir zumindest wissen, dass hinter einem deutlich hervortretenden Fehler noch viel mehr stecken kann, als wir erahnen.
Selbstverständlich kann es geschehen, dass Sterbende Haltungen, Ansichten und Neigungen an den Tag legen, die alle, die sie begleiten, vor Probleme stellen. Gleichwohl sollten wir uns vor Augen führen, dass es sich auch bei Sterbenden um ganz normale Menschen handelt. Es ist nicht einzusehen, weshalb sie besser oder schlechter sein sollten als zuvor in ihrem Leben. Es kann sein, dass sie angesichts des nahenden Endes Seiten in sich entwickeln, die bisher nicht zu erkennen waren. Dabei ist offen, ob uns die Seiten gefallen oder nicht. – Ein zusätzliches Problem entsteht, wenn Angehörige mit harscher Kritik um sich werfen. Doch auch diese Menschen haben ihre zwei Seiten, unabhängig davon, ob wir sie nun gerade erkennen oder nicht.
Diese Einsicht kann allen, die Sterbenden und Trauernden begegnen, eine große Unterstützung sein. Oftmals neigen wir dazu, Menschen, die sich in Krisensituationen befinden, ein wenig zu glorifizieren und in unserem Mitleid verfangen zu sein. Dadurch wird unsere Urteilskraft beeinträchtigt. Eine Haltung jedoch, die in sich das Bemühen trägt, einen Menschen nicht nur nach seiner Oberfläche zu beurteilen, schafft einer umfassenderen Betrachtungsweise Platz. Wer weiß, was wir an einem Menschen entdecken können, wenn wir ihm mit dieser Haltung entgegentreten? Das Entdecken von ungeahnten Aspekten beschränkt sich dabei bei

Weitem nicht nur auf die Begleitung von Menschen in Abschied und Schmerz. Und möglicherweise erlaubt diese Grundeinstellung erst, dass ein Mensch die ganze Bandbreite seines Wesens darstellen kann. Erst die liebevolle Betrachtung eines Menschen mit allen seinen Seiten erlaubt, dass ein Abschied in Würde und Frieden möglich wird.

Achten Sie darauf, ob ein Mensch allein sterben möchte. Achten Sie darauf, ob ein Mensch im Beisein anderer sterben möchte.

Wenn dich alles verlassen hat,
kommt das Alleinsein.
Wenn du alles verlassen hast,
kommt die Einsamkeit.
Johann Christoph Friedrich von Schiller

Wahre Gemeinschaft ist wesentlich Gemeinschaft verantwortlicher Personen – bloße Masse aber nur Summe entpersönlichter Wesen.
Viktor Frankl

Suche die totale Einsamkeit – wer kommt mit?
Unbekannt

Geschichte von Werner

Werner wusste genau, dass er bald sterben würde. Er hatte bereits den dritten Herzinfarkt hinter sich gebracht, als er im Krankenhaus lag. Werner war schwach. Seine Familie besuchte ihn täglich. Werner starb langsam und wurde ebenso langsam schwächer. Es dauerte fünf Tage, bis sein dritter Sohn die Reise zu ihm ans Krankenbett geschafft hatte – er wohnte auf einem anderen Kontinent. Als er mit ihm gesprochen und sich auch von diesem Sohn verabschiedet hatte, starb Werner in der folgenden Nacht ganz ruhig. Sein Gesicht war entspannt, als ihn das Personal am nächsten Morgen in seinem Bett fand.

Geschichte von Angela

Angela war noch jung, als sie sich nach der Erkrankung »malignes Lymphom« (Lymphdrüsenkrebs) auf das Sterben vorbereitete. Sie hatte sich schon Tage vorher von ihren beiden Kindern verabschiedet. Ihre Mutter war bei ihr und pflegte sie. Angelas Freundeskreis war schockiert und wollte sie zu gern noch besuchen. Angela entschied anders. Bis auf zwei

Freundinnen, mit denen sie am Ende ihres Lebens einen alten Zwist klärte, ließ sie niemanden mehr zu sich kommen. Angela nahm von ihnen Abschied und tat ihren letzten Atemzug, als diese ihre Hände drückten.

Begleitende Worte:
Niemand weiß vorher, was letztlich geschieht, wenn wir uns selbst auf unseren eigenen konkreten Abschied vorbereiten müssen. Wir haben in Hollywoodfilmen gesehen, wie Menschen ihren eigenen Tod im Kreise anderer heroisch zelebriert haben. So gern wir es dann hätten, dass ein wahrhaftig generöser Abschied zelebriert würde, sterben Menschen doch häufig unter vollkommen anderen Umständen. Es kann sein, dass ein Mensch es vorzieht, genau dann zu sterben, wenn die letzte anwesende Person einen kurzen Moment eingenickt ist; es kann sein, dass ein Mensch wartet, bis eine geschätzte Person die weite Reise bis zum Krankenbett eben gerade noch geschafft hat. Alles das liegt nicht in unserer Macht. Wir können nur abschätzen, nur Wahrscheinlichkeiten benennen, mehr nicht. Und oftmals wird erst hinterher deutlich, welchen Sinn das Sterben eines Menschen zu einem bestimmten Zeitpunkt gemacht hat.
Menschen, die sich auf das Sterben vorbereiten, ziehen sich immer mehr aus dem zurück, was bisher Alltagsrelevanz hatte. Dieser Rückzug kann auch bedeuten, dass, je näher der Zeitpunkt des Abschieds rückt, selbst nahe Menschen für die Sterbenden nicht mehr wichtig sind.
Alle, die in der Pflege und Begleitung Sterbender tätig sind, bestätigen immer wieder, dass sie überrascht über den Zeitpunkt des Todes sind. Oftmals haben sie nicht so schnell damit gerechnet, während sie ebenso häufig verwundert darüber sind, dass der Todeszeitpunkt so unendlich spät eintritt. Diese erfahrenen Menschen sind sich klar darüber, dass der Todeszeitpunkt oft sehr weise gewählt erscheint.

Achten Sie die Freiheit im Glauben eines Menschen.

Der Glaube kann uns
niemals von etwas überzeugen,
was unserer Erkenntnis
zuwiderläuft.
John Locke

Wenn man nicht glaubt,
braucht man eine Bestätigung.
Wenn man glaubt,
braucht man keine Bestätigung
mehr.
Michael Bertschik

Der Glaube ist wie die Liebe: er lässt sich nicht erzwingen.
Schopenhauer

Und dann war da noch der
Statistiker, der meinte:
Egal, was wir von Gott glauben,
egal, wie wir an Gott glauben,
und egal, ob wir an Gott
glauben:
Aber wenn Er wirklich das
Universum erschaffen hat,
dann geht die Wahrscheinlichkeit
so ziemlich gegen Null, dass
Er ein Trottel ist.
© Wolfgang J. Reus

Geschichte von Pater Bernhard

Pater Bernhard hatte viele Jahre seines Lebens eine kleine Gemeinde im Süden Deutschlands versorgt. Er war mit den Menschen seiner Umgebung ebenso verwachsen wie mit der Landschaft. In seiner Amtszeit war er bekannt dafür, dass er seinen Rotwein liebte und dass er scharfe Worte fand, wenn ihm etwas nicht gefiel. Pater Bernhard war beliebt und wurde, wie in kleinen Gemeinden üblich, auf alle Feste und zu allen Familienereignissen eingeladen. Niemand zweifelte an seinem tiefen, religiösen Glauben und an seiner Treue zur Kirche. Pater Bernhard war noch nicht im Ruhestand, als er an Krebs erkrankte. Seine Krankheitszeit dauerte kaum ein paar Monate, bis er auf dem Sterbebett lag. Seine Gemeinde litt mit ihm, und er wurde mitfühlend und aufmerksam in seinem Pfarrhaus gepflegt. Das Erstaunen und Entsetzen war groß, als die Gemeinde vernahm, wie er sich benahm. Pater Bernhard schimpfte wie früher, wenn er in seinen Predigten über Ungerechtigkeiten wetterte. Immer hatte er zu einem tiefen Gottglauben aufgerufen. Doch den schien es für ihn selbst nicht mehr zu geben. Wenn jemand in seiner Umgebung von Gott sprach, fragte er nach, wer das wohl sein solle. Wenn jemand ihm riet zu beten, fragte er scharf nach, an wen er sich denn wohl wenden solle.

Pater Bernhard war in der tiefsten Glaubenskrise seines Lebens verfan-

gen, und niemand konnte ihm Trost bringen. Es schien, als sei alles, was er jemals gepredigt hatte, hinfällig geworden. Am letzten Tag seines Lebens sprach er nicht mehr. Alle Anwesenden merkten nur, dass er ruhig atmete, bis der letzte Atemzug sein Leben beendete.

Begleitende Worte:
Auch wenn es uns als Begleitende verständnislos zurücklässt: ein Mensch ist in seinem Glauben frei. Angesichts des Sterbens kann ein Betroffener oder ein ihm Nahestehender ein tiefes religiöses Verstehen finden. Diese Haltung wird den Betreffenden seinen Abschied leichter werden lassen, ganz einfach, weil der Abschied damit einen Sinn ergibt. Andere jedoch werden mit ihrem eigenen Weltbild ins Hadern kommen und für den Schrecken, das Unabänderliche und den Schmerz die Instanz verantwortlich machen wollen, die dafür scheinbar die Verantwortung trägt. Tiefer Zweifel an Gott ist nur allzu verständlich. Welcher Gott, wie auch immer er heißen möge, würde seine Kinder quälen, indem sie sich in Schmerzen winden oder indem sie mit ansehen müssen, wie andere sich quälen?
Das Hadern und Zürnen mit Gott angesichts des Todes ist verständlich und normaler, als wir es erwarten würden. Auch Menschen, die bislang als tief religiös erschienen, geraten in Zweifel, wenn alles, was ihr bisheriges Weltbild ausmachte, ins Wanken gerät und es scheinbar nichts mehr gibt, was getan werden kann.
Keine Konfession, wie immer sie auch heißen mag, hat die Macht, einem Menschen ihre Sichtweise aufzudrücken. Gedanken sind frei. Glaube ist frei. Jedes Fassen eines neuen und möglicherweise Hoffnung gebenden religiösen Gedankens erweitert die Sichtweise und ist ein Akt der Freiheit einer Person. Dogmatismus jedenfalls ist vollkommen fehl am Platz, wenn es um Glaubensfragen, Sterben und Trauer geht.

Achten Sie die Freiheit dessen, was ein Mensch entwickeln möchte.

Zwischen Reiz und Reaktion liegt ein Raum.
In diesem Raum liegt unsere Macht zur Wahl unserer Reaktion.
In unserer Reaktion liegen unsere Entwicklung und unsere Freiheit.
Viktor Frankl

Nicht der Verstand ist die Hauptsache, sondern das, was ihn lenkt – die Natur, das Herz, die edlen Instinkte, die Entwicklung.
Fjodor Michailowitsch Dostojewskij

Wer seine Entwicklung für abgeschlossen hält, ist völlig fertig.
© Peter E. Schumacher

Mehr Verwicklung als Entwicklung!
© Manfred Hinrich

Geschichte von Brigitte
Brigitte war an Dickdarmkrebs erkrankt und bereitete sich aufs Sterben vor. Sie hatte Zeit ihres Lebens gute Ratschläge über gesunde Lebensführung gesammelt und sich diszipliniert an jede Regel gehalten. In ihren letzten Wochen gaben die Mitarbeiterinnen des Hospizes ihr Bestes, damit Brigitte ein wenig Genuss erleben konnte. Brigitte war nicht davon zu überzeugen, dass sie sich selbst keinen Schaden zufügen würde, wenn sie einem Bedürfnis nachginge. Noch wenige Tage vor ihrem Tod achtete Brigitte darauf, ob die Getränke und Speisen, die sie im Hospiz bekam, auch gut für sie seien. Brigitte starb in der sicheren Überzeugung, dass sie nur dann ein guter Mensch sei, wenn sie sich an alle vernünftigen Regeln der Welt hielt.

Begleitende Worte:
Die Freiheit und Würde eines Menschen zu achten, bedeutet zu wissen und anzunehmen, dass ein Mensch immer nur das in seinem Leben umsetzen und entwickeln wird, was aus eigenem Antrieb heraus entsteht. Wenn ein Mensch ein stilles und ruhiges Leben und Sterben erleben möchte, entspricht das seiner Freiheit. Niemand muss toben, vorgegebene »Sterbephasen« (siehe das Kapitel »Sterbephasen«) einhalten, Hochschulstudien ablegen, Familien gründen oder nur Appetit haben. Benimmregeln und/oder gesellschaftliche Vorgaben erübrigen sich angesichts des Sterbens. Vernunft wird genau in dem Moment relativ, in dem das Mysterium des Todes konkret wird. Niemand kann von außen einen anderen Menschen dazu bringen, einen bestimmten Entwick-

lungsweg einzuschlagen. Das ist in unserem ganz normalen Alltag so und im Alltag von Sterbenden nicht anders. Eine Art »Zwangsbeglückung« findet nicht statt und darf nicht stattfinden. Und es liegt nicht in unserer Macht, einen Menschen dazu zu bringen, etwas anderes in die Tat umzusetzen, als er will. Das ist bei Sterbenden nicht anders als bei Drogenabhängigen. Der Akt des Handelns unterliegt der so genannten »intrinsischen Motivation« (Motivation von innen heraus), die von außen zwar initiiert werden kann, deren Umsetzung und Integration jedoch ausschließlich über die persönliche Erkenntnis und Willensbereitschaft erfolgt.

Jeder Mensch kann in der Zeit des Abschieds seine wahre Größe entwickeln und mit Offenheit und Freimütigkeit den Abschied zelebrieren, und jeder Mensch darf in seinen eigenen Konflikt verwickelt sterben. Diese Freiheiten eines Menschen entbinden seine Umgebung selbstverständlich nicht davon, ihm die größtmögliche Unterstützung für einen heilsamen Weg anzubieten. In der Praxis kann das bedeuten, dass der eine sich ohne jedes Abschiedswort auf seinen Weg macht, der andere im Sterbeprozess wartet, bis alle seine Lieben von ihm Abschied nehmen konnten.

Diese Erkenntnis bedarf einer nahezu demütigen Haltung aller in der Umgebung des Sterbenden. Es ist sehr schwer anzuerkennen und auszuhalten, dass ein Mensch, den wir begleiten, einen anderen Weg wählt als den, der sichtlich leichter und heilsamer wäre. Das Respektieren anderer Wege und Entwicklungen jedoch ermöglicht erst die Achtung der Freiheit und Würde unseres Gegenüber. Sie erfordert von allen Begleitenden, dass sie ihr eigenes Wissen und ihre eigene Sichtweise, die zugegebenermaßen objektiver sein kann, der Freiheit des anderen unterordnen.

Achten Sie die Freiheit der Wünsche eines Menschen.

Unsere Wünsche sind die Vorboten der Fähigkeiten, die in uns liegen.
Johann Wolfgang von Goethe

Des Menschen Wünsche sind sein Himmelreich.
Thomas Moore

Ich wünschte ein Shakespeare zu sein und wurde ein Shaw.
George Bernard Shaw

Wünsche sind nie klug. Das ist sogar das Beste an ihnen.
Charles Dickens

Geschichte von Karen

Karen war an Brustkrebs erkrankt. Die Metastasen hatten sich überall ausgebreitet. Karen wusste, dass ihr Abschied nahte. Als ich bei ihr saß, fragte ich sie: »Was möchtest du noch?« Karen sagte, sie habe sich von ihren Kindern bereits verabschiedet, jetzt wolle sie nur noch ihren Mann sehen. Und vor allem wolle sie noch einen Eisbecher essen. Was sie sich wünschte geschah. Karen bekam ihren Eisbecher. Ihr Mann besuchte sie, wie sie es sich wünschte, und sie verstarb nach wenigen Tagen friedlich.

Geschichte von Hans-Jürgen

Hans-Jürgen war schwer an seiner Lungenfibrose mit folgender Herzinsuffizienz erkrankt. Alle wussten, dass sein schwaches Herz nur noch wenige Zeit aushalten würde.

Ein Spenderherz war – obwohl Hans-Jürgen erst Mitte vierzig war – nicht zu finden, eine Lungentransplantation war noch zu unüblich, um ihn als potenziellen Kandidaten dafür zu wählen. Er bereitete sich auf seinen Abschied vor und lebte nun seit drei Wochen im Hospiz. Als die Nachricht kam, dass seine Lieblingsband bei einem Rockkonzert in der Nähe auftreten würde, sammelte Hans-Jürgen alle seine Kräfte. Seine Freunde erklärten sich bereit, ihn abzuholen. Alle MitarbeiterInnen des Hospizes sahen lächelnd zu, wie er strahlend vor Vorfreude, warm eingepackt in einem Rollstuhl, das Haus im Kreis seiner Freunde verließ. Alle wussten, dass dies voraussichtlich sein letzter Ausgang sein würde. Er kam angestrengt, doch erfüllt von diesem Abend zurück. Hans-Jürgen hatte dieser Abend sichtlich weniger geschadet, als es vorher befürchtet wurde. Es dauerte kaum eine Woche und Hans-Jürgen starb. Seine Freunde waren froh, dass sie diesen Abend mit ihm verlebt hatten.

Begleitende Worte:

Ein Mensch, der einer Personengemeinschaft angehört und Teil der allgemeinen Gesellschaft ist, unterliegt immer in einem gewissen Maß der Notwendigkeit, sich anzupassen. Es gibt aber neben diesen allgemein gültigen Umgangsformen und Regeln eine Reihe von sehr persönlichen und individuellen Gegebenheiten, die der eigenen Freiheit unterstehen. Ein Mensch ist ebenso frei, seinen eigenen Glauben zu wählen, wie er frei ist zu lieben, wen er lieben möchte, und frei ist zu wünschen, was er sich wünscht. Eine Vorliebe und Neigung kann und darf nicht allgemeingültig sein. Ein Problem kann entstehen, wenn Menschen in den langen Zeiten ihres Lebens

wiederholt gelernt haben, sich allen Gegebenheiten von außen anzupassen. Diese Menschen haben verlernt, dass sie selbst frei sind, einen Wunsch zu haben, geschweige denn, dass sie ihn aussprechen dürfen. Sie sind angepasst an das, was von ihnen erwartet wird, entsprechend wünschen sie das, was ihnen vorgegeben wird.
In anderen Fällen kann es sein, dass wir verständnislos reagieren, wenn jemand einen uns vollkommen unverständlichen Wunsch mitteilt. Es kann sein, dass er noch ein letztes Mal jenen Film im Kino ansehen will, den Sie selbst ganz schrecklich fanden, oder er nicht genug Marschmusik hören kann, die Sie wiederum nur Krieg assoziieren lässt. Wünsche eines Menschen können, wie seine Vorlieben und/oder Neigungen, nicht von außen gesteuert werden. Auch hier hilft Ihnen nur die liebevolle Betrachtung der Person mit allen ihren Vorzügen und Schwächen. Die Achtung von persönlichen Wünschen eines Menschen bedeutet ebenso seine Freiheit und seine Würde.

Achten Sie darauf, ob Sie eine Situation beurteilen oder ob Sie eine Situation verurteilen.

Fremde Fehler beurteilen wir als Staatsanwälte, die eigenen als Verteidiger.
Aus Brasilien

Menschen und Kirchenfenster soll man nur im günstigsten Licht beurteilen.
Unbekannt

Der Rhein ist natürlich langweilig, die Weinberge sind steif und öd und so weit ich es beurteilen kann, die Deutschen sämtlich Amerikaner.
Oscar Wilde

Kinder lieben zunächst ihre Eltern, später fangen sie an, sie zu beurteilen, manchmal verzeihen sie ihnen sogar.
Oscar Wilde

Richten ist leichter als aufrichten, verurteilen leichter als beurteilen.
© Walter Ludin

Geschichte von Bärbel
Bärbels Mann Thomas war gestorben. Er hatte die letzten Wochen seines Lebens als Bewohner eines Hospizes verbracht. Bärbel hatte ihn bis zum

Schluss gepflegt. Sie war untröstlich. Sie hatten keine Kinder, doch ein großer Freundeskreis stand Bärbel in dieser schweren Zeit zur Seite. Es dauerte kaum ein halbes Jahr, als Bärbel große Zuneigung zu einem Kollegen ihres verstorbenen Mannes fühlte. Und trotz ihrer Zweifel ließ sie sich auf eine neue Beziehung ein. Einige ihrer Freunde und die Familienangehörigen von Thomas waren entsetzt. »Wie kann sie nur, sie verrät die Liebe zu Thomas!«, sagten sie und sie zogen sich immer mehr von Bärbel zurück. Bärbel wusste sehr genau, dass ihre Liebe zu ihrem Mann Thomas und die Liebe in ihrer neuen Beziehung sich nicht störten. Ihre neue Liebe minderte die Liebe zu ihrem verstorbenen Mann keineswegs. Allerdings gab es für Bärbel keine Möglichkeit, mit den Menschen zu sprechen, die sich verletzt von ihr zurückzogen.

Geschichte von Vanessa

Vanessa war Teilnehmerin einer Trauergruppe. Ihr Freund war mit Mitte Zwanzig einen Drogentod gestorben. Vanessa befand sich in einer Gruppe von Frauen, die andere Abschiede erlebt hatten – sie alle trauerten um ihre Partner, mit denen sie viele Jahre verbracht hatten. In ihrer bekannten Umgebung gab es keinen Drogenabhängigen. Sie kannten nur die Geschichten aus Zeitungen und Filmen. Es war deutlich zu spüren, wie sie mit der jungen Frau Mitgefühl hatten, doch erschien ihnen der Drogentod des jungen Mannes viel mehr selbst verschuldet, als der schwere Abschied von ihren eigenen Partnern, die krank gewesen waren. Eines Abends erzählte Vanessa ihnen die ganze Geschichte. Martin, ihr Freund, hatte eine Schwester, die nur zwei Jahre jünger war als er selbst. Sie beide liebten sich sehr. Seine Schwester war mit einem Mann zusammen, der seinen Lebensunterhalt damit verdienen wollte, sie als Prostituierte arbeiten zu lassen. Als sie sich weigerte, erschlug er sie. Martins Leben schien zerstört. Er flüchtete sich in Drogen, dealte und hatte bereits mehrere Gefängnisstrafen hinter sich, als er sich in seiner Verzweiflung den so genannten »goldenen Schuss« gab. Als Vanessa ihre Geschichte beendet hatte, war Schweigen. Die Frauen in der Trauergruppe hätten es nicht für möglich gehalten, welche Verzweiflung hinter dem Drogenkonsum eines jungen Menschen stehen kann. Sie waren nachdenklich geworden und dachten zum ersten Mal auch mit Mitgefühl an Martin. Sie sprachen ihn dabei keineswegs von seiner eigenen Schuld frei. Ihnen wurde klar, wo der Unterschied zwischen Be- und Verurteilen liegt.

Begleitende Worte:
Bewerten und beurteilen Sie alles, was Ihnen in der Begegnung mit Sterbenden und Trauernden begegnet. Seien Sie jedoch vorsichtig im Blick auf Verurteilungen und Vorurteile, die sich in Ihre Betrachtungen einschleichen können. Wann immer wir Menschen begegnen, werden sich unser Verstand und unsere Einschätzung von Situationen mit in das Geschehen einmischen. Wir sind geprägt von unseren Erfahrungen. Und alles, was wir wahrnehmen, unterliegt entsprechender Einschätzung. Wann immer wir jedoch in Situationen kommen, in denen wir verständnislos und fassungslos einem Phänomen gegenüberstehen, neigen wir dazu, unsere Abwehr und Unsicherheit als vorgegebene und fertige Meinung und Einschätzung auszugeben und festzulegen. Es kann sein, dass genau dann, wenn wir einen Menschen und seine Handlung verurteilen, das vollkommene Unverständnis auf unserer Seite ist.

Achten und beachten Sie, dass die Achtung der Würde und des Friedens auch für Sie selbst gilt.

Die Selbstachtung einer Katze ist außerordentlich.
Christian Morgenstern

So wie der Mensch sich selber hoch achtet, achtet er seine Natur in jedem anderen Menschen hoch. Selbstachtung ist also das wahre Mittel, die Menschen zu vereinen.
Johann Heinrich Pestalozzi

Geschichte von Annegret
Annegrets Vater lag im Sterben. Alle wussten, dass er große Angst davor hatte, seinem letzten Atemzug in einem Heim entgegen zu sehen. Annegret erklärte sich bereit, ihn zu sich nach Hause zu holen. Sie wollte ihm dies letzte Geschenk machen, obwohl sie gleichzeitig ihre Familie zu versorgen hatte, obwohl sie sich mitten in der Ausbildung befand. Annegrets Familie hatte Angst vor der Konfrontation mit dem Schwiegervater und Opa, der sich im Wohnzimmer auf den Weg zum Sterben machte.
Annegret setzte jedoch ihren Willen durch, begleitete den Vater und hatte gleichzeitig ihre Familie unterstützend im Blick. Ihre Kinder lernten, dass man mit Schwerkranken Karten spielen kann und dass man ihnen selbst gemalte Bilder geben darf. Einige Wochen vor seinem Tod

fing Annegrets Vater an zu toben. Er war wütend angesichts seines Abschieds und sämtliche Verfehlungen seines Lebens wurden ihm klar. Er wollte nicht angefasst werden! Und so schlug er um sich, wann immer Körperpflege angesagt war. Annegret war in Not: So sehr sie ihn verstehen konnte, wusste sie genau, was es sie kostete, ihm den Abschied zu Hause zu gewähren. Sie hatte einen klaren und barschen Tonfall, als sie ihm unmissverständlich sagte, dass er noch am gleichen Tag in ein Heim verfrachtet würde, wenn er nur noch ein einziges Mal um sich schlagen würde. Annegrets Vater maulte noch einen ganzen Tag. Er hob jedoch nie wieder die Hand und passte sich den notwendigen Vorgaben an.

Begleitende Worte:
Es gibt keinen Grund, weshalb Sterbende besser oder schlechter sein sollten als »normale« Menschen. Es gibt deshalb auch keinen Grund, Sterbende anders zu behandeln als Gesunde. Selbstverständlich ist aus tiefstem Herzen zu verstehen, wenn jemand angesichts seines Sterbens in Verzweiflung gerät. Gerade Frauen jedoch, die mit der Pflege Schwerkranker und Sterbender vertraut umgehen, neigen dazu, voller Mitleid und Hingabe ihre eigene Würde in den Hintergrund zu stellen. Schwerkranke können es allen sehr schwer machen, besonders, wenn sie sich in den verzweifelten »Abschiedswehen« in Angst und Wehmut befinden.
Alle, die mit der Pflege von Menschen beschäftigt sind, kennen das Phänomen, dass sie sich in bestimmten Situationen der Wut oder den – auch sexuellen – Übergriffen eines Menschen erwehren müssen. Die Achtung und Würde eines Menschen geht allerdings immer in beide Richtungen. Möglicherweise haben auch Sterbende, Kranke und Kinder zu lernen, dass die Würde eines Menschen Achtung erfahren muss. Pflegekräfte und Angehörige, die den Mut haben, sich in diesen schwersten Momenten denen zuzuwenden, die Unterstützung benötigen, brauchen dringend den Schutz ihrer eigenen Person – ebenso, wie sie die Achtung vor den Wünschen und der Freiheit der Betreffenden haben. Alle Personen, die mit der Pflege von Menschen betraut sind, sei es zu Hause, in Krankenhäusern, Pflege- und Altersheimen oder Hospizen, benötigen die Unterstützung darin, ihre eigene Würde vertreten zu können. Bei Übergriffen körperlicher und/oder seelischer Art sind die Grenzen der Selbstbestimmung eines Menschen gesetzt. Niemand braucht es sich gefallen zu lassen, wenn die persönliche Würde durch Übergriffe verletzt wird.

Von der Heilung

Heilung bedeutet, dass der Mensch erfährt, was ihn trägt, wenn alles andere aufhört, ihn zu tragen.
Wolfram von Eschenbach

Genesung ist, wenn man wieder alles zu sich nehmen kann, was einem nicht bekommt.
Unbekannt

Was Butter und Whiskey nicht heilen, dafür gibt es keine Heilung.
Aus Irland

Ich lege mich nieder und schlafe ein.
Die Bibel (Psalm 3,6)

Geschichte von Annelie

Annelie hatte Krebs. Sie ahnte es schon lange, bevor die Diagnose gestellt wurde. Ihre monatelange Müdigkeit, die durch keine Kur, durch kein Ausruhen verging, hatte sie wachsam gemacht. Annelie überstand ihre Operation gut, sie überstand die nachfolgende zytostatische Behandlung ebenso gut. Allerdings zeigte sich nach einem halben Jahr, dass sich überall in ihrem Körper Metastasen ausgebreitet hatten. Annelies Eltern waren nach einem Verkehrsunfall gestorben und sie war als Einzelkind bei einer Tante aufgewachsen.

Während ihrer monatelangen Suche nach Hintergründen und Ursachen für ihre Krankheit erkannte Annelie für sich, dass die tiefe Sehnsucht nach ihren Eltern wesentlich für die Entstehung ihrer Krankheit war. Annelie sagte, sie sei voller Glück, dass sie das nun wisse. Allerdings hatte sich ihr ein Bild vom Tod eingeprägt, das eine Mischung aus Halloweenmonster und Sensenmann war. Sie hatte Angst. Nach einigen Wochen träumte Annelie von einem großen, sehr elegant gekleideten Mann, der zwar ernst, doch ausgesprochen freundlich war und sie zuvorkommend begrüßte. Annelie war sich klar darüber, dass sie dem Tod in ihren Träumen begegnet war.

Ab diesem Moment war jede Angst einer tiefen Zuversicht gewichen. Annelie starb innerhalb weniger Tage. Sie verabschiedete sich von allen, die ihr nahe standen, sie sprach alles Unausgesprochene an und dankte denen, die den Mut hatten, bei ihr zu sein.

Begleitende Worte:

Heilung ist ein Begriff, der gemeinhin dafür benutzt wird, möglichst körperlich symptomfrei in seinem Alltag zu bestehen. Eine Heilung scheint dann vorzuliegen, wenn Kopfschmerzen plötzlich

verschwunden sind und wenn die Laborparameter sich dem Normallevel zuneigen.
Das bewegt unsere Auffassung einer medizinischen Begleitung dazu, dass wir versuchen, jede Krankheit und jedes Problem mit einer Substanz in den Griff zu bekommen. Symptomfreiheit jedoch bedeutet noch lange nicht, dass eine Heilung vorliegt. Der Begriff »Heilung« in seiner eigentlichen Dimension bedeutet bei weitem mehr. Wir können uns einem angemessenen Verständnis nähern, indem wir uns auf einen langen Trennungsprozess beziehen. Es kann sich sowohl um die Trennung in einer Partnerschaft handeln als auch um die Abtrennung von der Mutterbeziehung, oder auch darum, dass ein erwachsen gewordenes Kind sein Elternhaus verlassen hat und sein eigenes Leben führt. In jedem der Fälle haben die Beteiligten einen Schmerz zu überwinden und zu heilen.
Wenn auf diesem u. U. langen Weg ein Zustand erreicht ist, der folgende Kriterien erfüllt, dann kann der hohe Maßstab erfüllt sein, der an eine Heilung angesetzt werden soll:

Heilung bedeutet, nicht automatisch zu leben:
Ich erkenne einen Sinn in dem, was geschah und was geschieht.
Ich bin einverstanden mit allem, was geschehen ist.
Ich fühle keinen Schmerz, wenn ich daran denke, was geschah.
Ich bin voller Liebe zu dem Menschen, von dem ich mich getrennt habe.
Ich bin in der Lage diesem Menschen ebenso zu vergeben wie mir selbst.
Ich fühle mich mit allem in meiner Umgebung verbunden.
Ich fühle Frieden in mir.
Ich bin voller Dankbarkeit.
Ich vertraue zutiefst in das, was hinter mir und was vor mir liegt.
Ich sehe meine eigene Zukunft vor mir, sie ist erstrebenswert, und ich freue mich darauf.
Ich bin neugierig auf alles, was ich lernen kann.
Ich bin mir klar darüber, was Vergangenheit ist und was zu ihr gehört.
Ich bin mir ebenso klar darüber, was jetzt meine Gegenwart ist.

Kranke, Sterbende und Trauernde erschrecken häufig angesichts der hohen Maßstäbe, die mit einer Heilung verbunden sein können. Bei einer abgelaufenen Erkältung ist es geradezu leicht nachzuvollziehen, was eine tatsächliche Heilung bedeutet. Auch einen Sinn in der überstandenen Operation zu erkennen, scheint leicht. Doch die Kriterien für eine Heilung angesichts des Todes und des Abschieds bedeuten, dass ich einverstanden bin mit der Trennung, mit dem Tod, der mir den größten Schmerz meines Lebens bereitet. Dieser hohe Anspruch zeigt, dass ich mich wahrscheinlich genau dann auf dem langen Weg in eine Heilung befinde, wenn ich wenigstens – trotz allen Abschiedsschmerzes – wieder schlafen kann oder wenn ich in der Lage bin, mich auf das kommende Jahresfest zu freuen.

Was die oben angegebenen Kriterien für Menschen bedeuten, die eine schwere und möglicherweise lebensbedrohliche Diagnose erhalten haben, lässt sich ableiten. Auch für sie steht der hohe Anspruch im Raum, auch für sie bedeutet eine Heilung – und sei es der Tod – zu einem tiefen Einverständnis mit der Krankheit zu kommen. Dass der Tod ein Heiler sein kann, zeigt sich an dem friedlichen Einverständnis, das viele erreichen, die Abschied von ihren Lieben nehmen müssen. Dieses Einverständnis, das auch Nahestehende bei einer Begleitung erleben können, ist weit mehr als eine bloße Erlösung von Leiden. Möglicherweise ist diese Dimension mit dem lapidaren Ausdruck »du musst deine Krankheit auch annehmen« gemeint. Allerdings klingt eine solche Bemerkung für Betroffene, Kranke oder Abschiednehmende eher wie blanker Zynismus.

Das häufig empfohlene »Akzeptieren« erfüllt die Kriterien nicht. Wann immer mir Trauernde oder Kranke nahe bringen wollen, dass ein bloßes Akzeptieren einem Frieden nahe käme, kann nur der Vergleich zwischen einem Waffenstillstand und einem haltbaren, tiefen Frieden den Unterschied verdeutlichen. Ein Frieden, der mich mit Vertrauen und Liebe erfüllt, ist eine Heilung. Ein Waffenstillstand ist – das kann uns unsere Geschichte lehren – immer nur von Misstrauen geprägt und vorübergehend. Frieden ist damit noch nicht erreicht. Dies trifft auf jede Form der Auseinandersetzung – sei es der Streit mit einem Nachbarn oder Konfrontationen in der Weltpolitik – zu, gilt in gleicher Weise aber auch für Krankheiten und Abschiede.

Der Anspruch, der an eine Heilung gelegt werden muss, ist sehr hoch. Und möglicherweise werden sich viele bei einer Überprüfung dabei ertappen, dass sie weit weg von jenem tiefen und warmen Gefühl sind, das Heilung kennzeichnet. Der Weg zur Heilung ist weit und er ist schwer. Doch wenn er nicht gangbar wäre, würden wir nicht staunend vor Menschen stehen, die angesichts des eigenen Todes mit strahlenden Augen und Dankbarkeit Abschied nehmen können.

Ratschläge für die Begleitung:

- Haben Sie den Mut diese hohen Erwartungen und Maßstäbe an jede Form der Heilung anzulegen. Das ermöglicht Ihnen selbst bei eigenen Abschieden und Krankheiten, sowie bei Leiden anderer, einen Überblick über den Heilungsprozess.
- Bedenken Sie, dass für jeden Schmerz, der geheilt werden soll, die Kriterien gelten, die bei jeder Wundversorgung auch gelten: Wenn eine Wunde verschmutzt ist, darf sie nicht zuheilen, sie muss offen gehalten und gereinigt werden!
- Unterstützen Sie Betroffene, Erkrankte und ihnen Nahestehende dabei, die Kriterien wahrzunehmen und den verschlungenen Weg in eine Heilung zu wagen.
- Hören Sie das Lied »Der große schwarze Vogel« von Ludwig Hirsch. In dem Text des berührenden Liedes erwartet ein Mensch seinen eigenen Tod – voller Erwartung und Sehnsucht auf eine neue Zukunft.
- Hören Sie das Lied »Gute Nacht, Freunde« von Reinhard Mey. In diesem Abschiedslied geht es um den nahenden Abschied. Übertragen kann damit auch das »Fest des Lebens« (siehe auch: Trauerheilung. Ein Wegbegleiter: Die Geschichte im Kapitel 4: »Das Haus des Lebens«, Patmos Verlag 2002) gemeint sein. Voller Einverständnis mit dem nahenden Ende gibt es noch ein paar wenige Worte, die an die Bleibenden gerichtet werden sollen.
- Hören Sie die 9. Symphonie von Beethoven. Der lange Weg durch aufwühlende Klänge endet im Ziel des Elysiums, des Paradieses: der Heilung.
- Hören Sie Musik von Dennis Hart: »From hell to heaven«, Teil I und Teil II. Auch hier finden Sie in einer modernen Variation das Thema der Erlösung. (www.dennis-hart.com).

Verzeihen und Gnade

Eine glückliche Kindheit ist sicher das schönste Geschenk, dass ein Vater zu vergeben hat.
© Peter E. Schumacher

Verzeihen heißt nicht vergessen, und vergessen heißt nicht verzeihen.
Unbekannt

Alle Fehler, die man begeht, sind eher zu verzeihen als die Mittel, die man anwendet, um sie zu vertuschen.
Unbekannt

Die Abkehr von Gewalt bedeutet, die schwere Bürde der ständigen Bedachtsamkeit auf sich zu nehmen.
© Sigrun Hopfensperger

Barmherzig sein heißt, ein warmes Herz haben für die Erbärmlichkeit und das Elend der anderen. Dann haben wir Erbarmen mit anderen Menschen, wenn wir das fremde Elend gleichsam als unser eigenes erachten. Über unser eigenes Elend empfinden wir spontan Schmerz und trachten danach, es mit allen Mitteln zu beseitigen. Also ist derjenige erst wahrhaft barmherzig, der aus Nächstenliebe danach strebt, leicht und spontan auf Grund seines guten Willens das Elend der anderen mit allen Mitteln zu beseitigen, die ihm zu Gebote stehen.
Friedrich Nietzsche

Geschichte von Regina
Regina war erst fünf Jahre alt, als ihr Vater begann, sie regelmäßig zu missbrauchen. Erst als Regina vierzehn Jahre alt war, hörte er damit auf. Regina war gewohnt an diesen Alltag und sie benötigte einige Jahre, bis ihr die Ungeheuerlichkeit dessen, was ihr Vater getan hatte, klar wurde. Erst als sie aus dem elterlichen Haus ausgezogen war, wagte sie es, mit ihren zwei Geschwistern darüber zu sprechen. Ihren Vater darauf anzusprechen trauten sie sich auch gemeinsam nicht. Regina zog sich mehr und mehr von der Familie zurück. Als Regina dreißig Jahre alt war, stellte sie fest, dass sie sich in jeder Beziehung, die sie in ihrem Leben eingegangen war, nur widerwillig auf körperliche Nähe eingelassen hatte. Sie war sich auch nicht sicher, ob sie ihren Vater hasste oder ob sie immer noch auf der Suche nach väterlicher Fürsorge war. Als Regina 35 Jahre alt war, erkrankte sie an Brustkrebs. Sie und ihre Geschwister trafen gemeinsam eine Entscheidung und handelten endlich. Sie schrieben ihrem Vater einen Brief und teilten ihm mit, dass sie ihm verzeihen würden, dass er Regina angefasst hatte, wie kein Vater seine Tochter

anfassen darf. Sie schrieben ihm darin jedoch auch, dass sie ihn warnten und ihn genau beobachteten. Sollte er noch ein einziges Mal in seinem Leben ein Kind berühren, wie es von Erwachsenen nicht berührt werden dürfe, würden sie gemeinsam dafür sorgen, dass er angeklagt würde. Regina stellte in den nächsten Monaten fest, dass sie endlich, nach vielen Jahren aufhören konnte, täglich an ihren Vater zu denken. Regina hat ihre Operation und die nachfolgende Chemotherapie gut überstanden. Reginas Vater starb, als sie vierzig Jahre alt wurde. Er bat sie zu sich und bat sie unter Tränen noch einmal darum, ihm die Verzeihung auch mündlich auszusprechen.

Geschichte von Erna

Ernas Sohn hatte als junger Mann ein Mädchen umgebracht. Als er seine Strafe im Gefängnis verbracht hatte, nahm sie ihn zu sich. Erna wohnte in einer kleinen Stadt. Sie lebte zurückgezogen und ließ ihren Sohn nicht mehr aus den Augen. Überall am Haus waren Spiegel angebracht und er hatte keine Möglichkeit, das Haus ohne ihre Begleitung zu verlassen. Erna hatte nur ein Problem: sie war bereits achtzig Jahre alt und wusste nicht, wie er beaufsichtigt werden konnte, wenn sie sterben würde.

Begleitende Worte:

Wir verstehen den Begriff Verzeihen falsch, wenn wir denken, damit wäre gemeint, dass wir für gut befinden, was geschah. Verzeihen bedeutet, den Fehler, der begangen wurde, als Fehler zu betrachten und ihn zu beobachten. Damit können Folgefehler vermieden werden. (Verzeihen hat insofern nichts mit Vergessen zu tun.) Erst durch das Verzeihen ist es möglich, dass ein Mensch die Chance erhält, zu seinem Fehler auf Distanz zu gehen.

Mit dem Begriff Gnade verhält es sich ähnlich. Eine Gnade, die gewährt wird, gibt einem Menschen eine Chance, obwohl dieser nichts dafür getan oder geleistet hat.

Die Beobachtung einer Tat ist die Aufgabe einer Gemeinschaft. Vergeltung verschafft Opfern nur im ersten Augenschein Genugtuung. Vergeltung üben, Rache nehmen, schafft keine Veränderung. Menschen werden aufstehen, die Vergeltung für die Vergeltung üben wollen. Und alles, was einmal an Unrecht geschehen ist, wird wieder von vorn beginnen. Es ist nur eine Frage der Zeit und der Sichtweise, wann Taten wieder einmal als rechtmäßige Handlungen akzeptiert werden.

Oftmals ist das, was wir an Verletzungen erlebt haben, auf unser eigenes mangelndes Einfühlungsvermögen zurückzuführen. Wir lasten unseren Müttern an, uns nicht genügend umsorgt zu haben, und wir denken, wir hätten ein Anrecht darauf, in unserer Umgebung Ehrlichkeit und Fürsorge einzufordern. Möglicherweise habe ich meiner Umgebung, wie meiner eigenen Mutter, entsprechende Verletzungen nicht zugestanden. Möglicherweise hat ein Mensch, mit dem ich hadere, die gleichen Vorwürfe und ebensolche Ausreden wie ich selbst.

Verzeihen und Gnade zu gewähren, hat viel damit zu tun, ob wir selbst in der Lage sind, uns unsere eigenen Fehler einzugestehen. Die biblische Erzählung von der verhinderten Steinigung einer Ehebrecherin enthält den Satz: »Wer von euch ohne Sünde ist, werfe als Erster einen Stein auf sie«. Erzielt diese Bemerkung ihre Wirkung auch bei großen Verfehlungen, die als tiefe Verletzungen belasten? Es scheint Dinge zu geben, die unmöglich verziehen werden können.

Es gibt viele Gründe und Untersuchungen darüber, weshalb sexueller Missbrauch und andere Gewalttaten verübt werden. Von gesellschaftlichen und patriarchalischen Strukturen und damit verbundenen auslösenden Faktoren einmal abgesehen, scheinen Unwissenheit, Angst und Hass der Hintergrund für jedwede Verfehlung zu sein. Da unterscheidet sich sexueller Missbrauch nicht von der Tat eines fanatischen Hooligans oder einem offenkundig politisch motivierten öffentlichen Mord.

Das, was ich nicht verzeihen kann, lastet auf mir und behindert meine Ziele, denn es fesselt meine Gedankenwelt. Das, was ich getan habe, fesselt meine Gedankenwelt genauso und wird damit mein eigenes Leid werden. Jede Erinnerung daran, was geschehen ist, wird die Wunde wieder aufreißen. Sie wird schmerzen, wie sie es von Anfang an getan hat. Ich werde, ob ich nun Täter oder Opfer war, leiden und unfrei sein.

Verzeihen bedeutet, sich selbst aus dem Kreislauf der Gedanken und Verletzungen zu lösen und dem anderen die Möglichkeit zu geben, einen anderen Weg einzuschlagen. Dass nie vergessen sein darf, was in der Vergangenheit geschah, ermöglicht sowohl dem Täter als auch dem Opfer die Anerkennung dessen, was war, wie auch die Vorsorge davor, Ähnliches noch einmal stattfinden zu lassen. Das bedeutet, aus persönlicher wie politischer Geschichte lernen zu können.

Ratschläge für die Begleitung:

- Bedenken Sie, dass alle Taten aus Unwissenheit, Hass, Angst entstehen.
- Lassen Sie den Ausspruch auf sich wirken: Wer ohne Schuld ist, werfe den ersten Stein.
- Finden Sie Berichte darüber, wie Menschen es geschafft haben, Verzeihen zu üben.
- Befragen Sie Menschen in Ihrer Umgebung danach, was diese ihren Mitmenschen verziehen haben.
- Sprechen Sie mit Vertretern verschiedener Konfessionen über das Verzeihen. Fragen Sie sie, wie Sie es lernen können. Fragen Sie sie auch nach ihrer Haltung zu Taten, die Sie selbst nicht verzeihen können.
- Lassen Sie sich durch Gedanken zum Verzeihen und zur Gnade inspirieren. Folgende Internetseiten können Ihnen dabei Unterstützung geben: www.zeitzuleben.de, www.inidia.de
- Berichten Sie Sterbenden von Friedensgeschichten, die in der Welt tatsächlich geschehen sind (z. B. Kontakte zwischen Deutschen und Polen, Verzeihen von Juden angesichts des Holocausts). In diesen wunderbaren Dokumenten wird Größe und Macht des Verzeihens deutlich.

Sehen Sie z. B. im Internet unter folgenden Adressen nach und finden Sie so Gedanken und Inspirationen für Betroffene, sich für Friedensgedanken zu öffnen: home.t-online.de/home/AloisWiszniewsky-Mueden, www.naikan.de

Naikan ist eine Methode aus Japan. Sie wird erfolgreich im Strafvollzug eingesetzt. Wann immer ein Mensch mit einem anderen Menschen hadert, ist diese Übung angezeigt. Es stellen sich zusätzlich zu der Frage, was dieser Mensch einem angetan hat, drei weitere:

1) Was hat dieser Mensch für mich getan?
2) Was habe ich für diesen Menschen getan?
3) Was habe ich diesem Menschen angetan?

Bei einem tiefen und ehrlichen Nachdenken über diese Fragen ist ein Großteil des Zorns verraucht.

- Lesen Sie das Buch von Gerald G. Jampolsky, Verzeihen ist die größte Heilung.
- Lesen Sie das Buch: Das Jesus-Evangelium von Norman Mailer. Norman Mailer beschreibt einen zornigen Mann, der vieles über Verzeihen lernen lässt.

Die Balance von Distanz und Nähe

Die Distanz ist deswegen schon immer notwendig, weil sonst die Nähe zerstört wird ...
© Elmar Kupke

Verzweiflung befällt zwangsläufig die, deren Seele aus dem Gleichgewicht ist.
Marc Aurel

Das Gleichgewicht verliert man leichter als das Übergewicht.
Unbekannt

Lege immer ein Lächeln auf die Waagschale und nehme dir nur so viel herunter, wie es das Gleichgewicht erlaubt.
Unbekannt

Die Frage:
Sabine war erschüttert. Sie hatte eine junge Frau besucht, die in absehbarer Zeit sterben würde. Die Frau war Mutter von zwei kleinen Kindern, die sie allein lassen würde. Sabine dachte an ihre eigenen Kinder. Die Vorstellung, dass sie ohne ihre Mutter aufwachsen müssten und dass sie ihre Kinder nicht erleben würde, ließ sie erstarren. »Manchmal ertrage ich so viel Elend nicht«, sagte Sabine. »Ich kann es akzeptieren, dass alte Menschen sterben, die haben ihr Leben gelebt. Aber wenn junge Menschen sterben wie diese junge Mutter, dann kann ich kaum schlafen. Wenn ich jetzt noch an Kinder denke, die sterben müssen, dann breche ich innerlich zusammen.«

Die Antwort:
Mitleid und Mitgefühl sind aus der tiefen Kraft des Herzens geboren. Sie gehören zu jenen guten Qualitäten, die wir Menschen zur Verfügung haben. Alle, die Menschen im Abschied begleiten, bedürfen großer Kraft, um bei sich selbst bleiben zu können. Nur so kann das Leid anderer ertragen werden. Anderenfalls werden wir unweigerlich der Illusion anheimfallen, wir allein müssten die ganze Welt retten.

Die Begleitung von Kranken, Sterbenden und Ihnen nahen Menschen fordert von denen, die den Mut dazu haben, große Kraft. Alle hören irgendwann die Bemerkung: »Das ist ja schwer, ich könnte das nicht!« Von Ihnen wird neben allem möglichen pflegerischen Know-how auch ein hohes Maß an Empathie und Idealismus verlangt – und das in einer Gesellschaft, in welcher der Spaß Priorität genießt, für wichtiger als tragender Sinn erachtet wird.

Möglicherweise wiegt schwerer als scheinbar äußere Bedingungen, dass die professionelle Arbeit mit Menschen in Grenzsituationen auf Dauer nur dann ertragen werden kann, wenn Sie selbst sicher und mit einem hoffnungsvollen Weltbild in Ihrem Leben stehen. Das allerdings wird Ihnen nur sehr ungenau oder wenig vermittelt, bevor Sie Ihre Tätigkeit aufnehmen. Neben allen medizinischen Ausbildungen sind viele weitere Berufssparten, in denen man mit persönlichen Schicksalen konfrontiert wird, davon betroffen. Stellen Sie sich vor, wie es Polizisten gehen mag, deren Aufgabe es ist, einen Fall zu bearbeiten, bei dem sich ein Mensch umgebracht hat. Wie wird es der Sachbearbeiterin in der Krankenkasse ergehen, wenn sie ohne Vorbereitung neben ihrer verwaltungstechnischen Aufgabe Menschen in Krankheit und Sorge begegnet? Nur wenige Krankenschwestern können davon berichten, dass sie einfühlsam auf das Thema Leid und Abschied vorbereitet worden sind. Außer Frage steht auch, dass in allen medizinischen Studienfächern dieses Thema quasi ausgeklammert wird. Welche Ärzte, welche Polizisten sind darauf vorbereitet, dass sie Nahestehenden die Nachricht vom Sterben ihrer Lieben überbringen sollen? Ganz abgesehen von der Bekanntgabe einer schwerwiegenden Diagnose! Und wie sollen Sie selbst das Schwere ertragen, das in Lebensgeschichten verborgen sein kann?

Wer hat in unserer modernen Leistungsgesellschaft schon gelernt, Abschied zu nehmen, Abschied zu geben? Jeder Mensch wird irgendwann am Ende seines Lebens stehen. Dieser einfachen Tatsache könnten wir uns bewusst sein, wenn wir sie nicht beständig verdrängen würden. Selbst wenn wir uns vormachen können, dass die moderne Medizin Wunder vollbringen kann und Menschen unsterblich zu machen scheint, so erkennen wir doch täglich, dass diesem menschlichen »Größenwahn« Grenzen gesetzt sind. Dass im Erkennen der eigenen Sterblichkeit letztlich ein reicher Lebenssinn gefunden werden kann, scheint ein gut gehütetes Geheimnis zu sein. Doch wer sich mit der Frage nach dem Sterben beschäftigt, wird unweigerlich mit der Frage nach dem Leben konfrontiert.

Die Tatsache, dass viele Menschen in medizinischen und medizinisch-pflegerischen Berufen ihre Tätigkeit nach ein paar Jahren resigniert beenden, ist bekannt. Jeder Mensch, der als Nahestehender die Zeit der Begleitung in Pflege und Abschied erlebt hat, weiß von den tiefen Umwälzungen, die diese für sein ganzes späteres Leben nach sich ziehen können. Professionelle stehen in ihrem All-

tag an der Seite von Menschen in Krisen. Sie sind also permanent Grenzsituationen ausgesetzt.
Allgemein wird dazu geraten, »sich besser abzugrenzen« und die Geschichten nicht »an sich herankommen zu lassen«. Die Balance zwischen dem, was uns bis ins Herz treffen kann, und einer kühlen Abwehrhaltung ist dabei oftmals nur schwer zu halten. Wer könnte das lange aushalten außer denen, die kraftvoll in ihrem Leben stehen und trotz allen Leids der Welt Hoffnung in sich tragen können?

Ratschläge für Menschen, die mit Abschied und Schmerz konfrontiert sind

Erkennen Sie an: Alle Menschen sind sterblich.

Sterblichkeit – der uns bekannte Teil der Unsterblichkeit.
Ambrose Gwinnet Bierce

Schon mancher wuchs im Bewusstsein der Unsterblichkeit auf und starb ab in dem der Sterblichkeit.
© Dr. Hanspeter Rings

»Wer geboren wird, stirbt.« Diese einfache Tatsache vergessen wir leicht. Die Sterblichkeit unserer lieben und nahen Menschen ist ebenso schwer zu akzeptieren wie unsere eigene. Medizinische High-Tech-Entwicklungen gaukeln uns vor, der menschliche Körper könne – wie ein Auto in einer Autowerkstatt – durch Ersatz von Körperteilen unentwegt weiter funktionieren.
Menschen in heilenden Berufen haben nur zu leicht das Empfinden, sie hätten versagt, wenn trotz bester Unterstützung und Pflege ein Mensch stirbt. Jedoch liegt die Entscheidungsmacht über Leben und Tod nicht in unseren Händen. Viele Faktoren spielen bei dem großen Mysterium des Sterbens und des Todes eine Rolle.
In der Akzeptanz der Sterblichkeit alles Lebendigen liegt die unendliche Chance, das Leben als wertvoll und kostbar zu erkennen und aus ganzem Herzen heraus lebendig zu empfinden und zu sein.

- Keineswegs ist es Ihr Versagen, wenn ein Mensch stirbt – unabhängig davon, welche Möglichkeiten Sie bislang in der angewendeten Medizin vermutet haben.
- Bedenken Sie: wie kommt es, dass Menschen aus lebensgefährlichen Situationen fast unversehrt hervortreten und andere an kleinsten Verletzungen den Tod finden? Möglicherweise ist Ihre Unterstützung nur ein kleiner Baustein in einem größeren Geschehen. Möglicherweise ist unsere Macht über Leben und Sterben sehr viel kleiner, als wir anzunehmen geneigt sind.
- Erkennen Sie an, dass Menschen unterschiedliche Wege in ihrem Leben finden, wie sie auch verschiedene Wege finden, aus dem Leben zu gehen.
- Lesen Sie das Buch »Alle Menschen sind sterblich« von Simone de Beauvoir. In dem Buch wird klar, welche Nachteile die Unsterblichkeit in sich birgt.
- Lesen Sie das Märchen »Der verzauberte Apfelbaum« (am leichtesten finden Sie die Geschichte im Internet). Eine alte Frau überlistet den Tod, woraufhin die Menschen nicht mehr sterben können und sehr darunter leiden. Letztlich erbarmt sich die Alte und der Tod wird wieder erlöst. Eine Variation des Märchens gibt es in vielen Kulturen.

Sorgen Sie für sich selbst, erschaffen Sie sich ein »gutes Leben«

Wer sich selbst nichts gönnt,
wem kann der Gutes tun?
Die Bibel (Sir 14,5)

Gönn dir was Gutes, auch wenn
du in Not bist.
Was hast du vom Leben,
wenn du erst tot bist?
Altes Sprichwort

Im Leben kommt es nicht darauf an, ein gutes Blatt in der Hand zu haben, sondern mit schlechten Karten gut zu spielen.
Robert Louis Balfour Stevenson

Glück ist die Belohnung für
Bewegung.
Zufriedenheit ist Einverständnis
mit dem Stillstand.
Patric Tippmann

Wer sich an die Arbeit mit Menschen in Grenzsituationen heranwagt, benötigt einen festen Stand in seinem eigenen Leben. Ansonsten besteht die Gefahr, dass bei ihm der Eindruck entsteht, das Leben berge nur Leid und Elend in sich. Eine Lebenshaltung, die diese Meinung vertritt, macht das Leben zu einer Krankheit und den Aufenthalt auf der Erde zu einer Strafexpedition. Mit dem Blick auf das Leid in der Welt können die täglichen Nachrichtenmeldungen dem sprichwörtlichen I-Tüpfelchen gleichkommen und jede hoffnungsvolle Regung im Keime ersticken.

Zugegebenermaßen kann es bedrückend sein, das Schwere von Lebensschicksalen aushalten zu müssen, dem alle begegnen, die in Heilberufen arbeiten. Das Leben besteht jedoch immer aus beidem: aus dem Schweren und dem Schönen. Wer lebt, erlebt immer beide Seiten der Medaille.

Persönliche Probleme sind die belastenden Faktoren, die neben der Arbeit mit Sterbenden und Trauernden unseren Lebensmut wie mit einem bleiernen Gewicht in die Tiefe ziehen können. Kraft für die Arbeit kann dauerhaft nur dann entstehen, wenn wir selbst in unserem persönlichen Umfeld daran arbeiten, dass Probleme Lösungen finden, und selbst hoffnungsvoll in unsere eigene Zukunft sehen. Ein handfester Glaube und ein geerdetes Weltbild können da nur hilfreich sein. Alle, die in Heilberufen tätig sind, haben die Aufgabe, ihr eigenes persönliches Umfeld so zu gestalten, dass es als Basis den Anforderungen der Arbeit standhalten kann.

Die Gesamtheit der Lebenserscheinungen ist es, die es wahrzunehmen gilt. Der Blick auf das Schöne und Erfreuende, das unser Herz erfüllen soll, unterstützt ein eigenes gutes Leben, denn die Sichtweise, die wir haben, ist entscheidend dafür, ob wir Hoffnung in uns tragen oder das Leben wie einen schweren Kampf erdulden.

■ Bedenken Sie: Sie können nur dann eine hilfreiche Unterstützung sein, wenn Sie Ihr eigenes Leben im Griff haben! Überprüfen Sie in Ihrem eigenen Leben, ob Sie sicher darin stehen. Wenn Sie selbst in einer schweren Krankheitssituation sind, sich Sorgen um liebe und nahe Angehörige machen oder trauern, ist die Begleitung von Betroffenen in ähnlichen Situationen nicht sinnvoll. Holen Sie sich in solchen Momenten selbst professionelle Unterstützung. Das gilt besonders für alle, die ehrenamtlich arbeiten.

- Während die einen neue Hoffnung aus einem Gottesdienst schöpfen, werden andere auf Spaziergängen oder aus körperlicher Anstrengung ihre Kraft zurückgewinnen können. Nutzen Sie jede Möglichkeit, selbst aufzutanken!
- Finden Sie ein Musikstück, bei dem Sie beginnen könnten zu tanzen. Hören Sie dies Stück, wenn Ihnen der Mut verloren zu gehen droht.
- Achten Sie darauf, wann Sie sich nur ablenken und wann Sie tatsächlich Kraft und Hoffnung gewinnen.
- Erinnern Sie sich in schwierigen Situationen daran, dass es weder reicht sich vorzumachen, dass das Leben ein riesiger Jahrmarkt ist, noch, dass das Leben nur aus Leid bestünde. Beides besteht immer nebeneinander.
- Überprüfen Sie für sich selbst, ob Sie die Arbeit mit Schwerkranken, Sterbenden und Trauernden wagen, weil Sie selbst der Meinung sind, dass das Leben nur aus Leiden besteht. Falls ja, finden Sie Ihre eigene persönliche Hoffnung im Leben.
- Seien Sie bereit, Ihren eigenen Blickwinkel zu erweitern.

Erlauben Sie sich in Ihrer Tätigkeit auch negative Gefühle.

Auf der Gerechtigkeit beruht alle Ordnung. Es gibt aber nicht zweierlei Gerechtigkeit auf Erden, eine nach unten und eine andere nach oben.
Joseph Freiherr von Eichendorff

Jeder Mensch hat seine persönliche Erfahrungswelt. Während die einen handfest und sicher auch Menschen pflegen und betreuen können, die schwerste Atemnot mit großen Ängsten haben, können andere in dieser Gegenüberstellung nur mit Mühe eigene Ängste und Erfahrungen unterdrücken. Das Gleiche kann bei Situationen auftreten, in denen Ekelgefühle hochsteigen. Abneigungen und Zuneigungen zwischen Menschen liegen auf einer nur schwer nachvollziehbaren Ebene. Manchmal »funkt« es zwischen Menschen vom ersten Moment an, manchmal scheint es nichts zu geben, was die Betreffenden verbinden könnte.
Jeder Mensch, der mit Bedürftigen in seinem Alltag zu tun hat, erlebt die ganze Bandbreite dessen, was Menschen in ihrer Bedrängnis nötig haben. Jede Mutter kennt das Phänomen, dass

ein krankes Kind ihr nicht von der Seite weichen will und nur dann aufhört zu jammern, wenn sie es ununterbrochen herumträgt. Das kann mit Sterbenden ebenso stattfinden. Diese Dauerbelastung ist selbst bei größter Geduld nur schwer auszuhalten. So sehr es z. B. wünschenswert ist, dass Menschen angesichts ihres Todes Möglichkeiten eingeräumt werden, ihre Wut, ihren Zorn auszudrücken, so sehr sollte berücksichtigt werden, dass alle Menschen, die die Betroffenen pflegen und versorgen sollen, das aushalten müssen. Stellen Sie sich vor, Sie wären mit der Betreuung mehrerer Menschen beauftragt und über viele Stunden und Tage hinweg würde einer von ihnen ununterbrochen schreien. Die Belastung, die sich für alle, die das miterleben, ergibt, ist nur schwer auszuhalten.

Wir sollten bedenken, dass Menschen, die mit der Pflege von Kranken und Sterbenden betraut sind, alles aushalten müssen, was Menschen in diesen schweren Lebenskrisen zeigen: Das bedeutet, dass sie von nervenzerrendem Gejammer bis zu tiefsten Lebensfragen und Problemen alles in sich aufnehmen und bestenfalls reagieren müssen!

- Ihnen kann die Haltung hilfreich sein, dass sie mit Ihrem Gegenüber keineswegs eine private Verbindung haben müssen, sondern dass Sie aus reiner Menschlichkeit und wegen Ihres Lebensunterhaltes die Arbeit tun werden.
- Erlauben Sie sich, dass Sie auch ganz normale menschliche Abneigungen haben dürfen.
- Erlauben Sie sich, von einem Menschen genervt zu sein, der mit der Forderung nach Aufmerksamkeit und Versorgung Ihre Geduld strapaziert.
- Sollten Sie Ekel empfinden, holen Sie, bevor Sie den Menschen sehen, einmal tief Luft. Erlauben Sie sich, Ihre Arbeit mechanisch zu tun.
- Wenn Sie die Möglichkeit haben, bitten Sie eine Person (aus dem Team, in dem Sie arbeiten oder Ihrer Familie), die Arbeit, vor der Sie Ekel empfinden, zu übernehmen. Möglicherweise fällt es dieser Person leichter als Ihnen. Finden Sie dabei heraus, welche Arbeit wiederum Ihnen leichter fällt. Geben Sie so die Unterstützung zurück, die Sie selbst auch bekommen haben.

■ Niemand weiß, in welche Lebenssituationen wir selbst einmal geraten. Machen Sie Ihre Arbeit in der Hoffnung, dass an Ihnen selbst einmal dieser Dienst verrichtet wird, falls Sie in der gleichen Lage sind.

Haben Sie Gnade mit sich selbst!

Die Gnade segnet den, der sie gewährt, und den, der sie empfängt.
William Shakespeare

Es scheint normal, für andere in schwierigen Lebenssituationen Mitgefühl zu verspüren. Mit Hingabe werden alle versorgt und umsorgt, die Probleme haben. Ganz besonders Frauen neigen dazu, die Bedürfnisse aller Menschen erfüllen zu wollen. Diesem verständlichen Wunsch sind allerdings Grenzen gesetzt. Probleme und Sorgen eines Menschen gehören ihm und nicht den anderen.

- ■ Gestehen Sie sich das gleiche Mitgefühl für sich selbst zu. Auch Sie selbst sind mit Problemen konfrontiert.
- ■ Seien Sie vorsichtig damit, wenn Sie merken, dass Sie Probleme anderer auch zu Ihren eigenen machen.
- ■ Gestehen Sie sich ein, dass Sie eine schwere Tätigkeit vollbringen, vor der andere Menschen große Angst hätten.
- ■ Verzeihen Sie sich Fehler, denn die sind ganz normal.

Seien Sie voller Mitgefühl.
Hüten Sie sich, wenn Sie Mitleid empfinden.

Ich sage dir, dass man mit andern nur so weit Mitleid haben soll, dass man später nicht selbst Mitleid braucht.
Titus Maccius Plautus

Mitleid ist die innigste Form der Beleidigung.
© Stefan Schütz

Es ist schwer, die Gratwanderung zwischen den Qualitäten Mitleid und Mitgefühl zu schaffen. Alle Lebenssituationen, in denen Menschen in unserem Umkreis mit Grenzfragen des Lebens konfrontiert werden, rühren uns an. Jede Abgrenzung davon kann uns roh und herzlos erscheinen. Eine kraftvolle Unterstützung können wir jedoch nur dann geben, wenn wir angesichts von umwälzenden Lebensumständen in der Lage sind, handlungsfähig zu sein. Dafür kann Mitleid ausgesprochen hinderlich sein.

Was geschähe, wenn zwei Ertrinkende sich gegenseitig retten wollten? Sie würden sich unweigerlich in die Tiefe ziehen und beide würden umkommen. Wenn zwei Menschen leiden, ist die Handlungsfähigkeit stark beeinträchtigt. Denn wenn Sie mitleiden, leiden Sie ebenso wie die Person, die sich gerade in Schwierigkeiten befindet.

Mitgefühl handelt klüger. Das Mitgefühl empfindet ebenso wie das Mitleid den Schmerz, ist aber in der Lage, einen Schritt zurück zu sich selbst zu gehen, um eine Lösung, eine Rettung und einen Ausweg zu finden. Das Mitgefühl wird also immer Vorsicht walten lassen, selbst »im Leid« unterzugehen.

Es kann sein, dass Sie selbst angesichts schwerer Lebensumstände anderer Menschen voller Empathie mitempfinden, wie es den Betroffenen geht, und Sie ihnen Unterstützung geben möchten. Bedenken Sie jedoch auch den Fall, dass diese mit ihren Problemen sehr wohl umgehen können und Ihre Unterstützung gar nicht haben wollen. In diesen Momenten kommen die Betroffenen gar nicht auf die Idee, Ihre Unterstützung anzunehmen bzw. umgehen Ihre Ratschläge. Ihr Mitgefühl ist jetzt fehl am Platz. Auch hier ist zu akzeptieren, dass Menschen auf ihren eigenen Lebenswegen frei sind und selbst entscheiden, was sie entwickeln möchten und was nicht (siehe Kapitel »Von Würde, Frieden ...«).

- Überprüfen Sie, wenn Ihnen eine Begegnung nahe geht, ob Sie Mitleid oder Mitgefühl empfinden. Sind Sie in der Lage nach einer Lösung zu suchen?
- Wenn Sie feststellen, dass Sie voller Mitgefühl mit einem Menschen sind, finden Sie etwas, was Sie für diesen Menschen tun können.
- Wenn Sie feststellen, dass ein Mensch mit großen Problemen Ihre Unterstützung nicht annimmt, akzeptieren Sie, dass er mit seinem eigenen Leben und seinen Problemen offensichtlich zurecht kommt.

■ Lesen Sie das Buch von Carl Simonton »Wieder gesund werden«. In den Übungen, die für Krebspatienten beschrieben sind und die auch auf andere Krankheiten anwendbar sind, wird die Frage an die Betroffenen gestellt, welchen Gewinn sie selbst von ihrer Krankheit haben. Lebenssituationen sind unterschiedlich. Akzeptieren Sie, dass Sie andere Schwierigkeiten haben als die Betroffenen selbst.

■ Lesen Sie das Buch »Prognose Hoffnung« von Bernie Siegel. Der Autor ist Arzt und arbeitet schwerpunktmäßig mit Krebspatienten. Er rät zu ehrlicher Hinwendung zu den Betroffenen und warnt aus eigener Erfahrung vor jeder Abgrenzung.

Hüten Sie sich, wenn Sie Sentimentalität und Rührseligkeit empfinden.

Sentimentalität ist, wenn es dir unter die Haut,
den anderen aber auf den Geist geht …
Dr. Fritz Schaarschuh

Rührseligkeit wird oft mit einem negativen Beiklang versehen. Wir alle kennen die hoch wellenden Wogen, wenn in unserer Umgebung oder in den Medien von »schrecklichen Ereignissen«, berichtet wird. Und nach dem ersten Moment des Erschreckens entsteht der große Wille, etwas zu tun, um das Leid und Elend zu lindern. Man lässt sich vom Leid anrühren und viele Hilfsprojekte würden ohne dies nicht existieren. (Leider kann diese Welle des Mitgefühls auch zu absurden Begebenheiten führen, sodass z. B. Tausende sich um die Adoption von Rudolf Moshammers Hund Daisy bemühen, während gleichzeitig von mehr als 200 000 Toten nach dem Tsunami in Asien berichtet wird.)

Das Elend, das seit Menschengedenken in der Welt besteht, ist vielfältig und die Endgültigkeit des Todes erschrickt uns zutiefst. Die Frage nach dem Sinn von Leid und Tod ist nicht mit platten Phrasen wie: »Der Herr hat's gegeben, der Herr hat's genommen!« zu beantworten.

Wir neigen dazu, uns lebendig auszumalen, *wie* es einem Menschen gehen mag, der gerade einem Hurrikan entkommen ist oder einem Menschen, der gerade seine Krebsdiagnose bekommen hat und/oder sich mitten in der Chemotherapie befindet. Es kann sein, dass es diesem Menschen schlecht geht, es kann aber auch ganz anders sein. Menschen sind Experten für das, was ihnen selbst geschieht. Und es gibt viele Menschen, denen es auf dem Totenbett gut geht, es gibt Menschen, die erleichtert sind, wenn sie ihre lebensbedrohliche Diagnose bekommen haben, und es gibt Menschen, die auf ihre HIV-Diagnose nicht verzichten wollen, so schwer sie auch daran zu tragen haben.

Immer sind die Betroffenen selbst Experten dafür, was mit ihnen geschieht. Es ist ihre Diagnose, ihr Elend und ihr Leben, das sie führen. Jede Unterstützung von außen entwickelt sich aus dem Mitgefühl den Betreffenden gegenüber, für deren scheinbares Elend man Abhilfe und Lösungen finden will. Dazu ist es notwendig, das Gegenüber als Experten zu akzeptieren und die Unterstützung anzubieten, die die betreffende Person möchte – nicht das, was wir in wohlmeinender Annahme für das Richtige halten. Dass das in einer lebensbedrohlichen Schocksituation anders aussieht und anders – eben als Notfall – behandelt werden muss, versteht sich von selbst.

- Fragen Sie Betroffene, was sie brauchen, hüten Sie sich davor, eigene Annahmen zu machen und vorauszusetzen.
- Seien Sie vorsichtig damit, von Leid Betroffenen gute Ratschläge zu erteilen. Vergewissern Sie sich vorher, ob die Person überhaupt Fragen hat.
- Lassen Sie den Gedanken zu, dass es sein kann, dass von Leid Betroffene gar nicht mit Ihnen und Ihrem Leben tauschen möchten.
- Lesen Sie das Kapitel über die Regeln einer unterstützenden Kommunikation, damit Sie ihr Gegenüber erreichen können.

Fragen Sie sich selbst, ob Sie ein hoffnungsvolles Weltbild in sich haben. Wenn nicht, (er-)finden Sie eines.

Wenn die meisten sich schon armseliger Kleider und Möbel schämen, wie viel mehr sollten wir uns da erst armseliger Ideen und Weltanschauungen schämen …

Albert Einstein

Die Laus hat eine lausige Weltanschauung.

© Dr. phil. Manfred Hinrich

Sterbende und Trauernde auf ihrem schweren Weg zu begleiten heißt, ein Licht in der Dunkelheit anzuzünden und einen Weg erkennbar zu machen, wo es scheinbar keinen gibt. Dabei gilt es, gleichzeitig selbst einen festen Stand zu haben.

Kranke, Sterbende und Trauernde suchen intensiv nach dem Sinn, den ihr Leben und ihr Leiden haben mögen. Diese Suche ist entscheidend dafür, ob ein Mensch den Weg in ein funktionierendes, zukünftiges Leben finden kann (siehe auch: Was hindert Menschen am Sterben?). Jeder Mensch, der andere in diesem schweren Prozess begleiten will, wird unweigerlich irgendwann ähnliche Fragen in sich tragen. Diese Fragen lassen sich nur schwer verdrängen.

- Lassen Sie Ihre eigenen Fragen an das Leben zu.
- Sprechen Sie mit Freunden, mit Kollegen über ihre Fragen.
- Thematisieren Sie Ihre Fragen in Supervisionen.
- Sollten Sie den Eindruck haben, es gäbe keinen Sinn, lassen Sie sich nicht beirren, suchen Sie weiter. Geben Sie nicht auf, ihren eigenen Weg zu finden.
- Fragen Sie verschiedene Seelsorger in Ihrer Umgebung nach dem Weltbild ihrer Religion.
- Wenn Sie selbst meinen, Ihr Weltbild gefunden zu haben, lassen Sie Veränderungen und neue Denkansätze zu. Vervollkommnen Sie ihr Bild.

Denken Sie lösungsorientiert.

Das Einzige, was es zu lernen lohnt:
Wir sollten unsere Probleme als (Aufforderung zur Suche von) Lösungen begreifen.
© Oliver Lösch

Ein guter Manager hat für jedes Problem
mindestens drei Lösungen.
© Günter Jursch

Gerade in der Begegnung mit Krankheit und Abschied heißt es sehr häufig, man könne nichts mehr tun. Akzeptanz und Erduldung dessen, was geschieht, ist dann der Ratschlag. Selbstverständlich kann es sein, dass ein Mensch krank bleibt, auch wenn wir es uns mit aller Vehemenz anders wünschen. Allerdings bedeutet das noch lange nicht, dass wir nichts mehr tun können. Finden Sie Ihre eigene Möglichkeit, wie Sie etwas tun, etwas sagen können. Auch eine Karte an einen Menschen zu schreiben, der sich in einer tiefen Lebenskrise befindet, ist etwas, was Sie tun können.

- Hüten Sie sich vor Floskeln (»das muss man so hinnehmen«).
- Seien Sie bereit, auch unkonventionelle Denkansätze zu verfolgen und unkonventionelle Wege zu gehen.
- Sprechen Sie mit anderen Menschen über ein Problem und fragen Sie diese, ob sie eine Idee für eine Lösung haben. Betroffene sind immer ein wenig »betriebsblind«. Aus einem inneren Abstand heraus lassen sich verblüffende Ideen entwickeln.
- Fragen Sie gezielt drei verschiedene Generationen, wenn Sie eine Frage haben. Ungeahnte Möglichkeiten lassen sich auf diese Weise manchmal ganz einfach finden.

Die Grundlagen der Kommunikation für eine angemessene Sterbe- und Trauerbegleitung

Kommunikation ist viel mehr als zwei klappernde Gebisse.
© Frank Dommenz

Kommunizieren ist so etwas Ähnliches wie miteinander reden, aber natürlich nur ungefähr.
Unbekannt

In einer Gesellschaft, in der Floskeln einen Großteil der zwischenmenschlichen Kommunikation darstellen, traut man sich schon fast nicht einmal mehr, seinen Mitmenschen »Guten Tag« zu sagen.
© Thomas Wehner

Die gute Unterhaltung besteht nicht darin, dass man selbst etwas Gescheites sagt, sondern dass man etwas Dummes anhören kann.
Wilhelm Busch

Die Frage:
»Als ich jünger war«, sagte Sabine eines Tages, »war ich in einem ambulanten Pflegedienst tätig. Und es war sehr schwer, in die Familien zu kommen. Nie war ich sicher, ob die Menschen, die ich tags zuvor noch besucht hatte, noch am Leben waren oder welche Sorgen die Angehörigen hatten. Ich wusste nicht, wie ich die Räume betreten sollte. Soll ich gute Laune vorgeben, die dort überhaupt nicht spürbar ist? Oder soll ich ernst und leise sein? Noch heute stehe ich fassungslos davor, wenn Angehörige anfangen zu weinen und wenn Schwerkranke Angst haben. Was soll man dann sagen? Und vor allem, wie soll man was sagen?«

Die Antwort:
Die Grundregeln der Kommunikation anzuwenden ist die Voraussetzung dafür, mit Menschen in Krisensituationen Kontakt aufnehmen zu können. Es gibt eine Vielzahl von Möglichkeiten, einen vertrauensvollen Kontakt zu Menschen aufzubauen. In diesem Kapitel werden deshalb einige Grundsätze (nach Hildegard Fuhrberg) aufgestellt, die die Arbeit mit Menschen in Nöten erleichtern können. Damit können für die Betreuenden wie auch für die Betroffenen viele Unsicherheiten überwunden werden.
Kommunikation, die das menschliche Miteinander regelt, gehört zu den schwierigsten Aufgaben der heutigen Zeit. Ob es sich um den Bereich der Medienkommunikation, der Pädagogik oder der

Begleitung von Menschen in Krisen handelt, ist dabei zweitrangig. Beziehungen zwischen Menschen beinhalten, dass sozusagen »zwischen den Zeilen« gelesen und gehört wird. Sonst ist am Ende einer Aussage unklar, was der eigentlich zu vermittelnde Inhalt gewesen sein soll.

Dabei erahnen wir schnell – und oftmals zu schnell – was jemand eigentlich meint, wenn er etwas sagt. Dadurch dass wir Deutungen in das hineinlegen, was wir hören, sind Missverständnisse und Disharmonien vorprogrammiert. Wer erinnerte sich nicht an die humoristische Aufbereitung des Dialoges eines alten Ehepaares durch Loriot: »Das Frühstücksei«? Diese Kommunikationsform ist in unserem Alltag und im Zusammenleben mit Menschen üblich, jedoch auch ausgesprochen störend. Für eine Begleitung von Menschen in Krisensituationen ist sie hinderlich.

Definitionsgemäß bedeutet Kommunikation »das Miteinander/die Verbindung/der Austausch von Nachrichten und Informationen«. Nachrichten und Informationen können sehr wohl wortlos ausgetauscht werden. Dabei denke man an das Auftreten von Boxern im Ring vor einem großen Kampf, das allen Zuschauern den Eindruck von Macht und Stärke vermitteln soll. Viele Comics kommen ohne jede Sprechblase aus, um dem Betrachter einen Vorgang zu verdeutlichen, und jeder Stummfilm arbeitet ausschließlich mit Bildern bei der Vermittlung eines Handlungsablaufs. All diese Kommunikationsarten erfolgen wortlos und alle, die anwesend sind, erkennen ohne jedes gesprochene Wort, was ausgedrückt werden soll.

Je länger Verbindungen und Beziehungen zwischen Menschen bestehen, umso weniger sprechen diese miteinander. Das betrifft Kinder in Gemeinsamkeit mit ihren Eltern, und ebenso alte Ehepaare, die »auch ohne Worte« kommunizieren können.

Um einen Menschen im Prozess des Sterbens und des Trauerns begleiten zu können, gehören neben jede pflegerische Methodik grundlegende Haltungen dazu, die eine Vertrauensbasis ermöglichen. Und erst, wenn die Basis für diese Gemeinsamkeit gelegt wurde, ist für alle Beteiligten – für die Sterbenden, die ihnen Nahestehenden und die Begleitenden – ein konstruktiver, friedlicher und heilsamer Weg möglich.

Formen der Kommunikation können grob in drei Arten unterteilt werden:

1. Die Wettbewerbskommunikation

Hierbei möchte eine Seite stärker sein als die andere. Das betrifft die oben erwähnten Boxkämpfe ebenso wie das Verhalten von Helden in Westernfilmen oder multikulturelle Begegnungen von Jugendlichen in einer Großstadt. Es geht hier im Wesentlichen darum, dem anderen zu zeigen, wer der Bessere, Coolere, Machtvollere und Stärkere ist.

In einer Wettbewerbskommunikation geht es um Gewinner und darum, wer letztlich Recht haben wird.

In einer negativen Betrachtung gehören zu der Wettbewerbskommunikation sämtliche Formen des Protzens. Sämtliche Insignien der Moderne, Autos, Häuser und Frauen oder teure Designermode, verschaffen dem vermeintlichen Helden seinen Gewinn, denn nur der »Stärkere« gewinnt.

Auch die Rechtsprechung gehört in diesen Zusammenhang. Denn nur wer Recht hat und dies auch offiziell bekommt, ist der ganzen Anerkennung sicher. Hier geht es nicht mehr um ethische Werte, die ein moralisches Recht begründen könnten.

Rechthaberei und das Behaupten seines eigenen Standpunktes sind Ziele einer Kommunikation, die auf Wettbewerb aufgebaut ist: Klug ist, wer in der täglichen Quizshow hohe Geldgewinne eingesteckt hat, erfolgreich ist, wer das größte Auto hat; intelligent ist, wer den aktuellen Rechtsstreit gewonnen hat.

In einem positiven Sinn ist diese Kommunikationsform gesellschaftlich sinnvoll, weil die persönliche Haltung, siegen zu wollen, auch der Ansporn dazu sein kann, das Beste aus sich herauszuholen. Es liegt in der Natur des Menschen, große Ziele anzustreben. Und nur dadurch sind wir in der Lage, über jedes Mittelmaß hinaus, unsere wahren und großen Talente zu entwickeln und zu zeigen.

Eine bevorzugte Redewendung bei allen Kommunikationsformen, die auf Wettbewerb – und Rechthaben – aufgebaut sind, ist das »ABER«. Dieses Wort sichert und manifestiert den persönlichen Standpunkt und negiert das Argument von vornherein.

2. Die pädagogische Kommunikation

Die pädagogische Kommunikation ist spielerisch. Sie behandelt das Gegenüber so, als hätte dieses immer Recht. Dabei merkt das Gegenüber jedoch nicht, dass ihm eine Richtung im Denken und im Geschehen vorgegeben wird. Mehr oder weniger subtil werden in dieser Kommunikationsform Maßstäbe und Denkansätze suggeriert. Ein Lehrer einer Unterrichtsgruppe wird in der Notwendigkeit, sein Unterrichtsziel zu erreichen, anhand von Fragen und Anmerkungen immer wieder die Richtung eines Gespräches halten. Dabei bleiben bestimmte Anmerkungen, die nicht exakt dem Ziel dienlich sind, unbeachtet, während andere in den Vordergrund gelangen. Jede Diskussion kann so angeleitet und zielgerichtet sein. Allen Zuschauenden jedoch kann – je nach Beobachtungsgabe, Erfahrung und Geschick – das Ziel des vermeintlichen Austausches verborgen bleiben.

Um in dieser Kommunikationsform weder Suggestion noch Manipulation entstehen zu lassen, erfordert es von dem die Richtung gebenden Menschen ein hohes Maß an Achtung anderer und freier Meinungen und eine weit entwickelte Ethik. Gerade in der therapeutischen Begleitung von Menschen in Krisensituationen entsteht häufig der Eindruck, dass die anleitende Person das Denken des Gegenübers in eine bestimmte Richtung lenken möchte.

Während diese Form der Kommunikation durchaus Sinn macht, wenn z. B. in einer Gruppe ein Lernziel erreicht werden soll, kann sie sich in einer menschlich-begleitenden Situation als hinderlich zeigen. Es kann sein, dass die Person, die so begleitet wird, u. U. sehr rasch erkennt, dass es nicht wichtig ist, was sie selbst möchte, was sie selbst wünscht und was sie selbst fühlt, sondern dass die begleitende Person ihre eigenen Ziele verfolgen will. Deren Gegenüber fühlt sich unverstanden und isoliert. Jemand, der in einer Krisensituation mit seinen offenen Fragen durch eine pädagogische Taktik begleitet wird, erlebt Dogmatismus anstelle von Verständnis und dem Gefühl von Freiheit und Achtung seiner Würde. Ein besonderes Problem der pädagogischen Kommunikation ist die damit verbundene Manipulation. Die wiederum widerspricht jedem freiheitlichen und würdevollen Ansatz in einer Begleitung von Menschen in Nöten.

Die bevorzugte Redewendung bei einer pädagogischen Kommunikationsform ist: »Ja, richtig, doch wir sollten auch an etwas anderes denken …«

3. *Die unterstützende Kommunikation*

Die unterstützende Kommunikation tritt von einem eigenen Ziel zurück. Sie tritt zurück und lässt dem Gegenüber den Vortritt in der Hoffnung, dass dieser Mensch entwickeln kann, was er entwickeln möchte. Anstatt Richtungen vorzugeben und Lehrmeinungen zu vertreten, unterstützt sie. Damit ist erst die Achtung vor dem Willen und den Zielen eines anderen Menschen möglich. Dann ist es auch erst möglich, eine Basis des Vertrauens zu gewinnen. In der Begleitung von Menschen in Sorgen und Krankheit sowie deren Nahestehenden ist ein Vertrauensverhältnis für alle notwendig. Das allerdings gilt es erst aufzubauen. Und dies gilt sowohl für das begleitende Pflegepersonal, wie auch für alle, die therapeutisch-behandelnd in diesen Situationen Unterstützung geben sollen.

In einer unterstützenden Kommunikationsform ist die Person, die der Unterstützung bedarf, die Hauptperson. In diesen Momenten sollen gemeinsame Lösungen erzielt werden, starre Handlungskonzepte sind nicht maßgeblich. Es ist nicht intendiert, dass am Ende eines Gespräches eine Partei Recht haben muss. Es werden Fragen gestellt, anstatt dass Kommentare abgegeben werden. Aktives Zuhören und Offenheit für jede Schlussfolgerung genießen Vorrang. Offenes Zuhören bedeutet u. a., dass Rückfragen gestellt werden, die es ermöglichen, das Gegenüber und seine Empfindungen und Handlungen nachvollziehen zu können. Es gilt immer, dass die Sichtweisen des Lebens unterschiedlich sein sollen und dürfen.

> Eine unterstützende Kommunikation wird in Haltung und Redewendung »Ja, und ...« verwenden oder »Wie ist das genau gemeint ...?«

Grundsätze einer unterstützenden Kommunikation

> Bitte bedenken Sie bei allen Ratschlägen, dass es sich bei Ihrer Begleitung und auch bei dem Vorgang des Sterbens und Trauerns selbst um einen normalen Vorgang des menschlichen Lebens handelt, auch wenn es um eine Grenzsituation geht. Beachten Sie, dass Sie ganz Sie selbst bleiben. Sie brauchen weder »pietätvoll und ernst« noch übertrieben aufmunternd zu sein!

Beachten Sie die Sprachregelungen.

- Verwenden Sie wenig: »Aber ...«
- Verwenden Sie stattdessen: »Ja, und ...«

Es ist nicht wichtig, ob Sie die Weltanschauung der Person teilen, mit der Sie zu tun haben. Es ist auch nicht wichtig, ob Ihr Gegenüber Recht hat oder Sie selbst. Bedenken Sie: Dogmatismus ist in jeder Form der Heilkunde und in jeder Form einer Begleitung Sterbender oder Trauernder fehl am Platz. Es ist nicht von Belang, was wir selbst wollen. Im Mittelpunkt der Begleitung steht immer, was die Betroffenen wollen. Die Aufgabe in der Begleitung besteht darin, Angebote zu machen, damit Betroffene weiterdenken und Lösungen für einen heilsamen Weg selbst erkennen können.

Achten Sie Betroffene als ExpertInnen für das, was in ihrem Leben gerade geschieht.

Vielfach findet sich die Vorstellung von Behandlungsformen, als gäbe es Experten für Lebenssituationen, wie es Automechaniker und Bäcker gibt. Wer aber kann sich besser vorstellen, wie es ist zu sterben, oder wie es ist, um einen nahen Menschen zu bangen, als die Betroffenen selbst? Wenn wir den Schmerz von Angst und Verlust selbst kennen, kann es uns die Begleitung erleichtern. Die Betroffenen jedoch befinden sich in der akuten Leidenssituation.

Betroffene sind ExpertInnen für ihre eigene Vorstellung, für ihre eigenen Gefühle, ihr Lebensziel, ihre Beziehungen und ihre Wünsche. Diese Freiheit sollten wir immer achten. Diese Freiheit gilt für uns selbst und unser Leben ebenso, und wir sollten diese Freiheit unserem Gegenüber und uns selbst zuteil werden lassen.

Bemerken Sie bei allem, was Sie in Gesprächen sagen, sowohl Positives als auch Negatives.

Sollten Sie feststellen, dass Sie Ihren Blick auf etwas Negatives, ausschließlich Trauriges oder Schmerzvolles gerichtet haben, erweitern Sie Ihren Blick, ob Sie nicht auch Positives erkennen können. Die Frage »Was kann ich Schönes darin erkennen?« mag Ihnen selbst hilfreich dabei sein. Es kann sein, dass der Blick Betroffener auf eine gegebene schwere Last fixiert ist. Wir können sie (und uns selbst) unterstützen, mehr wahrzunehmen, als es momentan zu geben scheint. Immer ist in einer Situation neben einem Problem auch ein Potenzial zu finden – so schwer es auf den ersten Blick auch sein mag. Manchmal kann dazu die Frage an Betroffene, die sich mögli-

67cherweise klein und elend fühlen, hilfreich sein: »Was können Sie wirklich gut? Gibt es etwas, mit dem Sie richtig zufrieden sind? Gibt es irgendetwas, das Sie schön finden?«
Für jedes wie immer auch geartete Problem gilt: Wir werden es nur mit unseren Potenzialen überwinden, nie mit unseren Schwächen! Diese Tatsache gilt sowohl für uns selbst in unserem Alltagsleben, als auch für Menschen, die sich auf den schweren Weg des Abschieds vorbereiten müssen. Den Blickwinkel zu erweitern, ist dabei nicht nur für Betroffene eine Herausforderung. Allein deshalb ist es wichtig, dass wir uns auch an das Schöne, das Wertvolle in der Welt und in uns und anderen erinnern.

Schaffen Sie eine vertrauensvolle und geschützte Atmosphäre.
Dazu gehört, dass Sie für ein Gespräch einen Rahmen schaffen, der Ihnen und Ihrem Gegenüber ein konzentriertes Beisammensein ermöglicht.

- Schalten Sie Ihr Handy aus!
- Schalten Sie Musik und/oder Fernseher aus.
- Regeln Sie eine Lichtquelle so, dass möglichst wenig Ablenkung durch grelle Lichtverhältnisse entsteht.
    - Das kann auch bedeuten, dass Sie Vorhänge ein wenig zuziehen, falls das Sonnenlicht blendet.
- Regulieren Sie Ihre Stimmlage.
    - Sprechen Sie in für Sie selbst normalem Tonfall und Stimmlage.
    - Beachten Sie, dass Sie Ihre Stimmlage zur Beruhigung normal tief halten. Die Beobachtung hat gezeigt, dass Menschen, die mit sehr hoher Stimme sprechen, ihr Gegenüber eher nervös machen, als dass Ruhe eintritt. Sollten Sie feststellen, dass Sie in einem Gespräch durch mögliche Unsicherheiten zu hoch sprechen, holen Sie tief Luft und bemühen Sie sich, Ihren normalen Tonfall wieder zu finden.
- Sprechen Sie ruhig und mit angemessener Geschwindigkeit – um welches Thema, um welches Geständnis oder welche Ängste der Betroffenen es auch immer gehen mag.
    - Wir kennen es selbst, dass wir unruhig werden, wenn die Sprache der Menschen in unserer Umgebung schnell ist. Sterbende und Nahestehende sind in einer besonderen Lebenssituation. Sie reagieren sehr viel empfindlicher auf Einflüsse von außen.
- Achten Sie auf die Lautstärke Ihrer eigenen Stimme.

- Bis auf Ausnahmen brauchen Sie nicht im Flüsterton zu sprechen. Sterbende jedoch, die sich immer mehr von dem zurückziehen, was aus der Außenwelt an sie herangetragen wird, können schon bei geringen Geräuschen erheblich erschrecken. Auch dieses Phänomen kennen wir selbst, kurz vor dem Einschlafen, wenn wir hart geweckt werden oder uns jemand direkt und mit normaler Zimmerlautstärke anspricht. Das bedeutet allerdings nicht, dass Sie durch den Raum schleichen müssen.

– Sehen Sie Ihrem Gegenüber ins Gesicht, halten Sie Augenkontakt.
  - Eine intensive und vertrauensvolle Begegnung kann dadurch gehalten werden, dass man dem Blick eines anderen Menschen standhält. Dem ehrlichen Blick eines anderen standzuhalten, bedeutet, sich selbst in seinem tiefsten Inneren sichtbar zu machen. Nicht umsonst heißt es, die Augen seien der Spiegel der Seele. Es ist gerade in der menschlichen Begegnung und Begleitung von größter Wichtigkeit, dass Menschen sich öffnen können. Wir haben zumal angesichts des Abschieds nichts zu verlieren. Haben Sie deshalb den Mut, sich selbst dem Thema und möglicherweise den Ängsten anderer zu stellen.

– Sorgen Sie dafür, dass Sie mit Ihrem Gegenüber möglichst auf gleicher Augenhöhe sind.
  - Jedes Herabsehen, indem Sie am Bett oder am Stuhl eines Menschen stehen, macht es Ihrem Gegenüber sehr schwer, sich Ihnen zu öffnen. Die ungleiche Augenhöhe ist mit einem tatsächlichen »Herabsehen« vergleichbar. Die Person, die dabei in der unteren Position ist, wird sich Ihnen auch immer unterlegen fühlen und wird jedes Preisgeben dessen, was ihr auf dem Herzen liegt, vermeiden.

– Halten Sie sich selbst gerade, nehmen Sie eine achtungsvolle Haltung ein. Das bedeutet, dass Sie bei einem Gespräch sitzen, ohne Arme und Beine zu verschränken. Die Körpersprache eines Menschen kann leicht Ablehnung oder Offenheit signalisieren.
  - Durch eine würdevolle Haltung drücken Sie Ihre Aufmerksamkeit wie auch Ihre Achtung vor Ihrem Gegenüber aus.

– Achten Sie darauf, Ihr Gegenüber nur mit seinem/ihrem Einverständnis zu berühren.
  - In offenherzigen Lebenssituationen kann es sehr leicht vorkommen, dass ein überschwellendes Mitgefühl dazu führt, die

Betroffenen anzufassen. Bedenken Sie sehr sorgfältig, ob das angebracht ist. Gerade Frauen neigen dazu, allzu leicht Körperkontakt aufzunehmen. Das erfordert u. U. sehr viel Fingerspitzengefühl.

- Beachten Sie, ob Sie einen Menschen berühren dürfen, wenn dieser weint.
  - Besonders in diesen Momenten neigen wir dazu, den Betroffenen durch unsere Berührung trösten zu wollen. Bedenken Sie jedoch, dass es viele Menschen gibt, die sich in einem solchen Moment nicht fallen lassen, sondern sofort ihre kontrollierte Haltung wieder aufnehmen werden. Die einfache Frage: »Darf ich Sie in den Arm nehmen?« kann hilfreich sein. Eine Verneinung wird für Sie dann bedeuten, dass Sie das Weinen Ihres Gegenübers aushalten müssen. Allerdings können Sie der Person mit Selbstverständlichkeit ein Taschentuch reichen oder ihr ein Glas Wasser einschenken.
  - Bedenken Sie, dass Weinen sehr erlösend sein kann. Es gibt zunächst einmal keinen Grund, das Weinen stoppen zu müssen. Möglicherweise hat Ihr Gegenüber lange Zeit benötigt, um den Mut zu den Tränen zu haben.
- Hören Sie den Menschen, mit denen Sie sprechen, aufmerksam und aktiv zu.
  - Ein aktives Zuhören verlangt auch nachzufragen, bis man den Hintergrund verstanden hat. Es heißt, am Thema des Besprochenen festzuhalten und eventuell auf das zurückzukommen, was bislang für Sie nicht klar geworden ist. Sie können erst dann eine Situation richtig einschätzen, wenn Sie die Lage wirklich begriffen haben. Es kann eventuell sinnvoll sein, dass Sie noch einmal wiederholen, was Sie selbst verstanden haben. Menschen in Sorge, Sterbende und Trauernde haben allzu oft den Eindruck, dass ihre Umgebung in Wirklichkeit gar nicht hören will, was sie zutiefst beschäftigt. Dass das Zuhören schwer ist, angesichts der vielen und oftmals sehr bedrückenden Erfahrungen, die zur Sprache kommen, ist im Alltag oft nicht klar.
- Wenden Sie sich der Person, mit der Sie sprechen, ganz zu.
- Lassen Sie Ihr Gegenüber ausreden.
- Seien Sie aufmerksam und konzentriert.
- Seien Sie ehrlich in allem, was Sie sagen.
- Verzichten Sie auf das »Peer Gynt-Syndrom«. Damit ist gemeint,

dass Sie darauf achten, Ihr Gegenüber von Phantastereien zu verschonen, wie es rührend-esoterische Jenseitsvorstellungen ebenso sein können wie andere völlig unrealistische Zukunftsvisionen.

Selbstverständlich kann es angehen, dass Sie nicht nur in schönen Räumen oder einer angenehm gestalteten Umgebung sind, wenn Sie Gespräche führen. Nicht überall stehen Kerzen bereit, nicht überall sind Blumen sofort zur Hand. Haben Sie bitte keine Hemmungen, mit Ihrer eigenen Haltung und Aufmerksamkeit den berührenden Kontakt zu halten, auch wenn Sie gerade in einer Bäckerei stehen, wenn Sie mitten auf dem Jahrmarkt sind oder auf einem überfüllten Bahnsteig. Dann heißt es, die vorgegebenen Bedingungen nutzbar zu machen!

Vermeiden Sie Deutungen einer Situation.
In der allgemein zugänglichen Alltagspsychologie wird in Schemata gedacht. Bücher über (Be-)Deutungen liegen in jeder Buchhandlung aus. Bedenken Sie: ExpertInnen sind immer die Betroffenen selbst, unabhängig davon, was in Fachbüchern steht. Jede Deutung legt fest, anstatt einem Menschen die Wahl seines eigenen Verständnisses einer Situation zu geben. So kann es passieren, dass eine Deutung dessen, was Sie gehört haben, schlichtweg als Unterstellung verstanden wird.
– Fragen Sie, neutral und unvoreingenommen und ohne bereits vorher Vermutungen anzustellen, worum es sich bei einer Situation handelt und wie etwas ist.
– Geben Sie bei dem, was Sie sagen und was Sie erfragen, immer eine Bandbreite verschiedener Möglichkeiten an, um dem Gegenüber die Möglichkeit zu geben sich auszudrücken:

- ○ Einige Formulierungen können Sie dabei unterstützen:
  - »Könnte es sein, dass …? Oder ist es ganz anders?«
  - »Helfen Sie mir, ist das bei Ihnen so oder so …?«
  - »Mir fällt dazu ein …«
    Mit Letzterem wählen Sie ein assoziatives Vorgehen anstatt eines starren Statements.
- ○ Vermeiden Sie jedes »doch, doch, das ist so und so …«
  Bleiben Sie offen in Ihrer Haltung. Es kann sein, dass Sie sich bislang getäuscht haben und Ihre bisherige Annahme und Einschätzung ändern sollten.

Bleiben Sie bei allem, was Sie sagen, sich selbst treu. Sprechen Sie von sich selbst, und bleiben Sie ehrlich.

- Vermeiden Sie jedes »man«, sagen Sie »ich«.
- Sprechen Sie von sich selbst und wie Sie selbst etwas empfinden, wenn Sie über eine Handlung, eine Haltung oder eine Meinung der Betroffenen urteilen.
- Wenn Sie sich über etwas, das Ihnen gesagt wird, wundern, sagen Sie es.
- Wenn Sie selbst in einer Situation unsicher sind, sprechen Sie es aus. Sie lösen damit jede Spannung bei sich selbst und anderen.
- Wenn Sie momentan keine Lösung, keinen Gedankenansatz für ein Problem sehen, sprechen Sie es aus. Bemerken Sie dazu, dass Sie augenblicklich keine Lösung parat haben, aber dass Sie sicher sind, dass es eine gibt. Denken Sie daran, dieses Thema wieder aufzunehmen. Möglicherweise haben Sie oder Ihr Gegenüber dann bereits eine Idee.
- Wenn Sie unzugängliche, halsstarrige oder widerspenstige Menschen vor sich haben, behalten Sie Ruhe und sprechen aus, dass Sie diesen Eindruck haben. Selbstverständlich handelt es sich bei Ihrer eigenen Wahrnehmung lediglich um einen Eindruck, den Sie haben. Es ist keine Diagnose.

Unterstützen Sie Menschen aus sich selbst herauszukommen.

Möglicherweise müssen Menschen, die des Reflektierens und des Sprechens nicht geübt sind, erst dazu verlockt werden. Dazu ist es wichtig, eine vermeintliche Hierarchie abzubauen und eine menschlich-gleichrangige Situation zu schaffen.

- Geben Sie Ihrem Gegenüber ein kleines Beispiel von Ihrer eigenen Unvollkommenheit. Das kann bedeuten, dass Sie ihm erzählen, wie Sie selbst suchend und sprachlos vor einer Frage gestanden haben, ohne zunächst die Antwort zu wissen.
  - Beachten Sie dabei, diese Menschen nicht mit Ihrer eigenen privaten Welt zu konfrontieren und sie zusätzlich mit Ihren eigenen Problemen zu belasten.
- Geben Sie sich als ganz normaler Mensch zu erkennen.
  - Alle Menschen haben Fehler, alle Menschen sind unvollkommen. Das gilt nicht nur für Menschen in schwierigen Lebenssituationen, sondern für alle, die begleiten, und ebenso für alle, die scheinbar mehr Wissen, mehr Macht oder mehr Glück haben.

Halten Sie die Atmosphäre.

– Bedenken Sie, dass Sie – auch zu ihrem eigenen Schutz – den Unterschied zwischen Mitleid und Mitgefühl erkannt haben und umsetzen (siehe das Kapitel »Die Balance von Distanz und Nähe«).

– Beachten Sie bei allen Lebensgeschichten und Leiden, die Ihnen begegnen, dass Sie in Ihrer eigenen Stimmung bleiben. Vermeiden Sie folglich, in die Klage über Schmerz und Leid einzustimmen.

Begrenzen Sie die Zeit und geben Sie die Struktur vor, wenn Sie andere begleiten.

Bis auf Ausnahmesituationen ist ein Gespräch von einer einstündigen Dauer ausreichend, um genügend Informationen zu erhalten und um genügend Impulse für neue Denkansätze geben zu können. Denken Sie daran, dass Sie das Gespräch dann beenden und zu einem späteren Zeitpunkt wieder dort anknüpfen können. Es ist ein Erfahrungswert, dass sich Gespräche von längerer Dauer irgendwann im Kreise drehen oder die Beteiligten überfordern. Bedenken Sie, dass bei sehr alten oder geschwächten Menschen oftmals eine halbe Stunde intensiven Gespräches völlig ausreichend sein kann.

Denken Sie daran, sich nach einem Gespräch ein paar Notizen zu machen, damit Sie später den Inhalt des Gesprächs nachvollziehen können. Das erleichtert Ihnen auch, Inhalte zu einem späteren Zeitpunkt wieder aufzunehmen.

– Halten Sie »den roten Faden« im Gespräch. Viele Gespräche neigen dazu, sich in vielen Feinheiten, Einzelheiten und Nebenwegen zu verirren. Um ein Problem zu lösen und eine neue Denkrichtung zu bekommen, ist es notwendig, die Richtung immer wieder zu bestimmen und zu regulieren. Kommen Sie dazu auf das zurück, was die Richtung vorgibt, und schenken Sie den Nebenbemerkungen weniger Beachtung.

– Menschen, die sich auf Abschiede vorbereiten, haben meist nicht nur ein einziges, sondern viele Probleme. Die Frage, welches ihnen momentan als das Größte, als das Schwerste erscheint, kann hilfreich sein, den Prozess begleiten zu können.

- Beachten Sie, dass sich Probleme oft nach Art eines »Zwiebelschalenmodells« zeigen: wenn die äußere Schale abgezogen ist, kommt darunter zum Vorschein, was eventuell wichtig ist.
- Innerhalb eines Prozesses regulieren sich durch die Lösung eines Problems oftmals zusätzlich sogleich mehrere andere.

Achten Sie die Freiheit der Menschen.

– Siehe auch das Kapitel »Von Würde, Frieden ...«

– Dazu gehört, dass Sie jede Suggestivfrage absolut vermeiden. Beachten Sie, dass die Betroffenen die ExpertInnen sind. So sehr wir wünschen mögen, dass es jemandem »besser geht«, es reicht nicht, anzunehmen, dass es so ist. Erkundigen Sie sich.

– Jede Suggestion macht Menschen unfrei und manipuliert. Bieten Sie bei allen Fragen nach Möglichkeit Bandbreiten an: »Ist der Schmerz eher dumpf oder scharf?« – »Mögen Sie das gern oder überhaupt nicht?« Mit dem Angebot verschiedener Möglichkeiten in einer möglichst breiten Palette, hat Ihr Gegenüber die Chance, sich frei in der Skala einzuordnen. Damit ist er unabhängig davon, was Sie, der behandelnde Arzt, Freund oder Angehörige von ihm erwarten könnten.

Bitte bedenken Sie: Wenn jemand auf seiner Meinung und seinem Standpunkt beharren möchte, gibt es keine Möglichkeit für eine lösungsorientierte Kommunikation. In unserer sozialpsychologisch-psychologischen Gesprächskultur gehen wir davon aus, dass entsprechender Austausch Klärung bringt. Dabei wird oftmals die Möglichkeit übersehen, dass jemand andere Gedanken nicht wahrnehmen oder annehmen will.
Wenn Sie Ihr Gegenüber nicht erreichen können, treten Sie zurück!

Weiterführende Literatur und/oder Informationen geben Ihnen folgen Bücher:
Friedemann Schulz von Thun, »Miteinander reden«, »Das innere Team in Aktion«, »Klarkommen mit sich selbst und anderen – Kommunikation und soziale Kompetenz«;
Inghard Langer, »Sich verständlich ausdrücken«.

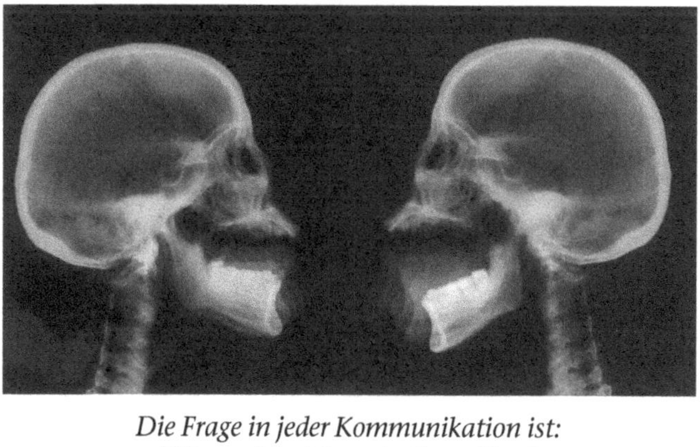

Die Frage in jeder Kommunikation ist:
Wie erreiche ich mein Gegenüber!

Sterbephasen

Der Mensch macht gewöhnlich drei Reifestufen durch. Zuerst lernt er die richtigen Antworten. Im zweiten Stadium lernt er die richtigen Fragen, und auf der dritten Stufe lernt er, welche Fragen sich überhaupt lohnen.
Unbekannt

Das Leben ist ein Chaos und der einzige Unterschied zwischen den Menschen besteht darin, dass sie sich in den verschiedenen Phasen des Aufräumens befinden.
Frei nach George Bernard Shaw

(George Bernard Shaw: *Das Leben ist eine Krankheit, und der einzige Unterschied zwischen den Menschen besteht darin, dass sie sich in den verschiedenen Phasen dieser Krankheit befinden.)*

Die Frage:
Sabine kam voller Fragen in den Unterricht. Sie hatte mit Angehörigen gesprochen, deren Vater über den Zeitraum von einigen Monaten gestorben war. »Die Menschen waren erschüttert, wieso ihr Vater sich in der Zeit seines Sterbens so seltsam verhalten hatte. Niemals in seinem Leben hat er getobt, doch in den Monaten seines Sterbens schlug er um sich und schimpfte. Er war todtraurig und dann wieder voller Hoffnung, weil er eine neue Heilmethode zu finden geglaubt hatte. Letztendlich gab es zwischendurch immer wieder Zeiten, in denen sich ein wunderbarer Frieden einstellte. Dann wieder war sich der Mann sichtlich völlig unklar darüber, dass sein Tod nahte. Gibt es eine Möglichkeit, diese Verhaltensweisen einzuordnen? Was hat es mit den häufig genannten Sterbephasen auf sich?«

Die Antwort:
Wer immer mit Sterbenden zu tun hat, braucht das Wissen um die Beobachtungen, die Elisabeth Kübler-Ross gemacht hat. Sie hat damit das Chaos der Beobachtungen strukturiert, und sie hat das große Tabu-Thema Sterben und Tod einer breiten Öffentlichkeit zugänglich gemacht. Mit der Strukturierung gab es die Möglichkeit, Verstehen statt Fassungslosigkeit bei allen zu wecken, die mit einem Sterbenden zu tun haben. Nicht alle, die beruflich mit Sterbenden arbeiten, haben diese Grundlagen verinnerlicht. Kübler-Ross hat das Sterben in fünf verschiedene Phasen eingeteilt, die wir genauer betrachten wollen.

Menschen, die sich auf den schweren und endgültigen Abschied vorbereiten müssen, durchleben ähnliche Konstellationen. Deshalb ist eine Einteilung in verschiedene Sterbe- und Trauerphasen möglich. Im Prinzip sind die auftretenden Problemlagen seit vielen Jahrtausenden bekannt und finden sich in den unterschiedlichen Kulturen und Religionen mit leichten Variationen dargestellt. Bei uns hat das Christentum vor etlichen hundert Jahren auf den so genannten Sterbetafeln (Arthur E. Imhof, Die Kunst des Sterbens. Wie unsere Vorfahren sterben lernten, Hirzel-Verlag 1998) die Versuchungen und Probleme aufgezeichnet, denen ein sterbender Mensch ausgesetzt ist.
Allerdings hat erst Elisabeth Kübler-Ross – die »Stammmutter« der modernen Sterbebegleitung – in den 60er und 70er Jahren des 20. Jahrhunderts diese übereinstimmenden Phänomene wissenschaftlich beobachtet, beschrieben und aus dem religiösen Kontext herausgelöst. Erst durch ihre systematischen Beobachtungen war der Weg dafür frei, Probleme und Schwierigkeiten angesichts des Sterbens in der Medizin und Psychologie deutlich werden zu lassen. In der Folgezeit trafen die Beschreibungen von Elisabeth Kübler-Ross auf das Erfahrungsbedürfnis einer Öffentlichkeit, die darunter litt, dass Sterben immer mehr anonymisiert und in Krankenhäuser und andere stationäre Einrichtungen verbannt wurde. Ihre Bücher wurden zum großen Erfolg, der bis heute anhält.
Mit dem Thema Tod setzen wir uns meist erst dann auseinander, wenn er uns in unserem nahen Umkreis betrifft. Das führt dazu, dass die Beschreibungen von Elisabeth Kübler-Ross nur dann herangezogen werden, wenn existenzielle Fragen im Raum stehen. Die Beobachtungen von Elisabeth Kübler-Ross sind immer wieder in die Kritik geraten, weil sie einen Entwicklungsprozess schematisch einzuteilen scheinen, der unter Umständen nur schwer erkennbar ist.
Das Wissen um verschiedene Phasen, die beim Sterben und Abschiednehmen auftauchen können, kann hilfreich dazu sein, allen Betroffenen heilsame Unterstützung geben zu können. Schon deshalb scheint eine Beschäftigung mit dem beschriebenen Modell von Elisabeth Kübler-Ross sinnvoll und ratsam für alle, die Sterbende – über jede körperliche Pflege hinaus – begleiten wollen.

Probleme bei Phaseneinteilungen

Viele Menschen neigen dazu, Phaseneinteilungen als feste Regeln zu betrachten. Damit einher geht oft das Bestreben, beim vermeintlichen Erkennen einer Phase ein striktes Verhaltens- und Reaktionsmuster anwenden zu können. Bei allen Einteilungen in Schemata vermuten wir, jetzt endlich Möglichkeiten des Handelns nach einem vorgegebenen Lehrbuch oder gemäß einfachen Tipps zu finden. Hier kann nur zu größter Vorsicht geraten werden.

Es gibt prinzipiell Übereinstimmungen bei Krankheiten. Allerdings gibt es nie identische Verläufe. Krankheiten und Entwicklungen im Leben sind so verschieden und einzigartig, wie es Menschen sind. Bei genauer Betrachtung wird sichtbar, dass auch zwei Masernerkrankungen nicht identisch verlaufen.

Ähnlich individuell sind die Verhältnisse bei Sterbe- wie Trauerphasen. Bei dem einen tritt eine beschriebene Phase kaum auf, bei dem anderen tritt sie umso deutlicher hervor. Was ihre Reihenfolge angeht, ist die Situation ähnlich. Die Phasen können unabhängig voneinander vorkommen, sich gegenseitig abwechseln und wiederholt auftreten.

Eine Einteilung in fünf Phasen, wie nachfolgend beschrieben, ist sehr grob. Man könnte problemlos auch eine Einteilung in 25 Phasen vornehmen. Letztendlich erhält ein Prozess durch mehr Einteilungen auch nur mehr Feinheitsgrade. Bitte nutzen Sie die Phaseneinteilung, die sich praktisch bewährt hat, als Orientierungshilfe und gehen Sie individuell auf alle Abläufe ein.

Ich gebe im Folgenden Beispiele und von ihnen abgeleitete Ratschläge aus meinen Begleitungen.

Die Sterbephasen nach Elisabeth Kübler-Ross

1. Phase: Das Nicht-Wahrhaben-Wollen

Eine Wahrheit, die wir nicht
wahrhaben wollen,
kostet uns viele Lügen.
Ernst Ferstl

Nichts ist leichter als Selbstbetrug,
denn was ein Mensch wahrhaben
möchte, hält er auch für wahr.
Demosthenes

Seine Zukunft planen zu wollen, hieße Monopoly ohne Mitspieler und Würfel spielen zu wollen
© Erhard Blanck

Geschichte von Marianne

Als Marianne ihre Diagnose Mamma-Karzinom (Brustkrebs) bekam, ging sie wie in Trance aus der Arztpraxis hinaus. Marianne lebte allein, seit sich vor vier Monaten ihr Mann wegen einer neuen Freundin von ihr getrennt hatte. Sie nahm auf der Straße wahr, wie draußen der Regen strömte, sie ging an Schaufenstern vorbei und wunderte sich über die hässliche Dekoration der weihnachtlichen Schaufenster. Marianne betrat den nächsten Supermarkt. Sie hatte ihre Freundin zum Nachmittagsimbiss eingeladen und kaufte mechanisch Gemüse und vorgefertigten Pizzateig. Zu Hause angekommen stellte sie sich an den Herd und rollte den Teig aus, belegte die Pizza und sammelte in ihren Gedanken zusammen, was sie an dem betreffenden Tag noch zu erledigen hatte. Als ihre Freundin kam und die Nachricht hörte, brach diese in Tränen aus. Marianne sah sie nur an, fragte sie, ob ihr das Essen schmecken würde und erzählte ihr ganz nebenbei, wie sie schon seit Wochen das Gefühl habe, dass »etwas« nicht mit ihr stimmen würde, seit sich ihr Mann von ihr getrennt hat. Dann fragte Marianne, ob sie nicht Kaffee trinken wollten, sie hätte noch ein paar Kekse, die wunderbar dazu schmecken würden …

Geschichte von Claudia

Claudia war Arzthelferin in einer internistischen Praxis. Seit Monaten hatte sie Leberflecken an der Haut, die sich stark veränderten. Ab und zu bluteten sie, sie wuchsen und wurden immer größer. Claudia klebte sich Pflaster auf die Flecken und lebte weiter wie bisher. Erst als sie feststellte, dass einige Lymphknoten in der Leiste größer wurden, ging sie zum Arzt. Die Diagnose lautete: malignes Melanom mit Metastasierung in die umliegenden Lymphknoten. Alle Menschen in Claudias Umgebung fragten sich, wie sie die Veränderungen mit ihrem medizinischen Wissen so lange verdrängen konnte. Das fragte sich Claudia im Nachhinein auch.

Begleitende Worte:

Unsere eigene Sterblichkeit zu akzeptieren fällt nicht leicht. Bislang war alles in unserem Leben so wunderbar normal. Ein Todesfall in der Umgebung, eine seltsame Beobachtung an der eigenen Gesundheit kratzt dann unsere eigene Unverwundbarkeit an. Nicht von ungefähr haben Menschen in medizinischen Ausbildungen den Eindruck, sie hätten die eine oder andere schwerwiegende Erkrankung, wenn sie die Krankheitslehre durchnehmen. Erst die Vielzahl der erschreckenden Krankheitsbilder macht ihnen eine Krankheit sehr viel wahrscheinlicher als die bislang gewohnte Gesundheit. In den meisten Fällen jedoch erkennen wir unsere eigene Sterblichkeit erst dann an, wenn eine möglicherweise lebensbedrohliche Diagnose gestellt wird. Dann reagieren Betroffene umso mehr mit der Haltung: »Das kann doch nicht wahr sein!«, je unvermittelter sie die Diagnose traf. Dazu sollten wir bedenken, dass auch Nahestehende auf drohende Ereignisse mit der gleichen Haltung reagieren, denn auch für sie ist nicht fassbar, dass alles Gewohnte in Frage gestellt wird.

Dieses Verdrängen der Tatsachen schiebt sich wie ein Puffer vor die Erkenntnis und das Entsetzen über die Diagnose. Möglicherweise können sich die Betroffenen durch das Beiseiteschieben besser fangen und ihre eigene innere Überlebensstrategie finden. Betroffene wechseln in dieser Zeit häufig sehr abrupt das Thema. In einem Moment sprechen sie klar und realistisch davon, wie sie ihre eigene Krankheit einschätzen, dann wird der aktuelle Fernsehbericht kommentiert. Das Nicht-Wahrhaben-Wollen kann auch dazu führen, dass sich die Betroffenen in keiner Weise an medizinische Ratschläge halten – ganz einfach deswegen, weil ihnen nicht durchgängig deutlich und bewusst geworden ist, in welcher Gefahr sie sich befinden.

Nach Elisabeth Kübler-Ross weichen Betroffene insbesondere dann dem Thema aus, wenn sie mit Menschen konfrontiert werden, die auch keine Lösung für ihr Dilemma haben. Und auch, wenn es sich um nahestehende Menschen handelt, vermeiden Betroffene ihre eigenen Ängste und Sorgen, ihre eigenen Fragen und Zweifel. Das geschieht, damit sich die anderen keine Sorgen machen. Der vermeintliche Schutz hat allerdings nur zur Folge, dass Betroffene und Nahestehende in immer größere Sprachlosigkeit verfallen. Ein Mensch, der einen Menschen liebt, der erkrankt ist, kann von den Sorgen um diesen nicht befreit werden. Sorge gehört nun einmal dazu, wenn wir Menschen eng verbunden sind.

Wer immer einen Schock – und sei es, einen harmlosen Auffahrunfall – erlebt hat, weiß, wie schwer es ist, das Geschehen neutral und realistisch zu rekonstruieren. Ähnlich ist es, wenn sich scheinbar »aus heiterem Himmel« eine Zukunft abzeichnet, die alles, was bislang normal erschien, auf den Kopf stellt. Dann gibt es keine Sicherheit mehr.

Ratschläge für die Begleitung:

- Bleiben Sie den Betroffenen nahe.
- Halten Sie die Sprachlosigkeit aus.
  - Es ist eine große Herausforderung, Betroffenen nahe zu sein und den eigenen Gedanken, die um Lösungen kreisen, Einhalt zu gebieten. Bedenken Sie: die Betroffenen halten inne, um verstehen zu können, was geschieht. Das braucht seine eigene Zeit.
- Seien Sie vorsichtig mit allen guten Ratschlägen. Die Betroffenen suchen erst ihre Lage zu begreifen. In dieser Situation sind noch keine Fragen entstanden, die Ratschläge für Lösungen brauchen könnten.
- Bieten Sie Ihre Unterstützung für den Zeitpunkt an, an dem Fragen aufbrechen werden.
- Fragen Sie die Betroffenen stattdessen, wie es ihnen geht.
- Unterstützen Sie die Betroffenen mit kleinen Gesten:
  - Fragen Sie, ob Sie jetzt etwas tun können.
  - Geben Sie ihnen ein Taschentuch, falls sie weinen sollten.
  - Bieten Sie ihnen ein Glas Wasser oder Tee an.
  - Sorgen Sie für Wärme. Eine Decke, eine wärmende Umarmung kann sinnvoller sein als jede Analytik.
  - Geben Sie den Betroffenen eine Fußmassage, wenn diese das als angenehm empfinden. Sollten Sie sich als inkompetent dafür empfinden, machen Sie ihnen ein wärmendes Fußbad.

2. Phase: Der Zorn

Aus bitterster Erfahrung zog ich diese eine höchste Lehre: Man muss den Zorn in sich aufstauen, und so, wie gestaute Wärme in Energie umgesetzt werden kann, so kann unser gestauter Zorn in eine gewaltlose Kraft umgesetzt werden, die die Welt zu bewegen vermag.
Mahatma Gandhi

Ich arbeite nie besser als durch Zorn inspiriert. Wenn ich zornig bin, kann ich besser schreiben, beten, predigen, da mein Geist schneller arbeitet, mein Verstand geschärft ist und alle weltlichen Sorgen und Versuchungen dahingefahren sind.
Martin Luther

Kain erschlug seinen Bruder im Zorn.
Hätte er es in Liebe tun sollen?
© Erhard Blanck

Geschichte von Heinz

Heinz lag im Sterben. Alle in seiner Umgebung wussten, dass er nicht mehr gesund werden würde. Sie sahen zu, wie er immer durchscheinender wurde. Heinz war wütend. Er beschimpfte seine Frau massiv. Sie konnte ihm nichts recht machen. Er war unruhig, er wanderte die ganzen Nächte auf und ab. Er warf bei kleinsten Anlässen mit Gegenständen nach allen, die ihn unterstützen wollten, er schlug um sich, wenn er geduscht oder gewaschen werden sollte. Das war für die Frauen des Pflegedienstes eine große Herausforderung, sie mussten mit Körperkraft seine Wut abwehren. Sie wussten, dass Heinz in absehbarer Zeit sterben würde. Er tat ihnen ebenso Leid, wie seine Frau, die unter ihm zu leiden hatte. Eines Tages kam eine Pflegeschwester auf die Idee, ihm statt des gewohnten Platzes im ehelichen Bett ein Krankenbett zu bestellen. Diese Entscheidung fiel in dem Wissen, dass den Schwestern damit die Pflege erleichtert werden könnte. Als Heinz in seinem Bett lag, wurde er sofort ruhig. Er starb nur wenige Stunden, nachdem er zum ersten Mal in dem neuen Bett lag.

Geschichte von Heinrich

Heinrich hatte Krebs. Das wusste er schon lange. Er hatte eine zytostatische Chemotherapie hinter sich, hatte die Bestrahlungen ausgehalten. Als der Rückfall kam, wusste Heinrich sehr genau, was das bedeutete. Auf der Palliativstation, auf der Heinrich letztendlich medikamentös eingestellt wurde, lag er in seinem Bett. Er konnte sich kaum noch bewegen, er konnte kaum mehr sprechen. Sein Sohn, der stundenlang neben ihm saß und mit ihm gemeinsam ausharrte, nahm wahr, wie sein Vater flüsterte. Mit Mühe konnte er verstehen, dass dieser wütend war, sehr, sehr wütend. Der Sohn konnte die Wut seines Vaters nachempfinden, er spürte ähnliche Gefühle angesichts der Machtlosigkeit in sich. Er nahm ein Kissen und legte es neben seinen Vater. »Schlag zu!«, sagte er zu seinem Vater. Und Heinrich schlug. Immer wieder und wieder schlug er mit seiner letzten Kraft auf dieses Kissen ein. Heinrich starb einen Tag später. Er war ruhig geworden. Sein Sohn sagte, er habe nie vermutet, welche Kraft ein Sterbender haben könne. Er war nahezu erstarrt vor der Vehemenz, mit der sein Vater das Kissen bearbeitet hatte.

Begleitende Worte:

In Phasen des Zorns wird deutlich, dass der Abschied nicht irgendjemanden auf der Welt betrifft, sondern die Person selbst. Jede Verdrängung, jede Verleugnung ist vorbei. Klar und deutlich steht der eigene Abschied vor Augen. Es ist nur zu verständlich, dass jetzt der innere Aufschrei nach dem »Warum?«, entsteht. Zorn ist die Folge. Alle anderen Menschen der Welt können so tun, als ob sie unsterblich wären, doch die, die wissen, dass der Abschied unabwendbar ist, sie müssen gehen. Damit trennen sie sich von dieser Welt, die ab jetzt den (Weiter-)Lebenden gehört. Diese können weiter ihre Urlaube planen, ihren Hobbys nachgehen und ihre Gärten bepflanzen, denn sie haben Zukunft. Wer weiß, ob die Betroffenen eine Zukunft in einer anderen, fernen Welt haben. Vielleicht kommt nach dem Tod etwas Neues, vielleicht aber auch nicht. Die ferne Welt kennt niemand von uns.

In dieser Zeit sind die Betroffenen ebenso wütend auf das, was die Welt und die Natur an Schönheit zeigt, wie auf die, die weiter hier leben dürfen, scheinbar, als sei alles ganz normal. Sie empfinden Zorn auf die behandelnden Ärzte, die – entgegen allen Verheißungen der modernen Medizin – nichts mehr tun können.

Der Zorn auf Gott allerdings ist möglicherweise noch größer. Wenn Gott existiert, wie kann er mir das antun? Wie kann er mich aus meinem Leben reißen, obwohl ich nichts Schlechtes getan habe, obwohl ich Menschen nahe bin, obwohl ich an ihn geglaubt habe? In diesen Momenten ist kein liebender Gott erkennbar. In diesem Moment stellt sich Gott als Monster heraus, das gnadenlos vernichtet, was an ihn glaubte. In dieser Wut kann der größte Glaubenszweifel aufkommen, den Menschen haben können. In welche Richtung auch immer die Kranken blicken, es wird ihren Zorn nur nähren. Und jede Aufmunterung, jedes Hinlenken auf etwas Freundliches und Schönes wird den Zorn nur anfachen. Diejenigen, die sich in ihrer ohnmächtigen Wut befinden, werden dann unweigerlich nur wütender werden. Sie werden genau wissen, dass kein Mensch versteht, wie es ihnen geht.

Besonders Frauen leiden darunter, dass sie wenige Möglichkeiten finden können, ihrer oftmals aufgestauten Wut Ausdruck zu verleihen. Während der Zorn von Männern sich eher nach außen richtet und damit eine Erlösung erfahren kann, richten Frauen ihre gestaute Wut eher nach innen. Benimmregeln der Gesellschaft machen es zudem allen schwer, ihren Gefühlen freien Lauf zu lassen. Gleichzeitig ist es schwer für Nahestehende und für Pflegende, sich dem Zorn zu stellen und die Verbitterung auszuhalten. Solch zornerfüllte Menschen werden mit der Zeit immer seltener besucht und vereinsamen. Dass so die Bitterkeit bei ihnen nur neue Nahrung findet, ist unvermeidlich.

Ratschläge für die Begleitung:

- Lassen Sie sich nicht von den Wut- und Zornausbrüchen beeindrucken.
- Bringen Sie Verständnis für die aussichtslose Situation der Betroffenen auf.
- Nehmen Sie ernst, dass sich die Betroffenen ohnmächtig fühlen.
- Sollten Sie selbst Ohnmacht und Zorn angesichts der bestehenden Tatsachen empfinden, sprechen Sie es aus. Es könnte sein, dass Sie damit Ihr Gegenüber aus seiner Isolation erlösen.
- Stellen Sie sich vor, Sie selbst würden die Frage nach dem »Warum« beantworten müssen. Hätten Sie eine Antwort auf die Frage?
- Schildern Sie den Betroffenen, welche Vorstellung Sie von Ihrem Zorn in der entsprechenden Situation haben.
- Erlauben Sie den Betroffenen, »Nein« zu sagen, wenn sie etwas nicht möchten.
- Regen Sie Betroffene an, ihre Wut mitzuteilen.
- Suchen Sie Möglichkeiten, dem Zorn Ausdruck zu geben.
    - Unterstützen Sie Betroffene darin, wenn sie ihre Ohnmacht mittels Schreiben oder Sprache ausdrücken wollen. Dazu kann neben Papier und Stift auch ein Kassettenrecorder zur Aufnahme dienlich sein.
    - Bieten Sie Betroffenen Farben zum Malen an. Es geht hier nicht darum, ein »schönes« Endprodukt zu erhalten, sondern darum, dass die Betroffenen die Möglichkeit bekommen, der Umwelt ihren Zustand mitzuteilen.
    - Lassen Sie mit Knetmaterial oder Ton kneten.
    - Lassen Sie boxen und treten, stellen Sie dazu einen Gegenstand hin, der Widerstand bietet (Holzklötze, Polster, Sandsäcke).
    - Geben Sie – je nach körperlicher Fähigkeit – etwas Hartes zu beißen (Brot, auch Holz ist möglich).
  - Sollten die Menschen bettlägerig sein,
    - legen Sie ihnen ein Kissen unter den Arm, damit sie schlagen können.
    - geben Sie ihnen nur wenig aufgepustete Luftballons in die Hand, damit sie kneten können. Es kann sehr erleichternd sein, diese tatsächlich zum Platzen zu bringen (was schwer ist).

- geben Sie ihnen ein altes Telefonbuch o. ä., damit sie es zerreißen können.
- regen Sie sie an, laut zu singen und ihrer Stimme Ausdruck zu geben.

- Sollten die Personen mobil sein,
  - lassen Sie sie – wie oben beschrieben – boxen, schlagen, reißen.
  - geben Sie ihnen eine Möglichkeit, Holz zu hacken.
  - lassen Sie sie sich körperlich abreagieren (laufen, Garten umgraben usw.), bis sie ins Schwitzen geraten.
  - regen Sie sie an, in der Natur zu schreien.
  - regen Sie sie an, laut zu singen.

■ Sollten Sie einen tiefen religiösen Glauben haben, vermeiden Sie dennoch jede Verurteilung der Zornerfüllten. Ein Gott, der voller Gnade ist, wird das Hadern in dieser schweren Situation sehr wohl verstehen.

3. Phase: Das Verhandeln

Wir bitten Gott um Hilfe, wenn unser Leben aus den Fugen gerät, nur um zu der Feststellung zu gelangen, dass Gott es ist, der uns schwanken lässt.
Unbekannt

Stiehl einen Hammel, und sie hängen dich.
Stiehl eine ganze Herde, und sie verhandeln mit dir.
Aus der Türkei

Der bekannte Kunsthistoriker Bernard Berenson hing sehr am Leben. Als er schon fast 90 war, sagte er einmal: »Wenn es einen Sinn hätte, würde ich mich an eine Straßenecke stellen und die Passanten mit dem Hut in der Hand um ein paar Minuten bitten, für die sie keine Verwendung mehr haben.«
Kalenderanekdote

Geschichte von Henry
Henry war erst fünfundvierzig Jahre alt, als er seine Diagnose Pankreaskarzinom bekam. Das Karzinom war weit fortgeschritten und die Prognose verhieß ihm nur wenige Monate Zeit. Henry war Musiker. Er liebte

seine Gitarre ebenso, wie seine Frau, mit der er erst seit drei Jahren verheiratet war und mit der er eine kleine Tochter hatte. Der Gedanke daran, seine Frau und seine Tochter verlassen zu müssen, tat Henry sehr weh. Er wollte doch noch so vieles mit ihnen erleben! Henry stellte seine Ernährung strikt auf Makrobiotik um. Er sehnte sich gleichzeitig sehr danach, Brot zu essen, wie er es sein Leben lang gewohnt gewesen war, das in der makrobiotischen Ernährung allerdings nicht vorgesehen ist. Henry versagte sich mit großer Disziplin seine Gelüste. Er sagte: »Wenn ich das schaffe und mich von Soja und Miso ernähre, dann kann ich erleben, wie Anabella, meine Tochter, in eineinhalb Jahren in den Kindergarten kommt!« Gleichzeitig begann er, der schon als junger Mann aus der Kirche ausgetreten war, jeden Sonntag den Gottesdienst zu besuchen. Dabei vollzog er ein zusätzliches Ritual: Bei jedem Besuch stellte er eine Kerze auf und gelobte seine Tochter im Glauben zu erziehen, wenn er nur erleben dürfe, wie sie in den Kindergarten komme. Henry schaffte es: er starb nur drei Monate, nachdem seine kleine Tochter in den Kindergarten aufgenommen worden war.

Geschichte von Gerhard

Gerhard hatte eine schlechte Prognose. Ihm war von Medizinern eine kurze Lebenserwartung von einigen Tagen bis wenigen Wochen gegeben worden. Nun lag Gerhard bereits im Hospiz, seiner letzten Station. Er stand nicht mehr auf, ließ sich das Essen ans Bett bringen und verbrachte seine Tage damit, fernzusehen und sich zu fragen, ob es einen Gott geben könne. Eines Sommertages kam ein Freund auf ihn zu und bat ihn, im kommenden Oktober in seiner Schulklasse zu erzählen, welchen praktischen Umgang mit Pflanzenschützlingen im Garten er als Naturschützer empfehle. Gerhard war zunächst irritiert: Er lag im Hospiz und sein Freund hielt sich absolut nicht an die sichtlichen Fakten, die bedeuteten, dass er im Sterben lag! Der Gedanke jedoch, noch einmal von seiner Passion, dem Gedanken an eine wunderbare Natur, erzählen zu können, reizte ihn. Er lag die ganze Nacht wach. Am nächsten Tag stand Gerhard auf und begann Gehübungen zu machen. Nach wenigen Tagen schon war er auf dem Weg, Treppen zu steigen. Gerhards Ziel war klar: Er wollte diese Klasse besuchen und noch einmal erzählen. Als der Herbst nahte, holte Gerhards Freund ihn ab. Er fuhr in eine andere Welt. Eine Schule mit Hunderten von Schülern strengte ihn sehr an. Hatte er doch in den letzten Monaten abgeschirmt im Hospiz gewohnt. Man sah Gerhard an, wie schlecht es ihm ging, doch mit großer Begeisterung schaffte er es, die Schüler für sein Thema zu interessieren. Strahlend und stolz kam er nach diesem Vormittag auf seine Station zurück. Gerhard starb nur eine Woche später.

Begleitende Worte:
Rückt das Sterben näher, versucht man, das Unvermeidliche aufzuschieben und mit einem Handel längere Frist zu bekommen. Jetzt wird erkannt, dass der ganze Zorn, der sich entladen hat, nichts an den Tatsachen ändern wird und den Möglichkeiten der Medizin Grenzen gesetzt sind. Daher scheint es besser zu sein, sich an eine höhere Instanz zu wenden, die über mehr Möglichkeiten verfügt und Wunder zu vollbringen weiß. Uns allen sind inbrünstige Gebete in religiösen Gemeinschaften bekannt und wir alle wissen, dass viele Kapellen nur aus dem Grund entstanden sind, weil Gebete erhört wurden. Votivgaben, Bitt- und Dankopfer an heiligen Stätten und Kirchen, belegen seit der Bronzezeit die Hoffnung von Menschen auf Erfüllung ihrer sehnlichsten und schmerzhaftesten Wünsche durch göttliches Eingreifen.
In den Momenten der Not neigen wir irgendwann alle dazu, uns auf das Bitten zu verlegen. Gute Vorsätze zum Jahreswechsel sind nur eine kleine Variation davon. Dann nehmen wir uns vor, endlich ein besserer Mensch zu werden, endlich unseren Lastern und Schlechtigkeiten zu entsagen. Die Hoffnung dabei ist klar: Wir wollen uns selbst besser fühlen. Und wir alle kennen unsere eigenen Schwachstellen genau.
Ein todkranker Patient greift auf die gleiche Technik zurück und hofft für das Wohlverhalten belohnt zu werden. Dass die Psychologie nach Kübler-Ross dahinter vermutet, dass die Betreffenden insgeheim Schuldgefühle haben, ist in sich nur logisch: wer sich plötzlich »anständig« verhalten will, weiß genau, dass das vorher sichtlich nicht so war.

Ratschläge für die Begleitung:
Bedenken Sie: Wenn Wünsche keine Erfüllung erfahren hätten, gäbe es auch keine Kapellen. Es gibt immer wieder Berichte und Geschichten darüber, wie Menschen ihre Ziele erreicht haben, auch wenn alles zu besagen schien, dass es keine Rettung gäbe. Heute gibt es in renommierten Zeitungen ausführliche Recherchen über Heilungen, die in keiner Weise medizinische Prognosen oder Statistiken erfüllten (Süddeutsche Zeitung: Die suggestive Kraft der Chirurgie, 3. 12. 2002). Gleichzeitig liegen aus den letzten Jahren viele Statistiken und Untersuchungen über die Wirkungen von so

genannten Placebos vor. Staunend stehen wir vor diesen Zahlen, wobei klar ist, dass wir nie ein für alle geltendes Heilungsrezept daraus erstellen können. Wenn eine Wirkung, eine Heilung durch Placebos entstehen kann, sollten wir diese dringend nutzen. Und wenn ein Glaube Berge versetzen kann, sollten wir alle sehr dringend einen festen Glauben entwickeln.

- Unterstützen Sie Menschen in dem Vorhaben, etwas für die Gesundheit zu tun.
- Unterstützen Sie Betroffene darin, sich nicht an medizinische Prognosen zu halten.
- Gestehen Sie sich ein, dass möglicherweise alle Wege offen sind, was Zukunftsprognosen betrifft.
- Hüten Sie sich gleichzeitig davor, Betroffenen zu prognostizieren, was sie alles noch schaffen werden. ExpertInnen sind nur diese selbst.
- Hüten Sie sich davor, Heilungsversprechen abzugeben.
- Lesen Sie das Buch »Heilende Worte« von Larry Dossey. Unterstützen Sie Menschen darin, eine Sichtweise zu erlangen, die über zu erfüllende Prognosen hinausgeht.

4. Phase: Die Depression

Die Resignation, wie sie viele Christen glauben im Namen Gottes haben zu müssen unter der Last der Übel, ist nicht christlich. Ich bin deswegen nicht ganz einverstanden mit dem Spruch, den man Kranken oft ins Zimmer hängt: »Ich muss leiden, ich kann leiden, ich darf leiden, ich will leiden.« Das ist nicht wahr – ich will nicht! Das ist eine erzwungene Geschichte. Das hätte der Heiland nie gesagt, er sagte nur: »Ich ergebe mich«, aber es ist ein stiller Protest darin.

Christoph Blumhardt

Und wenn die Sanduhr der Zeitweiligkeit abgelaufen ist, wenn die Geräusche des weltlichen Lebens verklungen sind und sein rastloser, unwirksamer Aktivismus zu einem Halt gekommen ist, wenn alles um dich herum still ist wie in der Ewigkeit, dann fragt die Ewigkeit dich und jedes Individuum dieser Millionen und Abermillionen nur das Folgende: Lebtest du in Hoffnungslosigkeit oder nicht?

Søren Aabye Kierkegaard

Resignation ist Mangel an Alternativen.

Ute Lauterbach

Geschichte von Ella

Ella war 84 Jahre alt. Sie hatte als junge Frau von knapp 18 Jahren ihr erstes und einziges Kind bekommen. Ihr Sohn wuchs zunächst bei ihren Eltern auf, da sie selbst begeistert und hoffnungsfroh ihrem Beruf als Pianistin nachging. Nach wenigen Jahren hörte sie mit ihrer Ausbildung auf und sie zog sich ins Mutterdasein zurück. Ihr Sohn wurde Vater von zwei Töchtern, denen Ella eine fürsorgliche Großmutter wurde. Je älter Ella wurde, desto kränker wurde sie auch. Sie hatte zunehmende Knochenschmerzen, Kopfschmerzen und wurde in ihrer Bewegung immer mehr eingeschränkt. Es dauerte lange bis nach den üblichen Diagnosen – Osteoporose und Rheuma – endlich die tatsächliche Krankheit gefunden wurde. Ein Plasmozytom (bösartige Knochenmarkserkrankung, die mit Wucherungen und Auflösung der Knochenstruktur einhergeht) wird normalerweise mit zytostatischen Medikamenten behandelt, die das Voranschreiten der bösartigen Wucherungen aufhalten sollen. Ella litt unter Übelkeit – wie viele andere Menschen während dieser Behandlung – und sie verlor ihre Haare. Ella hatte danach einige Jahre Ruhe, bevor ein Rückfall und ihr zunehmendes Alter ihr zwar weitere Untersuchungen, aber keine weiteren Behandlungen mehr einbrachten. Ella war sich immer mehr bewusst, dass sie als »diagnostisches Versuchskaninchen« galt. Sie wusste genau, dass der Tod auf sie wartete. Sie bekam viel Besuch von ihren mittlerweile erwachsenen Enkeltöchtern und ihrem Sohn. Doch Ella genoss nichts mehr. Auf alle gut gemeinten Worte sagte sie: »Ihr wisst von nichts! Ihr habt keine Ahnung!«

Ellas Traurigkeit löste sich erst, als ihr Sohn an ihrem Geburtstag eine Rede hielt, ihr dafür dankte, dass sie – nur für ihn – ihre eigenen Träume aufgegeben hatte, und er ihr sagte, wie sehr er nachfühlen könne, was das für sie bedeutet haben musste. Ihre Enkeltöchter setzten sich in den folgenden Wochen zu ihr und erzählten ihr, was sie von ihr gelernt hatten. Die eine hatte von ihr das Stricken gelernt und sie erzählte ihr, mit welcher Begeisterung sie es jetzt tue. Gleichzeitig sagte sie ihr, dass sie immer an Ella gedacht habe, wenn sie in ihrer Tätigkeit versank. Die andere hatte die Liebe zu altem Geschirr bei der Großmutter abgeguckt. Und sie fachsimpelte mit der Großmutter darüber und sagte ihr deutlich, dass sie das immer mit ihr verbinden werde – egal, wo sie beide jeweils wären.

Ella wurde ruhiger. Endlich hatten die anderen aufgehört, ihr zu sagen, wie schön die Welt sei. Ella sagte nie wieder, die anderen würden nichts verstehen. Sie starb im Bewusstsein, dass ihre Fähigkeiten in ihren Kindern und Enkeln weiter bestehen würden.

Begleitende Worte:
Die Erkenntnis, dass sämtliche Kraftaufwendung angesichts des nahenden und drohenden Todes sinnlos ist, führt zum Zusammenbruch. Alles erscheint sinnlos, und jeder Versuch, das eigene Leben retten zu können, ist gescheitert. Nach Elisabeth Kübler-Ross ist die Depression in zwei Phasen einteilbar, in denen die Betroffenen zeitweise viel weinen:

1) Reaktive Phase: Die Sterbenden sind von Sorge und eventuellen Schuldgefühlen über das, was sie in ihrem Leben versäumt haben, erfüllt. Dazu grämen sie sich über ihr eigenes Leid. Gleichzeitig findet eine Art Bilanz statt. Rückblickend wird deutlich, welche Ideen sich in die Tat haben umsetzen lassen und welche Träume nicht erfüllt wurden. Allen, die sich auf den Abschied vorbereiten, wird in Klarheit vor Augen geführt, welche körperlichen Gebrechen vorhanden sind und dass nichts auf der Welt den Zustand von früher wiederherstellen wird.
2) Die vorbereitende Phase: Hier werden der Abschied und die Trennung von allem, was gewohnt, lieb und teuer war, eingeleitet. Es ist klar geworden, dass alles zurückgelassen werden muss, und große Traurigkeit kann einsetzen. Der Verlust wird konkret und immer drohender, die Sterbenden müssen alles, was ihr Leben ausgemacht hat, hinter sich lassen. Dass zu diesem letzten Abschied neben jedem materiellen Besitz auch der Abschied von allen, die einem nahe sind, gehört und selbst der eigene Körper zurückgelassen werden muss, kennzeichnet diese Phase.

Nach Kübler-Ross sollen die Menschen in der ersten Phase der Depression auf die schönen Seiten des Lebens aufmerksam gemacht werden. Hier stimme ich nicht zu. Niemand wird sich so leicht von seinem eigenen Leid und seinem eigenen Versagen abbringen lassen. Versuche, vergleichbare Zustände mit Aufheiterungen lindern zu können, gleiten fast immer in Floskeln ab. Die Schönheit der Welt existiert in dieser Zeit nunmehr für die Lebenden, nicht für die Sterbenden, denn sie sind diejenigen, die gehen werden. Die Lebenden werden die Welt weiter in ihren Händen halten und gestalten. Der Mensch, der sich auf den letzten großen Abschied vorbereitet, gehört nicht mehr zu diesen dazu.
In der 2. Phase sind nach Kübler-Ross Aufheiterungen fehl am Platze; die Sterbenden sollen durchaus ermutigt werden, über den

Verlust zu trauern. Denn Trauer breitet sich aus. Trauer und Wehmut sind es, die uns das Herz bei jedem Abschied schwer machen können. Das ist beim Sterben unendlich viel schwerer, als bei jedem anderen wehmütigen Abschied in unserem Leben, denn der letzte Abschied scheint unwiderruflich und ohne jede Wiederkehr.
Es misslingt oft, Menschen in Depressionen zu erreichen. Es ist immer vom Gegenüber abhängig, ob ein neuer oder anderer Gedanke herangelassen wird oder nicht. Jeder, der mit Menschen in Altersdepression oder in Krankheitsdepression gearbeitet hat, weiß um die Schwierigkeit, das »Rad der Gedanken« anzuhalten. In diesem »Hamsterrad« der sich drehenden Gedanken, in dem sich die Betreffenden befinden, fassen Gedanken und Sichtweisen aus der Außenwelt nur selten Fuß.

Ratschläge für die 1. Phase der Depression:

- Bleiben Sie den Betroffenen nahe.
- Nehmen Sie ernst, was die Betroffenen an eigenem Versäumnis und Sorgen äußern.
- Suchen Sie gemeinsam mit ihnen nach Lösungen für unerledigte Dinge.
- Wenn Sie feststellen, dass Ihr Gegenüber einen offenen Wunsch hat, bemühen Sie sich diesen wirklich zu erfüllen.
- Suchen Sie gemeinsam mit dem Betroffenen, ob es eine Möglichkeit gibt, das Versäumte auszugleichen. Das kann dadurch geschehen, dass er verzeihen und um Verzeihung bitten lernt. (Ziehen Sie dazu eventuell einen Geistlichen heran.)
    - Lesen Sie den Abschnitt »Verzeihen« in dem Kapitel »Von Würde, Frieden, Heilung und Verzeihen«.
- Bemühen Sie sich darum, die Menschen an das zu erinnern, was sie in ihrem Leben geschafft haben; lassen Sie es neben dem, was versäumt wurde, gleichberechtigt stehen.
- Fragen Sie die Sterbenden, was diese in die Welt gebracht haben und ob sie ihr »geistiges« Erbe benennen können. Sollten diese nichts finden, fragen Sie andere Menschen, die den Abschied nehmenden Menschen kennen, oder finden Sie heraus, was das Besondere sein kann, das dieser Mensch möglicherweise hinterlässt.
- Fragen Sie die Sterbenden, was sie Besonderes können. Das kann auch die Fähigkeit sein, einen schmackhaften Apfelkuchen backen zu können.

- Wenn Sie die Personen gut kennen, machen Sie sie aufmerksam auf ihre besonderen Fähigkeiten. Erzählen Sie ihnen, woran Sie sich gern erinnern und als prägend für Ihr ganzes Leben empfunden haben.
- Erzählen Sie den Sterbenden, was Sie durch sie gelernt haben.
- Fragen Sie sie, ob sie sich selbst eine Zukunft in einer anderen Daseinsform oder Dimension vorstellen können. Fragen Sie diese nach ihrem persönlichen Weltbild.

Ratschläge für die 2. Phase der Depression:

- Bleiben Sie den Betroffenen nahe, wenn diese es wünschen.
- Ziehen Sie sich zurück, wenn die Betroffenen allein sein möchten.
- Halten Sie der Traurigkeit stand.
- Üben Sie mit den Sterbenden das Loslassen und Abschiednehmen. Das kann dadurch geschehen, dass diese sich von Gegenständen trennen und sie an liebe und nahe Menschen weitergeben. Möglich ist auch, dass die Sterbenden bewusst Abschied nehmen, indem sie etwa Freunden einen Brief hinterlassen. Sollten die Sterbenden mit dem Schreiben Schwierigkeiten haben, könnte ein Kassettenrekorder helfen.
- Fragen Sie die Sterbenden, was sie an kleinen Alltagsdingen besonders vermissen werden. Es kann sein, dass jemand sein Lieblingsessen nennt, bei anderen wird es der Spaziergang am Meer mit dem Gefühl des Salzwassers an den Füßen sein. Diese emotionalen Erlebnisse sind sehr individuell. Sagen Sie den Sterbenden, dass Sie deren Trauer gut verstehen können. Erzählen Sie ihnen auch, welcher Abschied Ihnen selbst vermutlich schwer fallen wird.
- Sagen Sie den Sterbenden, dass Sie an einem bestimmten Tag im nächsten Jahr stellvertretend für diese das »benannte Essen« oder den »Spaziergang« machen werden. Es kann für die Betreffenden sehr tröstlich sein zu wissen, dass sie dann zumindest in den Gedanken bei den Lebenden existieren.

5. Phase: Die Zustimmung

Wir sichern uns die Zustimmung anderer, indem wir das Richtige tun und uns redlich bemühen. Doch hundertmal mehr wert ist unsere eigene Zustimmung.
Mark Twain

Es gibt Dinge zwischen Himmel und Erde, die muss man nicht verstehen, nur annehmen.
Svend Krumnacker

So ist das Leben nun einmal. Es nimmt uns auf und jagt uns fort, es hätschelt uns und prügelt uns, und doch will es nur das eine, nämlich wissen, ob wir es annehmen und ihm ein rechter Weggefährte sind.
© Peter E. Schumacher

Geschichte von Luise
Luise war an Knochenkrebs erkrankt. Wahrscheinlich hatte sie die Krankheit schon viele Jahre in sich gehabt und sie schritt nur langsam voran. Jetzt war sie 83 Jahre alt. Sie war schon viele Jahre Witwe und lag in dem kleinen Häuschen auf dem Lande in ihrem Ehebett. Ihre Kinder und bereits erwachsenen Enkel waren bei ihr. Sie lösten sich in der Pflege ab. Luise hatte schon vieles in ihrem langen Leben erlebt. Sie war mütterlich, großmütterlich und warmherzig. Luise sprach nicht viel. Sie schien keine Angst zu haben und auch von Traurigkeit war ihr in den letzten Wochen ihres Lebens nichts anzumerken. Einzig für einige Tage war sie sehr unruhig gewesen, doch niemand wusste ihr etwas zu sagen, etwas zu raten, um sie zu beruhigen. In dieser unruhigen Zeit rief sie immer wieder die Namen ihres Mannes und bereits Verstorbener. Und wenn sie wieder ansprechbar war, klagte sie über ihre Unruhe. Im Nachhinein sagten ihre Nahen, sie hätte wahrscheinlich Angst gehabt. Nach drei Tagen schwand die Unruhe. Luise war vollkommen klar und ebenso ruhig, als hätte ein Sturm sich gelegt. Luise atmete ruhig. Sie lächelte, wenn sie angesprochen wurde, sie dankte, wenn jemand bei ihr war. Am Abend dieses Tages fiel sie ins Koma. Am nächsten Morgen lag sie ebenso ruhig, wie die anderen sie zuletzt gesehen hatten, in ihrem Bett und war gestorben.

Begleitende Worte:
In der zuletzt beschriebenen Phase wird von verschiedenen Haltungen der Sterbenden berichtet. Oft wird eine fatalistische, gottergebene Haltung geschildert, in der sich Sterbende nach dem Motto

»wenn es denn so sein soll ...« zeigen. In anderen Fällen spricht man von einer ruhigen und dabei erwartungsvollen Haltung. Die Personen haben das Bedürfnis nach Ruhe, sie dösen mehr oder weniger vor sich hin und sind schwach. Es gibt in diesem Moment angesichts des Sterbens kein Ausweichen mehr, die anderen Phasen liegen bereits zurück. Es scheint eine Zeit der Ruhe vor einer langen Reise zu sein. In dieser Zeit ziehen sich die Sterbenden immer mehr in sich zurück. Alles von außen an sie Herankommende stört ihre schützenswerte innere Vorbereitung sehr.

Nach Elisabeth Kübler-Ross benötigen Nahestehende in dieser Zeit meist mehr Unterstützung als die Sterbenden selbst. Auch dies trifft nicht meine eigene Wahrnehmung. Vielmehr habe ich den Eindruck, als ob sich diese schwer beschreibbare tiefe Ruhe sehr häufig auf alle Anwesenden übertragen würde. Selbstverständlich können Angehörige auch in großer Verzweiflung sein und nur schwer aushalten, was sich nicht mehr verdrängen lässt. Häufig sind sie den langen Weg des Abschieds mitgegangen und haben jede Schwierigkeit, die sich auf dem Weg zeigte, selbst miterlebt. Mit entsprechender Begleitung – auch der Nahestehenden – ist ein Abschied in Frieden möglich. Viele Nahestehende, die diese Zeit mitgemacht haben, sagen, dass sich in der Phase der Zustimmung ein tiefer Frieden ausbreitet, der auf alle Beteiligten übergeht, sie ruhiger auch in Bewegung und Sprache werden lässst. Ernst ist diese Zeit durchaus, doch besonders nach schweren und langen Krankheitsverläufen kann der Moment der entstehenden Ruhe auch eine große Erlösung für alle bedeuten.

Was Heilung und Frieden bedeuten, kann in diesen besonderen und geheimnisvollen Momenten zutiefst erlebt werden. Alle, die einem solchen Abschiedsprozess beiwohnen durften, haben diese Zeit als einschneidend für ihr ganzes weiteres Leben erlebt. Das Miteinander, das in diesen kostbaren Momenten entsteht, ist gemeinschaftlich bedeutsames Lernen. Es ist anzunehmen, dass in diesen Momenten von uns allen gelernt werden kann, was Margret Mead mit der Aussage andeuten wollte: »Die Welt sähe anders aus, wenn jeder Mensch miterlebt hätte, wie ein Kind geboren wird und ein Mensch stirbt!«

Ratschläge für die Begleitung:

- Bleiben Sie den Betroffenen nahe und lernen Sie.
- Akzeptieren Sie es, wenn Ihr Weltbild und Ihre Sichtweise des Lebens auf den Kopf gestellt werden.
- Machen Sie sich bereit dazu, Ungeahntes erleben und lernen zu dürfen.
- Sorgen Sie dafür, dass der friedliche Abschiedsprozess auch ungestört sein darf.
  - Schützen Sie Sterbende und ihre Nahestehenden in diesen Momenten vor allen äußeren Einflüssen.
    - Bitten Sie Personen, die nicht zum nahen Kreis gehören, von Besuchen abzusehen.
    - Bitten Sie alle Anwesenden, die in diese besondere Stimmung nicht eingetaucht sind, um Wahrnehmung und Rücksicht.
    - Sorgen Sie dafür, dass Alltagsgespräche außerhalb der Hörweite und Sichtweite der Betroffenen geführt werden.
    - Dämpfen Sie Musik, Licht, Alltagsgeräusche.
- Erspüren Sie sehr genau, ob Berührungen jetzt noch angebracht sind (siehe auch Kapitel: Was hindert Menschen am Sterben).
- Nahrungsaufnahme, Medikamentenverabreichungen oder vorgesehene Reinigungen sind jetzt fehl am Platze und nicht mehr wichtig.
- Wägen Sie sehr sorgfältig ab, ob es jetzt angebracht ist, den Sterbenden noch etwas reichen zu wollen. Manche Sterbende sind dankbar für Mundbefeuchtungen, andere werden dadurch in ihrem Sterben behindert.

Trauerphasen

Der Tod hat keine Bedeutung.
Ich bin nur nach nebenan gegangen.
Ich bleibe, wer ich bin.
Und ihr bleibt dieselben zusammen.
Was wir einander bedeuten, bleibt bestehen.
Nennt mich bei meinem vertrauten Namen.
Sprecht in der gewohnten Weise mit mir.
Und ändert den Tonfall nicht.
Hüllt euch nicht in Mäntel aus Schweigen und Kummer.
Lacht wie immer über die kleinen Scherze, die wir teilten.
Wenn ihr von mir sprecht, so tut es ohne Reue und ohne jegliche Traurigkeit.
Leben bedeutet immer nur Leben – es bleibt so bestehen – immer – ohne Unterbrechung.
Ihr seht mich nicht, aber in Gedanken bin ich bei euch.
Ich warte auf euch – irgendwo – ganz in der Nähe.

Henry Scott Holland

Die Hoffnung ist unsere Zukunft, ohne Hoffnung haben wir keine Motivation, in die Zukunft zu blicken.

Aline Gronert

Hoffnung ist nicht die Überzeugung, dass etwas gut ausgeht,
sondern die Gewissheit, dass etwas Sinn hat, egal wie es ausgeht.

Václav Havel

Unter allen Leidenschaften der Seele bringt die Trauer am meisten Schaden für den Leib.

Thomas von Aquin

Die Frage:

Sabine hatte ein Problem. Sie sah und erlebte, wie Nahestehende nach einem Trauerfall litten und nur unter großen Schwierigkeiten den Weg in ein normales Leben zurückfanden. Sie hegte den Verdacht, dass viele von ihnen Schlafstörungen hatten oder bei weitem schlimmere Krankheiten entwickelten. Sabine fragte sich, ob es irgendwelche Anhaltspunkte gibt, dass Zeiten der Trauer charakteristische Übereinstimmungen aufweisen. »Kann man dann besser Unterstützung leisten, wenn man erst weiß, wo jemand gerade feststeckt?«, fragte Sabine.

Die Antwort:
Trauer ist eine besondere Krankheit. Und Übereinstimmungen sind vorhanden, auch wenn dann noch lange nicht klar ist, was getan werden kann. Aber das Erkennen kann ein wichtiger Schritt sein, um eine Lösung zu finden. Die in den Kapiteln beschriebenen Phasen helfen dabei, Entwicklungsschritte in Gang zu setzen. Sie bergen aber auch einige Gefahren in sich, ganz besonders, wenn sie als unbewegliche, starre Muster angesehen werden. Sehen wir uns die Übereinstimmungen an und finden wir heraus, wie in welchem Moment Unterstützung stattfinden kann.
Es verhält sich mit Trauerphasen ähnlich wie mit den beschriebenen Sterbephasen. Diejenigen, die nach einem Todesfall weiter in dieser Welt bleiben, durchlaufen einen Trauerprozess und müssen die Wüste beackern, die sich nach dem Abschied vor ihnen ausbreitet. Menschen, die den schweren und einschneidenden Abschied erlebt haben, durchleben in der Folgezeit übereinstimmende und dennoch völlig verschieden ausgeprägte Zeiten. Dabei gibt es einerseits weitgehend die selben Merkmale und Phänomene, andererseits ist eine Trauerzeit durch Besonderheiten, wie persönliche Jahrestage, oder vielfältige Alltagsrituale gekennzeichnet. Auf diese gilt es individuell einzugehen.

Die beschriebenen Phasen können sich abwechseln und verschieden lang sein. Sie sind ebenso wenig als statisches Ablaufmuster zu betrachten wie Sterbephasen. In jeder Trauerbegleitung zeigt sich, dass trotz aller bestehenden Einteilungen niemand sagen kann, wie lange ein Prozess des Trauerns anhalten kann. Für eine Begleitung, die den tatsächlichen, haltbaren Frieden anstrebt, gelten die Kriterien für Heilung, wie sie im Kapitel »Von Würde, Frieden, Heilung und Verzeihen«, beschrieben sind. In dem Buch »Trauerheilung – ein Wegbegleiter« (Claudia Cardinal, Patmos Verlag, 2002) sind weitere Schwierigkeiten, in denen sich Trauernde befinden können, ausführlich beschrieben und mit Ratschlägen versehen.
Die beschriebenen Phänomene sind mir bei fast allen Begleitungen als besonders hervortretend aufgefallen. Da es angesichts des Sterbens und Trauerns sehr häufig heißt, »man müsse akzeptieren«, scheint es mir nur angebracht aufzuzeigen, dass es auch in diesen schweren Zeiten Unterstützung geben kann. Zu einer Unterstützung sind alle Menschen aufgerufen, die in ihrer Umgebung, sei es beruflich oder privat, Abschieden begegnen.

Die Trauerphasen nach Claudia Cardinal

1. Phase: Die Fassungslosigkeit angesichts des Unbegreiflichen

Die einen möchten das begreifen, woran sie glauben, und die anderen das glauben, was sie begreifen.
Unbekannt

Begriff und Begreifen wie Löffel und Löffeln!
© Dr. phil. Manfred Hinrich

Geschichte von Daniel
Daniel war gerade 19 Jahre alt. Er machte viel Sport, war ein begeisterter Handballspieler in der Mannschaft seines Wohnortes. Wie an jedem Sonntag gab es das öffentliche Spiel mit anschließender Feier. Auf der Feier, mitten im Gespräch mit seinen Kollegen, fiel Daniel plötzlich um. Er war tot. Die Obduktion ergab, dass Daniel an einem unerkannten Herzfehler gestorben war. Daniels Vater erfuhr erst am nächsten Abend von dem plötzlichen Tod seines Sohnes. Er nahm die Nachricht gefasst und ruhig auf. Am nächsten Tag fuhr er in die Gerichtsmedizin, um seinen Sohn noch einmal sehen zu können. Am Abend des Tages sagte er, er begreife jetzt langsam, was geschehen sei. Daniels Vater wirkte wie aufgedreht. Ihm zogen in Windeseile Gedanken an seinen Sohn, an ihr gemeinsames Verhältnis, an den Sinn des Lebens und des Sterbens durch den Kopf. Alles, was er dachte, teilte er seiner Umgebung mit. Er wurde erst ruhiger, als die Beerdigung vorbei war. Noch nach Wochen sagte er unter Tränen: »Ich warte jeden Tag, dass Daniel endlich an der Tür klingelt und nach Hause kommt. Und ich warte auf das Geräusch, mit dem er seine Schultasche in die Ecke wirft. Jedes Mal erschrecke ich mich, weil ich dann erst kapiere, dass er nie wieder klingeln wird!«

Begleitende Worte:
Es dauert lange, bis wir begriffen haben, was geschah. Es ist, als werde ganz langsam Stück für Stück das Unwiderrufliche klar. Sehr häufig antworten Trauernde noch Wochen nach dem Geschehen auf die Frage, ob sie es schon begriffen hätten, mit einem eindeutigen und klaren »Nein«. Erst im Laufe der nächsten Wochen und Monate entdecken Trauernde, dass ihre Lieben nie wieder auftauchen werden und sie sich nicht auf einer Urlaubsreise befinden. Ein Tod ist eine Emigration.

Jedes Mal, wenn das in den kleinen Alltagssituationen deutlich wird, ist das Erkennen mit großem Schmerz verbunden. Die Fassungslosigkeit ist dabei umso größer, je unerwarteter der Tod gekommen ist. Doch auch Menschen, die mit allem Beistand Nahestehende über lange Zeit gepflegt haben, erleben diese schmerzhaften Momente. Dann kann es passieren, dass der Tisch wie die Jahre über für die betreffende Person mit gedeckt wird oder, wenn die Zeit für den Besuch im Krankenhaus oder Hospiz naht, die Nahestehenden des verstorbenen Menschen wie gewohnt in Aufbruchstimmung geraten. Der Alltag ist mit den Verstorbenen noch immer verwoben und die Loslösung fällt schwer.

Diese Zeit ist vergleichbar mit einem Schock. Ein Schock ist die verzwickte Situation, in der wir die Welt völlig anders erkennen, als sie ist und war, und wir uns nicht ganz auf dem Boden der gewohnten Realität befinden. Im Schockzustand ist unser Denken durchaus klar. Unser Verstand leidet kaum Einbuße, doch Zeit gewinnt an Relativität, und unser Verhalten kann vollkommen unlogisch wirken. Menschen, die intensiven Lebensereignissen begegnen, reagieren beschleunigt. Die Distanz zu ihrer Umgebung kann rasch zunehmen, auch wenn diese aus dem inneren Abstand heraus zwar eher versteht, was geschah, aber mit ihrem Verstehen gleichzeitig eher an der Oberfläche bleibt. Die Betroffenen ihrerseits verbinden mit ihren Erkenntnissen innerhalb von wenigen Tagen unterschiedliche Empfindungen und Zusammenhänge. Zuweilen zeigen sie in kurzer Zeit nur noch wenig Interesse an dem, was zuvor im Gespräch wichtig gewesen war, was den Umgang mit ihnen natürlich erschwert.

Ratschläge für die Begleitung:

Die erste Zeit nach einem schweren Abschied teilt sich in verschiedene Phasen ein. Zuerst überwiegt der Schock. Ein Schock besteht auch dann, wenn ein Nahestehender sich scheinbar auf den Abschied vorbereiten konnte (z. B. bei schwerer Erkrankung). Je nach Geschehen und Überbringung der Todesnachricht ist der Schock jedoch heftiger oder sanfter, bzw. beruhigt sich schneller. In den folgenden Wochen und Monaten begreifen Trauernde Stück für Stück, was geschehen ist.

- Sorgen Sie für medizinische Notfallversorgung, falls die Person in einen manifesten Schock geraten sollte. Dies geschieht besonders bei plötzlich überbrachten Todesnachrichten und unvorhersehbaren Todesfällen.

- Sorgen Sie dafür, dass die Person es warm genug hat, geben Sie ihr eine Decke oder ein heißes Getränk.
- Reiben Sie Hände und Füße der Betroffenen.

■ Geben Sie mit kleinen Gesten Unterstützung:

- Reichen Sie ein Glas Wasser, bereiten Sie einen Tee.
- Sorgen Sie für Wärme der betroffenen Person – eine warme Decke, ein heißes Fußbad.

■ Menschen in der Phase der Fassungslosigkeit benötigen Nähe. Bleiben Sie bei den Betroffenen.

■ Nehmen Sie die Person liebevoll an die Hand, wie Sie es in einer normalen schreckhaften Alltagssituation auch tun würden.

■ Bleiben Sie selbst ruhig. Möglicherweise kann es Ihnen helfen, wenn Sie jetzt bewusst ausgesprochen langsam werden. Die Ruhe und Gelassenheit sollte in Ihren Bewegungen und in allem, was Sie sagen, vorhanden sein.

■ Hören Sie der Person aufmerksam zu. Es ist nicht wichtig, ob Sie Ihre eigene Meinung anbringen können. Menschen in dieser Phase sind häufig voller Gedanken, Fragen und Erkenntnisse. Es kann sein, dass das, was Sie in dieser Zeit sagen oder beitragen möchten, deshalb gar nicht gehört wird. Ein Bild kann das verdeutlichen: ein Gefäß, das voll ist, kann nur überlaufen. Sie werden nichts anderes eingießen können. Das bedeutet, dass die Menschen sich ihrer mitfühlenden Umgebung anvertrauen können sollen, anstatt gute Ratschläge aufnehmen zu müssen.

■ Bedenken Sie, dass für Trauernde eine sehr schwere Zeit erst mit dem Tag nach der Beerdigung beginnt. Dann beginnt die Umwelt sich wieder sich selbst zuzuwenden. Die Trauernden sind dann allein.

■ Bedenken Sie, dass diese Phase oftmals mehrere Wochen und eventuell Monate dauert. In dieser Zeit erlösen Sie Betroffene, wenn Sie das, was geschah, ansprechen.

- Backen Sie den Betroffenen nach Ablauf einiger Wochen einen Kuchen oder bringen Sie ihnen einen Blumenstrauß vorbei. Versichern Sie den Betroffenen auch noch nach Wochen, dass Sie das, was passierte, nicht vergessen haben. Das gilt auch für Frauen, die eine Fehlgeburt erlitten haben. Diese tragen ihren Schmerz in der Regel fast ausschließlich allein. Entsprechendes gilt auch für Frauen, die einen Schwangerschaftsabbruch haben vornehmen lassen. Diese Frauen sind noch zusätzlich mit Schuldgefühlen belastet. Dass hier erhebliches Feingefühl benötigt wird, liegt auf der Hand.

- Schreiben Sie den Trauernden eine Karte, und drücken Sie aus, dass Sie an sie denken.

■ Fragen Sie die Betroffenen, ob sie begriffen haben, was geschehen ist. Die Menschen werden Ihnen sehr klar Auskunft darüber geben und Ihnen sagen können, welche Schwierigkeiten sie haben, das Begreifen in ihren Alltag zu integrieren.

■ Sorgen Sie dafür, dass die Person Gemeinschaft hat, wenn sie es möchte.

■ Sollte die Person allein sein wollen, achten Sie aus gewissem Abstand auf sie.

2. Phase: Die Schuldgefühle und das Hadern mit Versäumnissen

Auf der indonesischen Insel Borneo gab es einen Volksstamm, der manchmal ein Boot mit seiner Schuld belud. Das Boot wurde ohne Ruderer in die Strömung des offenen Meeres hinaus gestoßen, damit es dort untergehen sollte. Die Menschen hofften und vertrauten, dass es eine Vergebung gäbe. Um dieses Wegnehmen der Schuld zu erlangen, opferten sie etwas Kostbares: das mühsam von ihnen gebaute Boot, das ihnen sonst zum täglichen Fischfang, also für die tägliche Ernährung diente. Eher wollten sie nichts zu essen haben, als ein schuldbeladenes Herz zu behalten.
Unbekannt

Schicksalsschläge lassen sich ertragen – sie kommen von außen, sind zufällig.
Aber durch eigene Schuld leiden – das ist der Stachel des Lebens.
Oscar Wilde

Geschichte von Christine
Christines Mann war gestorben. Er hatte mehrere Monate um seine Gesundheit und sein Leben gekämpft. Jeden Gedanken, dass seine Krebserkrankung auch mit dem Tod enden könne, wiesen beide weit von sich. Sie hatten alle Mühe, den Gedanken an Abschied und Tod fern zu halten. Doch als ihr Mann tot war, drängte sich Christine ein Gedanke immer

mehr auf: »Ich hätte mit ihm reden sollen. Wir haben nie miteinander besprochen, was wäre, wenn er stürbe? Ich habe kein einziges Wort zu sagen gewagt ...«. Christine war, wie ihr verstorbener Mann, der Ansicht, dass mit dem Tod alles endete. An irgendeine unsterbliche Existenz eines verstorbenen Menschen, an eine Seele, glaubte sie nicht. »Nach dem Tod ist Schluss. Dann zerfällt ein Mensch in seine Moleküle. Er besteht dann in meiner Erinnerung«, war ihre feste Meinung. Doch der Gedanke daran, dass sie jede Möglichkeit für einen Abschied versäumt hatte, machte ihr schwer zu schaffen. Letztlich fand Christine Trost in dem Gedanken, dass verschiedene Instanzen diesen Abschied verhindert hatten. Sie selbst hatte den Mut nicht aufbringen wollen. Jedoch hatte ihr Mann genauso wenig Mut dazu gehabt. Auch er hatte in allen Monaten, in denen es möglich gewesen wäre, den schweren Abschied zu gestalten, kein einziges Wort gesagt, um ihrer beider Schmerz zu erlösen. Christine wurde es leichter, als sie verstand, dass nicht sie allein es war, die eine Lösung verhindert hatte. Und auch der Gedanke, dass dieser fehlende Abschied nicht allein ihr Problem war, sondern nur wenigen Menschen angesichts des Todes ein tröstender Abschied beschert war, machte ihr das Ertragen leichter. Sie empfand, dass sie nicht mehr ganz allein mit ihrem Schmerz dastand, sondern dass es viele Menschen geben musste, die nachempfinden konnten, was sie fühlte. Sie sah ein, dass eine moderne Gesellschaft in Westeuropa andere Werte in den Vordergrund stellt. Es ist das Problem einer ganzen Gesellschaft, die mit dem Tod und der daraus folgenden Frage nach einem Sinn des Lebens nichts anzufangen weiß. Diese Gemeinschaft bringt ihren Kindern nicht bei, wie ein Abschied gestaltet werden kann.

Begleitende Worte:

Versäumnisse tragen wir alle, wenn ein Mensch verstorben ist und wir erkennen, dass er nie wieder in der gewohnten Weise neben uns existieren wird. Doch das, was wir alle möglicherweise hätten tun können, wird erst klar, wenn es zu spät ist. Wir hätten es den Betroffenen und uns selbst viel schöner machen können, wir hätten aussprechen können, was uns stört, was uns auf der Zunge lag. Trauernde erkennen erst später, dass so Vieles hätte getan oder gesagt werden können. Und möglicherweise empfinden auch Verstorbene ähnliche Gewissensbisse angesichts dessen, was sie im Leben versäumt haben. Doch wenn ein Mensch verstorben ist, scheint es zu spät zu sein, das nachzuholen, was nicht stattgefunden hat.

Dabei ist es durchaus auch möglich, dass die Versäumnisse auf Seiten der Verstorbenen liegen. Christines Mann hat den Abschied ebenso wenig angesprochen wie Christine. Und es kann sein, dass ein Familienvater, der durch einen Unfalltod plötzlich verstarb und seine Familie in Schulden zurückließ, dem Groll seiner Angehörigen ausgesetzt ist.

Schuldgefühle und Versäumnisse – egal auf welcher Seite – lasten schwer und können jede Zukunft erheblich behindern. Auf diese Weise kann es passieren, dass wir andere für das verantwortlich machen wollen, was möglicherweise in unserem eigenen Kompetenzbereich liegt. Das Ablegen einer Beichte, wie es in der katholischen Kirche üblich ist, kann eine große Unterstützung und Erleichterung sein. Eine Beichte abzulegen heißt, sich selbst zu seinen eigenen Fehlern zu bekennen und freigesprochen zu werden durch die Gnade Gottes. Erst die Erleichterung wird es ermöglichen, neuen Mut für die Zukunft zu schöpfen. Dabei ist wichtig, dass wir erkennen, welche Verantwortung wir selbst tragen und welche nicht.

Verzeihen und um Verzeihung bitten sind die schwersten, größten und freimütigsten Wege, die es in dieser Zeit zu lernen gilt, um eine Erleichterung finden zu können.

Ratschläge für die Begleitung:

- Bedenken Sie, dass alle Menschen Fehler begehen.
- Vergewissern Sie sich, ob Sie Vorurteile und Verurteilungen vermieden haben.
- Unterstützen Sie die Betroffenen darin, ihren Groll zu äußern. Jedes Vermeiden eines solchen Bekenntnisses ändert nichts an den Tatsachen.
- Suchen Sie gemeinsam mit den Betroffenen nach Lösungen, das Versäumte nachzuholen. Das kann das Einlösen eines Versprechens sein, und es kann in vielen Fällen hilfreich sein, sich klar darüber zu werden, wie man in entsprechender Situation zukünftig handeln würde.
- Unterstützen Sie Betroffene mit den Verstorbenen einen Frieden zu finden. Nehmen Sie dazu eventuell die Unterstützung von Geistlichen an (siehe auch das Kapitel über Rituale).
- Überprüfen Sie für sich selbst, ob Sie in der Lage sind, zu verzeihen oder um Verzeihung zu bitten.

3. Phase: Die Isolation und die Einsamkeit

Krankheit und Einsamkeit sind miteinander verwandt.
Otto Weininger

Einsamkeit ist nicht durch Massenaufläufe zu beheben.
© Damaris Wieser

Meine Einsamkeit wurde immer fetter – wie ein Schwein.
Yukio Mishima

Geschichte von Irma
Irma war schon vielfache Großmutter, als ihre Tochter innerhalb von wenigen Wochen nach ihrer Krebsdiagnose starb. Irma hatte sie gepflegt, sie hatte die Enkelkinder umsorgt und in der ganzen Zeit gehofft und gebetet, dass ihre Tochter mit der Hilfe der Medizin gesund werden würde. Irma war wie zerschmettert, als die Tochter dennoch starb. Sie hatte alle Sicherheit verloren. Mit ihrer Tochter war jeder Gedanke an Zukunft in ihr gestorben. Und auch ihre Enkelkinder vermochten nicht, Hoffnung in ihr zu wecken. »Jede Beziehung«, sagte Irma, »endet eines Tages in diesem Leid. Ich kann und will es nicht mehr mit ansehen.« Und sie sagte allen, dass sie keinen Sinn mehr in ihrem Leben erkennen könne. Alle Versuche, Irma in die Familie einzubinden oder Unternehmungen zu machen, scheiterten. Irma zog sich immer mehr zurück. Sie sah keine Zukunft mehr für sich. Bei Irma wurde nach wenigen Wochen eine schwere Depression diagnostiziert. Sie bekam Schlafmittel gegen die Schlafstörungen und Antidepressiva gegen ihre Suizidgedanken.

Begleitende Worte:
Es ist schwer, neue Zukunftsgedanken zu entwickeln, wenn man den Sinn als verloren ansieht. Wenn alles sinnlos aussieht, ist es eine logische Konsequenz, sich von allem Lebendigen zurückzuziehen. Wenn das Leben ohne Sinn erscheint und alles Gewohnte und Geliebte Vergangenheit geworden ist, ist es, als sei man in eine Öde geworfen, die unfruchtbar und dunkel aussieht und in der kein Ziel am Horizont erkennbar ist.
Andere Menschen mit Freude und Begeisterung anstecken zu wollen, geht nur solange, wie diese sich anstecken lassen und dafür Bereitschaft zeigen. Gleichzeitig ist es Aufgabe einer Gemeinschaft, diejenigen, die sich von ihr entfernen, wieder in den Kreis der Gemeinschaft aufzunehmen. Das Problem der notwendigen Inte-

gration zeigt sich nicht nur in allen kulturellen Überschneidungen, sondern auch im normalen Alltag, in dem es Gesunde und Kranke, Alte und Junge nebeneinander gibt. Die Voraussetzung für den Erfolg einer Integration ist die Bereitschaft aller Beteiligten. Gegen seinen Willen kann allerdings kein Mensch in eine Gemeinschaft eingegliedert werden. Es gehört das Bemühen beider Seiten dazu, eine Annäherung stattfinden zu lassen. Dazu ist Mut und die Auseinandersetzung mit dem, was »anders« ist, erforderlich. Gleichzeitig benötigen diejenigen, die sich darauf einlassen wollen, die Bereitschaft, den eigenen Horizont an Erfahrungen anderer Menschen zu erweitern.

Ratschläge für die Begleitung:

- Sagen Sie es Trauernden, wenn diese sich in Ihren Augen zurückziehen. Fordern Sie diese auf, aktiv daran zu arbeiten, dass sie eine Zukunft finden.
- Besorgen Sie sich Informationen über Trauergruppen, die sich in der Nähe der Betroffenen befinden. Reichen Sie die Kontakte an die Betroffenen weiter.
- Geben Sie immer wieder Ihr Bestes, Trauernde, die sich zurückziehen, erreichen zu können. Machen Sie Ihnen Angebote Zeit mit Ihnen gemeinsam zu verbringen. Das kann ebenso ein Spaziergang sein, wie der Besuch eines Konzertes oder ein Einkaufsbummel.
- Zeigen Sie Trauernden, dass sie Ihnen wichtig sind.
- Seien Sie aufmerksam: Es kann sein, dass Sie durch die Erlebnisse Trauernder Ihren eigenen Erfahrungsreichtum vergrößern und Ihre Lebenssicht ändern können.
- Überprüfen Sie für sich selbst, ob Sie selbst die Kraft haben, sich auf das schwere Thema des Abschieds einzulassen. Trauernde zu unterstützen ist immer eine Gemeinschaftsaufgabe, an der auch andere teilhaben sollen. Sollten Sie aufgrund Ihrer eigenen persönlichen Lebensumstände die Aufgabe nicht übernehmen können, bitten Sie andere in Ihrer Umgebung den Kontakt zu übernehmen.
- Bitten Sie Trauernde ihrerseits um Unterstützung. Diese Unterstützung kann auch darin bestehen, auf ein Kind aufzupassen, Marmelade zu kochen oder einen Wasserhahn zu reparieren. Nehmen Sie die Fähigkeiten der betreffenden Person in Anspruch. Bitten Sie die Trauernden darum.

4. Phase: Das Verharren in der Vergangenheit und das Erstarren vor dem Schrecken

Es ist lange her, dass sich die menschliche Fantasie die Hölle ausgemalt hat, aber erst durch ihre jüngst erworbenen Fertigkeiten ist sie in die Lage versetzt worden, ihre einstigen Vorstellungen zu verwirklichen.
Bertrand Russell

Möglicherweise ist diese Welt die Hölle eines anderen Planeten.
Aldous Huxley

Ein Blick in die Welt beweist, dass Horror nichts anderes ist als Realität.
Sir Alfred Hitchcock

Die Geschichte von Felix
Felix war 22 Jahre alt. Er hatte zwei Monate im Gefängnis verbracht, da er mit Drogen gehandelt hatte. Nun wollte er nur ein wenig Spaß haben, eine eigene Wohnung beziehen und zusehen, ob es irgendwo eine Arbeit für ihn geben könnte. Felix zeigte nach außen das, was er gern sein wollte: Er war »cool«. Er wollte keineswegs, dass irgendjemand sah, was er verbergen wollte. Er hatte Angst. Er konnte es in der Dunkelheit nicht aushalten. Felix schlief nur mit Licht an seinem Bett und er hasste Wälder. Niemals würde er einen allein betreten, sagte er. Er hatte immer eine sehr starke Taschenlampe bei sich und ertrug es nicht, wenn ein Fenster geschlossen war. Felix reagierte mit Panikanfällen, sobald er ohne Licht war oder den Eindruck hatte, er wäre in einem geschlossenen Raum ohne Luftzufuhr von außen. Es dauerte lang, bis Felix die Frage gestellt wurde, wann das alles begonnen habe. Langsam dämmerte es ihm: einige Monate bevor seine Angst begann, war sein bester Freund, den er von Kindesbeinen an kannte, erschlagen worden. Langsam rückte Felix damit heraus, was seine größte Angst und sein Schrecken war: Er fühlte jedes Mal, wenn er in Dunkelheit allein war, die Todesangst seines Freundes. Wieder und wieder stellte er sich vor, wie sie ihn getreten hatten, wie sie ihn geschlagen hatten, wie er um Hilfe und Gnade rief und keine bekam. Felix sagte, er ertrage keinen Film im Fernsehen oder im Kino, in dem ein Mensch zusammengeschlagen wird. Jedes Mal verspüre er körperliche Übelkeit.

Begleitende Worte:
Vorstellungen und Bilder von Gewaltszenen lösen bei vielen Menschen Faszination aus. Allerdings ist das Spektakel nur solange Spaß, bis in der Umgebung realer Ernst daraus wird. Erst dann lösen die

Bilder ähnliche Reaktionen aus wie bei Felix. Plötzliche Todesfälle und Tote durch Gewalteinwirkung traumatisieren und fesseln Trauernde in extremem Maße. Die Kombination von Erschrecken und gleichzeitiger Faszination erstreckt sich auf alle Menschen. Nicht umsonst erfahren solche Todesfälle, die zahlenmäßig nur sehr gering vorkommen (2001: 828 000 Tote in Deutschland, davon 928 Gewaltverbrechen), eine ausführliche, weltweite Berichterstattung. Nur: solche Vorkommnisse ereignen sich meistens weit weg von uns. Schlimm wird es, wenn in unserem persönlichen Umkreis Ähnliches geschieht.

Wenn die Realität eines gewaltsamen und/oder plötzlichen Todesfalles in unserer Nähe geschieht, beginnen wir wie von selbst, uns den Ablauf vorzustellen. Wir malen uns die Geschichte in allen Einzelheiten weiter aus, bis wir möglicherweise selbst Angst vor der Dunkelheit entwickeln.

Horrorbilder angesichts des Abschieds sind normaler, als wir es vermuten würden. Der letzte Atemzug, das ängstliche Gesicht unserer Lieben und unsere zweifelnden Fragen angesichts des Todes prägen sich dabei in unser Gedächtnis und unsere Abschiedswehen ein. Auch nach dem Tod ist nicht Schluss damit: die Vorstellung, dass ein Mensch, den wir geliebt haben, nach einigen Monaten in der Erde zersetzt wird und wieder Erde aus ihm wird, kann unser Herz sich zusammenkrampfen lassen. Diese Phänomene sind Wellen des Schmerzes, der aus dem Abschied geboren ist.

Es erfordert viel Wachheit und Kraft, diese inneren Bilder zu stoppen, denn sie erscheinen wie von selbst in rasender Geschwindigkeit in unseren Köpfen, einem Film gleich, der in unseren Gedanken und Vorstellungen abgespielt wird. Dieser Film hat selten eine Wendung zum Guten. Als ob wir uns in einem leibhaftigen Horrorfilm befänden, zieht in diesen Vorstellungen eine Katastrophe die nächste nach sich. Ähnlich ergeht es uns, wenn wir auf einen lieben Menschen warten, der sich verspätet und uns in Ungewissheit zurücklässt. Das Konstruieren von Abläufen unterliegt einem folgenreichen Gesetz: »Es wird das wachsen, worauf du dich konzentrierst.« Möglicherweise bildet dies den Hintergrund dafür, dass wir uns letztlich wirklich in einem Horrorszenario befinden werden.

Um diesen Bildern entfliehen zu können, ist es notwendig, mit großem Durchsetzungsvermögen und sehr bewusst dem Ablauf eine andere Wendung zu geben. Erst dann übrigens setzt auch wieder unsere Fähigkeit ein, eine Zukunftsvision zu erträumen und diese in die Tat umzusetzen. Erst dann sind wir wieder in der Lage, Abläufe aktiv mitgestalten zu können. Zum Vergleich können wir an einen Spielfilm denken, der den Zuschauern ein alternatives Filmende einräumen will: Wir halten nach einer Sequenz an und denken uns eine andere, eine bessere Fortsetzung – möglichst in allen Feinheiten – aus. Dieses Vorgehen erfordert sehr viel Übung.

Ratschläge für die Begleitung:

- Lassen Sie sich nicht von einem schrecklichen Bilderszenario anstecken. Menschen können schon angesichts zunehmender Umweltverschmutzung oder einer Wirtschaftskrise in Endzeitstimmung geraten! Zeitungsmeldungen und Nachrichten verstärken dann nur noch den Eindruck, dass unsere Welt schlecht und elendig ist. Bitte beachten Sie: Solche Stimmungen sind ansteckend!
- Üben Sie selbst, entstehende Horrorgedanken zu stoppen. Richten Sie Ihre Gedankenwelt bewusst auf etwas anderes aus. Was zu Beginn schwer erscheinen mag, geht mit ein wenig Übung zunehmend besser.
- Erlauben Sie sich, jeden Kino- oder Fernsehfilm, der in Ihnen in irgendeiner Art Angst oder Schrecken hervorruft, zu unterbrechen. Das kann eine gute Übung sein, den »inneren Film« auch anhalten zu können und zu dürfen.
- Sollten Sie selbst keine positive Wendung in Ihren Gedanken finden können, fragen Sie andere Menschen, ob diese einen Rat für Sie haben. Der Fantasie sind keine Grenzen gesetzt.
- Denken Sie sich gemeinsam mit den Betroffenen Alternativen aus.
- Fragen Sie Betroffene, ob es Bilder gibt, von deren Erinnerungen sie sich nicht lösen können. Betroffene sind häufig sehr zurückhaltend, darauf zu sprechen zu kommen.
- Machen Sie Betroffene darauf aufmerksam, wenn Sie feststellen, dass diese sich in ihren Vorstellungen verrennen – ganz besonders wenn es scheint, dass sie sich in einem grauenvollen Szenario befinden.
- Lesen Sie Märchen. Märchen haben den großen Vorteil, eine Bildersprache zu sprechen, in die wir mit unseren eigenen Vorstellungen eintauchen können. Und vor allem: Märchen gehen – im Gegensatz zu unserem Horrorwahn – gut aus.

5. Phase: Ängste angesichts der eigenen Sterblichkeit

Angst ist die Dunkelkammer, in der Negative entwickelt werden.
Unbekannt

Ich bin sinnlos.
Graffito

Warum tun wir uns so leicht, anderen Angst zu machen – und so schwer, ihnen die Angst zu nehmen?
Ernst Ferstl

Geschichte von Rosemarie

Rosemaries Tochter starb mit fünf Jahren an einem Hirntumor und nur zwei Jahre später trennte sich ihr Mann von ihr. Sie handelte nach dem Verlust ihrer Tochter fast mechanisch und die Trennung von ihrem Mann war nur ein weiterer Schritt eines dauernden Abschieds. Sie und ihr Sohn waren nun nur noch zu zweit. Rosemarie war innerlich zerstört. Sie steckte in dem Dilemma, dass sie sich unendlich nach ihrer Tochter sehnte und gleichzeitig wusste, dass sie sich, wenn sie in einer anderen Welt wäre, ebenso unendlich nach ihrem Sohn sehnen würde. Etwa eineinhalb Jahre nach dem Tod der Tochter bekam Rosemarie Schlafstörungen. Parallel dazu entwickelte sie Herz-Rhythmus-Störungen und Panikattacken. Sie traute sich nicht mehr mit dem Auto zu fahren. Schon die Vorstellung, ihren Sohn einmal von einer Schulaufführung oder einem Freund abholen zu müssen, bereitete ihr stundenlange Angst und Schweißausbrüche.

Rosemaries Gedanken drehten sich immer wieder um das Thema Tod und die Frage, was danach kommen könnte. Eigentlich dachte sie, dass sie sich nach dem Tod sehnte. Möglicherweise wäre dann endlich Schluss mit dem andauernden Schmerz. Rosemarie war den ganzen Tag von dem Gedanken gejagt, sie würde den Weg zum Bahnhof nicht schaffen, auf dem Weg zum Einkaufen würde sie umfallen, sie wäre quasi ausgeschaltet und ihr Sohn würde unweigerlich in dem gleichen Leid landen wie sie selbst. Rosemarie ging zum Arzt. Nach allen körperlichen Untersuchungen stand fest, dass ihre ganzen Probleme seelisch-nervlicher Natur waren. Sie bekam Medikamente verordnet, die ihr Ruhe geben sollten. Also griff sie, wann immer sie spürte, dass Schweißausbrüche und Panikattacken sich meldeten, zu Valium. Ihr Zustand wurde jedoch nicht besser, er wurde schlechter. Rosemarie brauchte bald keine Nachrichtenmeldung mehr, um in Panik zu geraten.

Begleitende Worte:

Es geschieht sehr häufig, dass wir uns unserer eigenen Sterblichkeit erst dann bewusst werden, wenn wir vor den Scherben unseres eigenen Lebens stehen. Dass wir sterblich sind, ist ein theoretisches Modell, denn bislang sind immer nur die anderen gestorben. Ängste angesichts des eigenen, stetig nahenden Todes entstehen auch bei Menschen, die beruflich mit Sterbenden und Trauernden Kontakt haben. In ihnen können Ängste aufkeimen, die eigenes Leid im Sterbeprozess und die eigenen Fragen nach dem Sinn des Lebens, das sowieso im Tod enden wird, umfassen.

Aus dieser tiefen Erkenntnis entsteht unweigerlich Angst. Denn was wäre, wenn es keinen Sinn gäbe? Da ist das Aufkommen von Angst und Panik nur die logische Folge. Die Sinnlosigkeit des Lebens für sich zu erkennen, bedeutet letztlich, dass ich mich mitten in meinem Leben in der Hölle auf Erden befinde. Dieser Hölle aus Angst und Sinnlosigkeit kann kein Psychothriller oder Sciencefiction-Movie nahe kommen, denn diese Gedanken entsprechen der eigenen realen Welt. Menschen mit Ängsten angesichts der eigenen Sterblichkeit können ununterbrochen über Monate und Jahre in diesem Zustand sein. Ängste und Panik können unser gesamtes Leben stillstehen lassen und jede Zukunft verhindern.

Alle Menschen sterben irgendwann einmal, wie es die Natur uns zeigt. Zu begreifen, dass wir nur einmal sterben werden, ist ein großer Schritt der Erkenntnis, mit dem man dem eigenen Tod letztlich pragmatisch und gelassen gegenübertreten kann.

Dass als Konsequenz dieses Gedankens die Umsetzung des »Carpe diem/Carpe noctem« (nutze den Tag/nutze die Nacht) möglich wäre, ist nur ein kleiner Schritt dazu. Wir haben angesichts unserer Sterblichkeit entweder die Möglichkeit angesichts der Sinnlosigkeit in Panik zu verfallen, oder aber den Gedanken zuzulassen, dass der Sinn darin bestehen könnte, unsere Zeit sinnvoll und kraftvoll zu nutzen. Möglicherweise erklärt unsere Hemmung davor, uns diesen existenziellen Fragen zu stellen, unsere Berührungsängste mit Kranken und Alten, mit Hospizen, Intensiv- und Palliativstationen.

Ob wir nur einmal leben oder ob wir – wie manche Religionen uns lehren – viele Male wiederkehren, ist letztlich nicht von Gewicht. Entscheidend ist, ob wir dann, wenn wir unser Leben ausgeschöpft haben und »mit vollem Herzen« sterben, zu uns selbst und unserem Leben »Ja« sagen können.

Ratschläge für die Begleitung:

- Beachten Sie sorgfältig, wenn Sie selbst Ängste angesichts der eigenen Sterblichkeit und Ihres eigenen Sterbens entwickeln, und suchen Sie nach Möglichkeiten Ihrem Leben einen Sinn zu geben.
- Fragen Sie Angehörige unterschiedlicher Konfessionen, wie sie mit der eigenen Sterblichkeit umgehen und welche Antwort die jeweilige Religion darauf hat. Raten Sie das auch Betroffenen.
- Raten Sie allen, die Ängste und Panik entwickeln, sich den Sinnfragen zu stellen.
- Unterstützen Sie Menschen ihre eigenen Träume in die Tat umzusetzen. Das Einbringen des Lebenssinns ist ein wichtiger Schritt dazu, irgendwann am Ende des Lebens einverstanden mit sich selbst und seinem Leben zu sein.
- Raten Sie Betroffenen einzusehen, dass sie nur ein einziges Mal sterben werden, nicht mehr und nicht weniger.
- Raten Sie Betroffenen sich in therapeutische Hände zu begeben, um eine Lösung aus ihrer Angst und Panik zu finden.

In anderen Kulturen wird uns unsere eigene Sterblichkeit mit drastischen Aussagen klar gemacht. Am Tag der Toten werden in Mexiko solche Zuckergusstotenköpfe gegenseitig verschenkt.

Ein Wort über Rituale

Der traditioneller Brauch nordamerikanischer Indianer – das Rauchen der Friedenspfeife – wäre unter der heutigen, übertriebenen Gesetzgebung der USA und CANADA gegen das Rauchen erst gar nicht mehr erlaubt.
© Willy Meurer

In Venedig wurde einst ein Bäcker unschuldig gerichtet. Deshalb war es dort lange Brauch, dass vor jedem Gerichtstag eine schwarz vermummte Gestalt am Richtertisch vorbei schritt und mahnend ausrief: »Vergesst den Bäcker nicht!«
© Martin Gerhard Reisenberg

Es ist ein lobenswerter Brauch: Wer Gutes bekommt, bedankt sich auch.
Wilhelm Busch

Die Frage:
Sabine kam begeistert in den Unterricht. »Ich bin beeindruckt von Ritualen. Wenn jemand in der Einrichtung, in der ich gearbeitet habe, gestorben ist, dann öffnen wir das Fenster und wir zünden eine Kerze an. Gibt es noch mehr, was wir tun können?«

Die Antwort:
Rituale gibt es, seit es Menschen gibt. In der Steinzeit haben Menschen ihre nahen Verstorbenen aus der Gemeinschaft bereits auf Blüten beerdigt. Auch das ist ein Ritual. Die Liste dessen, was getan werden kann, wenn Abschiede konkret werden, ist unendlich weiter zu führen. In den Kulturen begegnen uns auch Trauerrituale, damit Trauernde den Weg in ein neues Leben finden können. In jedem Abschnitt des Sterbe- und Trauerprozesses gibt es Möglichkeiten zu einem gestaltenden Tun, das wir mit einem tiefen Sinn erfüllen können.

Es scheint keine Gemeinschaft zu geben, die diese Gemeinschaft nicht mittels Ritualen zusammenhält. Dies trifft nicht nur auf exotische Volksstämme zu, sondern auch auf unsere moderne Großstadtgesellschaft, die pünktlich zu den Jahresfesten öffentlich zeigt, was angesichts der Ereignisse zelebriert werden soll. Im Unterschied zu den kalendarischen, regelmäßig wiederkehrenden Ritualen, wie sie mit Festen wie Ostern und Weihnachten verbunden sind, gibt es ereignisbezogene Rituale. Hier sind Hochzeiten,

Taufen, Geburtstage usw. als Anlässe zu nennen, aber auch Trauerfeiern. Abschiedsrituale allerdings gibt es bei uns heute, verglichen mit der Vielzahl an Zeremonien, Ritualen und Bräuchen, die sich im Laufe der Jahrhunderte entwickelt haben, nur wenige überzeugende. Bei Abschied und der Trauer begegnen wir heute – hier wirken Individualisierung und Pluralisierung sowie die Traditionsabbrüche im religiös-konfessionellen Bereich besonders nach – eher hohl anmutenden Vollzügen und zeremoniellen Abläufen.

Ein Abschiedsritual gehört zu den Übergangsritualen, die eine Lebensphase in die andere hinein begleiten sollen. Daneben gibt es Begrüßungsrituale, wie z. B. anlässlich einer Geburt, oder Schutzrituale, wie sie in schweren persönlichen Zeiten, z. B. während einer Krankheit durchgeführt werden können.

Ein Ritual ist eine feierliche zeremoniell geprägte Handlung, die über den Moment hinausweist und neue Aspekte einer zukünftigen Wirklichkeit mit einschließt.

Rituale treffen oftmals bei denjenigen, die an ihnen teilhaben, oder sogar bei denen, die sie durchführen wollen, nur auf wenig Verständnis für die tiefere Bedeutung. Dieses Problem des Nichtverstehens beginnt schon bei der benutzten Sprache und endet bei den verwendeten Utensilien. Es reicht nun einmal nicht, von alters her überlieferte Rituale in genau gleichem Ablauf in der heutigen Zeit zu wiederholen. Wir benötigen heute eine Art »moderne Übersetzung«, um allen Teilnehmenden begreiflich zu machen, was geschieht. Gleichzeitig bedarf es eines dramaturgischen Bogens, der den Anfang, den Höhepunkt und das Ende des Rituals klar und deutlich werden lässt. Damit wird die Zeit während des Rituals klar umrissen und kennzeichnet sich als besonderen Einschnitt. Alles, was zum Alltag gehört, gehört in die Zeit vor oder nach dem Ritual.

Ein Ritual ist keine Routinehandlung. Ein Ritual stiftet Sinn und verschafft die Möglichkeit, mit grundlegenden Problemen umgehen zu können. Dabei gibt es einen wichtigen Unterschied zu allem, was wir als Routine bezeichnen. Routine ist das, was wir gewohnheitsmäßig im Alltag durchführen. Das Ritual soll wach und bewusst vollzogen werden, es soll einen Sinn haben und auch Sinn vermitteln. Rituale, denen ein tiefer, spiritueller Sinn zukommt, beinhalten den Glauben an eine mystische, geistige Kraft, die beim Ritual gegenwärtig ist. Um ihren Beistand wird bei einem Ritual gebeten. Die Durchführung eines Rituals vollzieht die gemeinschaftliche Ausrichtung auf eine spirituelle Dimension (auch wenn das bei den Teilnehmern nicht unbedingt gegeben sein muss).

Abschiedsrituale bedeuten eine besondere Herausforderung für menschliche Gemeinschaften. Beim Sterben und bei der Trauer sind wir – ähnlich wie bei der Geburt – mit den Grenzbereichen unserer Existenz konfrontiert, die für eine Gemeinschaft eventuell gefährlich werden können. Die Gefahr, dass ein Tod weitere nach sich ziehen kann, ist allen Gesellschaften und Kulturen bekannt. Der Durchführung von Ritualen kommt somit auch eine Schutzfunktion zu. Symbole und Rituale lassen Menschen, die sich in einem Abschiedsprozess befinden, oftmals erst begreifen, was geschieht oder was geschah. Sie verdeutlichen das Geschehen. Dazu ist es notwendig, dass sie auch individuell umgesetzt werden. Diejenigen, die für ein Ritual zuständig sind, sollen dem ihm innewohnenden Sinn Ausdruck geben und ihn für alle spürbar werden lassen.

Rituale bedeuten für Nahestehende und für die Sterbenden und Verstorbenen, dass das Tabu der Sprachlosigkeit aufgehoben ist. Sie sind für alle Beteiligten gleichzeitig Trost, bedeuten Handlungsfähigkeit und die Öffnung für andere Dimensionen und eine neue Zukunft. Der Vorteil eines Rituals ist: Wir kommen ins Handeln und ins Gestalten, in den bildhaften Ausdruck gegen latente Sprachlosigkeit, und zudem wird der dramaturgische Bogen zu einer Lösung (hin) gespannt.

Kriterien für ein sinnerfülltes Ritual:

- Das Ritual hat ein Ziel.
- Das Ritual hat einen klar umrissenen Anfang und ein Ende.
- Jede seiner Einzelhandlungen hat ebenso einen Sinn.
- Das Ritual ist im Ablauf für alle Anwesenden durchschaubar und zu verstehen.
- Das Ritual verbindet Gemeinschaften.
- Das Ritual erlöst die Sprachlosigkeit.
- Das Ritual öffnet sich in geistiger Weise dem Neuen.
- Das Ritual ist ein besonderes Geschehen und unterscheidet sich damit von allen Routinehandlungen des Alltags.

Ratschläge für Rituale für Sterbende und Trauernde:
Bitte bedenken Sie, dass alle Ratschläge einen im weitesten Sinn christlichen Hintergrund aufweisen. Andere Religionen haben andere Bräuche und Rituale.

- Fragen Sie Sterbende und deren Nahestehende nach ihren Bräuchen und Sichtweisen.
- Unterstützen Sie sie ihren eigenen Glauben in ein Ritual umzusetzen.

1. Beispiel: Weltliches Abschiedsritual für Sterbende

Gerade weil alles vergänglich ist,
ist es so wertvoll.
© Helga Schäferling

Alles ist vergänglich.
Es braucht nur seine Zeit.
© Janine Weger

Geschichte von Angelika:
Angelika wusste, dass der Tod auf sie wartete. Sie hatte Darmkrebs und sie wurde in den letzten Wochen immer schwächer. Angelika hatte einen großen Freundeskreis. Ihr körperlicher Zustand erlaubte es ihr nicht mehr, lange auf zu sein und essen konnte sie kaum noch. Sie pflegte in ihrem Leben zwei Hobbys. Sie fotografierte gern und sie spielte mit aller Leidenschaft Gesellschaftsspiele. Jetzt, wo Angelika sich langsam auf den Weg machen musste, plante sie ein letztes großes Fest. Sie lud die Menschen ein, die sie zur Zeit ihrer Krankheit begleitet und ihr zur Seite gestanden hatten. Sie bat einige, ihr eigenes Lieblingsessen vorzubereiten und zu dem Fest mitzubringen. Weil Angelika rote Rosen liebte, bat sie darum, den Raum, in dem die Feier stattfinden sollte, mit roten Rosen zu dekorieren. Angelikas Freunde ahnten sehr genau, dass es das letzte gemeinsame Fest werden würde. Und sie erahnten auch die Wichtigkeit, die in diesem Abschied lag. Hilfsbereit nahmen sie jene Musikstücke auf, die Angelika ihr Leben lang begleitet hatten. Das Fest begann. Angelika machte allen Menschen, die sie eingeladen hatte, ein Abschiedsgeschenk: die einen bekamen eines der geliebten Spiele, die anderen eines ihrer Landschaftsfotos. Angelika bat ihre Gäste darum, die Rosen am Ende des Festes mit zu nehmen. Der Abschied fiel allen schwer. Angelikas Freunden blieb dieser Abschiedstag in viel deutlicherer Erinnerung als ihre Beerdigung.

Begleitende Worte:
Sterbende haben den letzten großen Abschied vor sich, angesichts dessen es noch viel Ungesagtes gibt und noch viel zu regeln ist. Diese Regelungen betreffen nicht nur das aufzuteilende Erbe, sondern auch das, was an Beziehungen geklärt werden kann und sollte.
Alles das, was ungeklärt ist, wird den Sterbeprozess schmerzhaft und schwierig gestalten und ein friedliches Sterben verhindern.
Ein Ritual in diesem Moment kann auch bedeuten, dass Sterbende angeregt werden ihre letzte Ansprache an Menschen aus ihrer Umgebung zu halten. Es kann auch heißen, dass sie ein letztes Mal die Gestaltung eines Festes vorgeben können. Menschen planen sehr häufig ihre eigene Beerdigung, die dann sehr viel feierlicher und schöner ausfällt, als Feste zu ihren Lebzeiten, doch vielleicht ist es für alle Beteiligten erheblich schöner, wenn ein letztes Fest zu Lebzeiten gefeiert wird. Dazu bedarf es des Mutes, einen möglichen nahenden Abschied anzusprechen und anzusehen.

Ratschläge für die Gestaltung des Abschieds:

- Ermutigen Sie Sterbende darin, gegenüber Familienmitgliedern und Nahestehenden anzusprechen, was noch ungesagt und offen ist.
- Finden Sie gemeinsam mit den Sterbenden heraus, wie letzte Anliegen umgesetzt werden können.
- Erarbeiten Sie mit Sterbenden, ob sie Menschen in ihrer Umgebung haben, von denen sie Abschied nehmen, denen sie noch etwas sagen möchten, mit denen sie noch etwas zu klären haben.
  - Schaffen Sie für den sterbenden Menschen einen Rahmen, in welchem dieser sein Vorhaben umsetzen kann. Unterstützen Sie Sterbende bei der Einladung oder nötigen Absprachen.
    - Unterstützen Sie die Sterbenden bei der passenden Formulierung.
    - Das kann auch bedeuten, dass die Sterbenden einen Brief verfassen oder eine Kassette besprechen, um sie den anderen zu übergeben.
- Sollten die Sterbenden noch ein Fest des Abschieds gestalten wollen, unterstützen Sie sie bei der Planung und Durchführung.
  - Welches Ziel soll die Gemeinsamkeit haben?

- Möchten Sterbende einigen Menschen etwas Besonderes mitteilen?
- Möchten die Sterbenden dabei etwas Besonderes zum Essen oder Trinken haben?

■ Machen Sie Sterbenden Vorschläge für eine Gestaltung des Abschiedsfestes. Ein solches Fest kann eines mit Lachen *und* Weinen werden.

- Möglicherweise haben die Sterbenden Freude daran, persönliche Gegenstände, die ihnen im Leben wichtig waren, bei diesem Fest an andere zu verschenken.
- Vielleicht kann das Fest unter ein Motto gestellt werden, das dazu mit passender Hintergrundmusik ausgestattet wird.
- Nutzen Sie die Ideenpalette, die in Ratgebern über Festgestaltung zu finden ist.

2. Beispiel: Geistige Rituale

Man muss Geist haben, um ihn aufgeben zu können.
Peter Bamm

Religiös sein heißt nicht,
die Vernunft ablehnen,
sondern sich über sie erheben.
Sarvapalli Radhakrishnan

Geist kann nur Geist trösten.
© Peter Rudl

Der Mensch vermag nicht zu begreifen, was der Körper, und noch weniger, was der Geist ist, und am allerwenigsten, wie ein Geist mit einem Körper verbunden sein kann.
Blaise Pascal

Geschichte von Michael

Michael lag im Sterben. Er wusste, dass ihm nicht mehr viel Zeit blieb. Michael war streng katholisch erzogen worden und hatte intensiven Kontakt zu seiner Mutter und seinen Geschwistern. Eines jedoch nagte an seinem inneren Frieden: Michael war homosexuell und hatte sich Zeit seines Lebens nicht getraut, mit irgendjemandem darüber zu sprechen. In seinen eigenen Augen lebte er ein Doppelleben. Zusätzlich war er selbst der Meinung, mit seiner Homosexualität »etwas Krankhaftes« in sich zu haben. Michaels Nächte waren erfüllt von Grübeleien und schlechtem Gewissen. Endlich traute er sich, einen Menschen in seiner

Umgebung anzusprechen und seine Sorgen mitzuteilen. Michael erstaunte sehr, als er feststellte, dass ihm keineswegs Ablehnung, sondern Annahme widerfuhr. Ab diesem Moment konnte er den Nächsten ruhig entgegensehen. Er starb nach wenigen Tagen friedlich.

Begleitende Worte:

Das Sakrament der Krankensalbung (»letzte Ölung«) erfüllt für Kranke und Todkranke alle Bedingungen eines Rituals. Das Sakrament der katholischen Kirche vermittelt Stärkung und göttlichen Segen. Die Krankensalbung wird von katholischen Geistlichen vorgenommen. Für Sterbende ist es ausgesprochen herzerleichternd, wenn sie angesichts des Abschieds Gnade finden können. Fehler und Versäumnisse wiegen schwer und behindern das Sterben. Mit dem Ablegen einer Beichte und dem Erhalten des Segens kann ein friedlicher und dankbarer Abschied möglich werden.

Hildegard von Bingen hat bereits vor etwa tausend Jahren bemerkt, dass für das Sakrament der Beichte Priester die Ansprechpartner sind, jedoch auch jeder andere Mensch dazu geeignet sein kann, wenn die Möglichkeit amtskirchlicher Präsenz nicht gegeben ist. Insofern ist jeder Begleitende eines Sterbenden zu diesem Beistand aufgerufen, wenn es die Situation erfordert.

Eine Beichte abzunehmen bedeutet, das letzte Ungesagte, was das Herz eines Menschen angesichts seines Todes beschweren kann, anzuhören und das, was er schuldhaft versäumt und/oder angerichtet hat, dem Verzeihen Gottes anheim zu stellen. Jemandem Absolution (Lossprechung) im Vertrauen auf Gott zu erteilen heißt, ihm Gnade zuteil werden zu lassen, indem er weder ausgestoßen, bestraft noch verdammt wird, vielmehr seine Reue zu Vergebung führt. Gnade bedeutet, dass ein Mensch, was immer er auch verschuldet haben mag, Verzeihung erfährt, obwohl er nichts dazu getan hat, als um eine neue Chance zu bitten.

Ratschläge für die Gestaltung eines Segens und einer letzten Aussprache:

Achten Sie die Freiheit der Betroffenen (siehe auch das Kapitel »Von Würde, Frieden, Heilung und Verzeihen«).

- Wenn Sie merken, dass jemand religiösen Beistand und Segen wünscht, rufen Sie Vertreter der entsprechenden Gemeinschaft, damit die Betroffenen Frieden finden können.

- Bieten Sie dem Sterbenden an, einen Vertreter seiner Religion oder Konfession zu rufen. Zeigen Sie Ihre bereitwillige Unterstützung.
- Bieten Sie es auch denjenigen an, bei denen Sie unsicher sind, ob diese offen für einen solchen Kontakt sind.

Ein Segen bedeutet neben den besten Wünschen für denjenigen, der gesegnet wird, dass göttlicher Schutz und Beistand für seinen Lebensweg auf ihn herabgerufen wird.

■ Wenn Ihr Gegenüber einen Priester oder Seelsorger für seine Lebensbeichte ablehnt, nehmen Sie die Beichte selbst ab. Es kann für den Sterbenden sehr wichtig sein, die Erfahrung zu machen, dass Verurteilung ausbleibt und Verzeihung gewährt wird, wenn er keiner kirchlichen Gemeinde angehört.

- Hören Sie mit besonderer Aufmerksamkeit zu.
- Finden Sie geeignete Worte, um den Sinn der Vergebung klar zu machen.
  - Z. B. »Möge der Himmel dir und uns allen verzeihen und dich in Frieden aufnehmen. Ich bitte darum.«
- Sollten Sie Schwierigkeiten haben zu verzeihen, was ein Mensch Ihnen in dieser besonderen Situation anvertraut, gestehen Sie sich Ihre eigenen Unzulänglichkeiten und Fehler ein, und denken Sie neu über die Vergebung für diese Person nach.

■ Wenn Sie niemanden für einen letzten Segen finden können, legen Sie dem Betroffenen die Hand auf die Stirn. Vertrauen Sie Ihrer Kraft und Ihrer Verbindung zu Gott. Bitten Sie aus Ihrem Herzen heraus um den Segen für diesen Menschen und um seine Heilung.

- Sprechen Sie dazu ruhig einige Worte, die einen Segen beinhalten.
  - Beispiel: »Möge Gott dir auf deinem Wege bei allen Schwierigkeiten zur Seite stehen. Der Friede sei mit dir!«

Beten und Bitten

Beten und Düngen sind kein Aberglaube.

Aus Schlesien

Die Gläubigen lehrt meistens die Mutter, die Ungläubigen die Not beten.

© Gregor Brand

Geschichte von Rainer

Rainer war knapp fünfzig Jahre alt, als er die Diagnose Hirntumor bekam. Rainer sorgte sich um sein Leben, denn seine Schwester war vor vielen Jahren an einem Hirntumor gestorben. Rainer begann in den Tagen vor seiner Operation zu beten. Sein Gebet war einfach. Er bat eine höhere Instanz darum, dass sie sein Leben retten möge, da er es von Herzen liebte. Rainer erfuhr nach der Operation die Diagnose: Sein Hirntumor war gutartig. Rainer ist davon überzeugt, dass sein Beten ihn gerettet hat.

Begleitende Worte:

Beim Beten treten Gedanken, Anliegen, Wünsche zutage, die aus tiefstem Herzen entspringen. Mit dem Herunterleiern von Litaneien haben Gebete nichts zu tun. Gebete können vollkommen individuell formuliert sein, und sie brauchen sich an keine vorgefertigten Verse zu halten. Gebete können loben, danken, bitten, anklagen – sie kommen sogar ohne Worte aus. Viele Menschen lehnen Gebete schon allein deshalb ab, weil sie von kirchlichen Instanzen enttäuscht sind. Deshalb ist es oftmals ein Zugeständnis, wenn ein Mensch preisgibt, dass er betet. Die Kraft, die aus einem aufrichtigen und freimütigen Gebet erwachsen kann, ist heilsam und kann ungeahnte Wunder in sich bergen.

Ratschläge für Gebete:

- Fragen Sie Sterbende, ob sie beten. Regen Sie sie dazu an.
- Lesen Sie das Buch »Heilende Worte« von Larry Dossey. Möglicherweise finden Sie einen neuen Zugang zum Beten.
- Wenn Sterbende unwillig reagieren, unterstützen Sie sie dabei, beten zu lernen.
- Wenn Sie ähnliche Hemmungen verspüren zu beten wie die betreffende Person, lernen Sie selbst zu beten.
- Haben Sie den Mut, Ihre Bitte und Ihr Gebet selbst zu formulieren. Gebete müssen keinen vorgefertigten Texten folgen.
    - »Ich habe Angst und ich bitte um Unterstützung!«
    - »Ich bitte aus tiefstem Herzen heraus um Heilung!«
    - »Möge ich beschützt sein, wenn ich jetzt das Schwere angehe, was zu tun ist.«

Rituale für Verstorbene/Trost für Trauernde

Aufbahrung

Am Sarg des Vaters nahm ich Abschied von meinem Bild seiner Unsterblichkeit.
© Manfred Poisel

Zuerst dachte ich, es sei ein Abschied für immer,
doch dann fühlte ich deine Seele in meinem Herzen, und ich war froh.
Nachruf

Abschied ist die innigste Weise menschlichen Zusammenseins.
Hans Kudszus

Geschichte von Annie
Annie war Mutter zweier Söhne, die noch die Grundschule besuchten. Weil sie an Krebs erkrankt war und wusste, dass sie bald sterben würde, hatte sie sich bereits von ihren Söhnen verabschiedet und dafür gesorgt, dass sie nun bei ihrem Vater, Annies geschiedenem Mann, lebten. Annie hatte alles geplant: hatte sich ihre Beerdigungsfeier bereits ausgedacht und dementsprechend mit einem Bestatter abgesprochen. Sie setzte die Zeit ihrer Totenwache für die ersten drei Tage nach ihrem Tod fest und wählte aus, wen sie dabei haben wollte und wen nicht. Bei der Totenwache von Annie trafen sich Menschen, die bislang nicht viel miteinander zu tun gehabt hatten. Plötzlich saßen zwei oder drei Menschen an ihrem offenen Sarg und führten Gespräche, die sie selbst zu führen nicht geahnt hätten. Annies Körper wurde nach einigen Stunden ganz steif, nach einigen weiteren Stunden wieder ganz locker. Und im Laufe der Zeit veränderte sich ihr ganzer Gesichtsausdruck. Sie war an ihren Lymphmetastasen erstickt, sodass ihr Gesicht qualvoll verzogen war und man ihr alle Anstrengung des Abschiedskampfes ansehen konnte. Innerhalb der nächsten zwei Tage veränderte sich das Bild zusehends: Annies Gesicht wurde weicher. Viel weicher, als es zu Lebzeiten je gewesen war. Das war für alle, die ihr Leben und ihr Sterben miterlebt hatten, sehr beruhigend.

Begleitende Worte:
Heutzutage werden Verstorbene sehr schnell von Beerdigungsunternehmen abgeholt. Das passiert nicht nur in Krankenhäusern und anderen stationären Einrichtungen, wie Altenheimen und Hospizen, sondern auch dann, wenn die Betreffenden zu Hause gestorben sind. Es wird nur kurze Zeit gegeben, von den Verstorbenen

Abschied nehmen zu können. Ein heilsamer Abschied jedoch bedeutet, dass Zeit dazu da ist. In ländlichen Gegenden wird die Tradition noch ab und zu eingehalten, einen wahrhaft tragenden Abschied zu gestalten. Ein Abschied, der den Lebenden Zeit und Ruhe zugesteht, ist für einen Trauerprozess sehr hilfreich. Fehlt die Möglichkeit des Abschiednehmens, können Trauernde noch lange Zeit unter der verpassten Gelegenheit leiden.

Nach den gesetzlichen Bestimmungen ist eine Aufbahrung des Toten durchaus gestattet. Es ist möglich, den Verstorbenen durch ein Beerdigungsunternehmen aus dem Krankenhaus nach Hause transportieren zu lassen, um dort den Abschied möglich zu machen. Mögliche Einschränkungen sind: die verstorbene Person muss noch gerichtsmedizinisch untersucht werden, um die Todesursache festzustellen, oder in den Kliniken sind die Personen, die die Leiche herausgeben, bereits in ihrer Wochenendfreizeit. Dann ist eine Aufbahrung erst ab Wochenbeginn wieder möglich. Je nach Bundesland sind die Aufbahrungszeiten verschieden. In der Regel ist aber eine Verweilzeit zwischen 32 und 72 Stunden erlaubt.

Nach einem Todesfall ist zu beachten, dass ein Arzt gerufen wird, der den Totenschein ausstellt. Regeln Sie vor einem absehbaren Todesfall die Unterstützung durch einen Arzt, der zu Ihnen kommt und den Totenschein ausstellt. Ein Notarzt darf im Totenschein nicht vermerken, der Verstorbene sei »natürlichen Todes« gestorben; dazu müsste er die Person noch lebend gekannt und ihre Krankheitsgeschichte miterlebt haben. Nur dann kann mit der erforderlichen Sicherheit von einem natürlichen Tod ausgegangen werden.

Danach ist genügend Zeit gegeben in aller Ruhe einen Bestatter anzurufen und mit ihm ein Vorgespräch zu führen. Ein guter Bestatter wird Ihr Vorhaben einer Totenwache begrüßen und es unterstützen!

Eine Aufbahrung erlaubt denjenigen, die Abschied nehmen wollen, dies auch tun zu können. In dieser besonderen Zeit ist es möglich, das Sterben eines Menschen, das nach dem letzten Atemzug noch nicht zu Ende ist, zu begleiten und seine Veränderungen zu erleben. Die Teilhabenden können ein Mysterium miterleben und eine tiefe und neue Erfahrung machen. Unser aller Achtung vor Leben und Sterben könnte neue Dimensionen erfahren, wenn häusliche Aufbahrungen auch in den Großstädten – und nicht nur bei politischen Events – üblich wären.

Unabhängig davon, ob Sie an eine wie auch immer geartete Existenz nach dem Tod glauben oder nicht, erleichtert die Teilnahme Ihre Trauer in der nachfolgenden Zeit. Viele, die bei einer Aufbahrung mit Totenwache zugegen waren, sind nach tiefen Erfahrungen durchaus bereit, ihre eigene Weltsicht zu überprüfen. In vergangenen Zeiten wurde diesen besonderen Momenten großer Wert in unserer Abschiedskultur beigemessen. Man nahm an, dass Tote einige Zeit brauchen, um sich von ihrem Körper zu lösen. Zudem hieß es, dass Blumen der Seele helfen werden, sich zu lösen. Ähnlich wie in der tibetischen, buddhistischen Sterbebegleitung sagte man, dass die Seele durch den Beistand der Anwesenden ihre Schwierigkeiten und Hürden nach dem Tod viel leichter und besser überwinden könne: In unseren Breiten wurde deshalb gebetet und gesungen, um der Seele Unterstützung zukommen zu lassen.

Manche besonderen Begebenheiten, die sich bei einer Totenwache zutragen, werden, auch wenn sie von allen Anwesenden wahrgenommen wurden, nur sehr selten öffentlich angesprochen, vielmehr nur »hinter vorgehaltener Hand« erzählt. Wer über eine Wahrnehmung spricht, die außerhalb des Alltäglichen angesiedelt ist, gerät leicht in eine Abseitsposition, weil es scheint, als ob alle Welt ihn belächeln würde, anstatt ihm zuzuhören. Ich bezeichne solche Besonderheiten als »seltsame Phänomene«. Offenbar sind sie erst dann für uns spürbar, wenn sich zwei Welten so massiv und vehement begegnen wie angesichts des Todes. Unsere Sinne sind durch das Erlebnis der Grenzerfahrung extrem geschärft und wahrnehmungsfähig.

Die Aufbahrung und das Auftauchen »seltsamer Phänomene«

Denn Staunen veranlasste zuerst wie noch heute die Menschen zum Philosophieren.
Aristoteles

Mindestens so oft, wie Lebende Toten die Augen schlossen, haben Tote Lebenden die Augen geöffnet.
© Gregor Brand

Wer staunen kann, lernt sehen.
© Erhard Blanck

Geschichte von Nina
Als Nina starb, war sie sieben Jahre alt. Nina starb zu Hause. Sie war lange krank gewesen und der behandelnde Arzt der Familie hatte bereits den Totenschein ausgestellt. Als der Bestatter kam, machte er die Eltern darauf aufmerksam, dass sie genügend Zeit hätten, mit einer Totenwache von dem Mädchen Abschied zu nehmen. Die Nachtwache verbrachten ein paar Freunde gemeinsam mit den Eltern. Gegen Morgen – alle hatten die Nacht wach verbracht, miteinander gesprochen und Geschichten aus Ninas Leben erzählt – zog mit einem Mal ein Geruch wie schwer blühende Lilien durch den Raum. Zuerst stutzte Ninas Mutter. Sie stockte und fragte: »Riecht ihr das?« Alle im Raum Anwesenden rochen den intensiven Geruch, der von Ninas Zimmer ausging. Als der Geruch nach ein paar Minuten verschwunden war, wurde es hell.

Geschichte von Linchen
Als Linchen starb, waren ihre Tochter und ihre Enkelin anwesend. Sie hatte sich gewünscht zu Hause zu sterben und ihre Verwandten setzten ihren Wunsch in die Tat um. Linchen hatte in ihrem Leben viel Pflege auf ihre Rosenstöcke vor dem Haus verwendet und sie hingebungsvoll versorgt. Als Linchen ein paar Stunden tot war, sah ihre Enkelin aus dem Fenster. Sie hatte in den letzten Wochen der Krankheit die Rosen ihrer Großmutter gepflegt. Die Enkelin staunte nicht schlecht, als sie sah, dass alle Rosenköpfe in Richtung des Hauses und damit zum Schatten zeigten. Sie neigten ihre Köpfe, so weit es eben ging, zum Raum der verstorbenen Großmutter hin.

Begleitende Worte:
Veränderungen der Verstorbenen lassen sich heutzutage möglicherweise physiologisch ableiten (Muskelentspannung usw.). Andererseits geht es fast allen, die Sterbende begleiten, so, dass sie noch

Stunden nach dem Tod wiederholt den nicht vorhandenen Atem des Toten suchen und sicher sind, dass Bewegungen stattfinden. Diese Erfahrungen machen auch Menschen, die eine eher wissenschaftlich orientierte Weltsicht haben. Allerdings braucht es dazu den Mut, sich länger als ein paar Minuten auf Tote einzulassen.

Ratschläge für die Versorgung der Verstorbenen und die Aufbahrung:

- Wenn Sie beruflich mit Sterbenden und Trauernden Kontakt haben:
  - Regen Sie Trauernde an, eine häusliche Aufbahrung in Betracht zu ziehen, unterstützen Sie diese, wenn sie dafür Bestatter benötigen.
  - Regen Sie in Ihrer Institution an, dass Verstorbene, ihnen Nahestehende und auch diejenigen, die in den Institutionen arbeiten, die Chance zu einem Abschied bekommen.
- Wenn Sie selbst einen Trauerfall haben:
  - Überprüfen Sie, ob Sie Menschen in Ihrer Umgebung haben, die Sie bei einer häuslichen Aufbahrung unterstützen werden. Es ist besser, wenn man nicht alleine vor einer solch einschneidenden Erfahrung steht.
  - Sprechen Sie mit Bestattern, um eine gute Unterstützung zu erfahren. Wenden Sie sich an mehrere Bestatter, falls Ihrem Wunsch nicht gleich entsprochen wird.
- Haben Sie den Mut, sich neben einen verstorbenen Menschen zu setzen, um Abschied zu nehmen:
  - Sorgen Sie für eine ruhige Atmosphäre.
  - Bitten Sie einen Menschen in Ihrer Nähe, Ihnen ruhige Momente zu verschaffen, wenn Sie es benötigen oder wünschen.
  - Eventuell kann leise Hintergrundmusik Ihnen helfen, den Rahmen zu gestalten.
- Wenn Sie Unterstützung für die Gestaltung einer Aufbahrung und Totenwache benötigen, sprechen Sie mit Sterbeammen/Sterbegefährten (siehe auch unter www.sterbeamme.de. Die Liste der dort angegebenen Sterbeammen wird regelmäßig ergänzt).
  - Lesen Sie das Buch »Der Trauer eine Heimat geben« von Fritz Roth. Der Autor ist Bestatter und möchte neue Wege in der Abschiedskultur anregen, um einen heilsamen Trauerprozess zu ermöglichen.

■ Lesen Sie das Buch »Noch einmal leben vor dem Tod« von Walter Schels. Dieser Fotoband stellt Fotos von Verstorbenen neben Fotos, die zu ihren Lebzeiten aufgenommen wurden. Die Gesichter der Verstorbenen zeigen Ihnen einen Frieden, der in den lebenden Gesichtern manchmal nur zu erahnen ist.

■ **Waschen und Ölen:**
Bei der rituellen Waschung eines verstorbenen Menschen geht es keineswegs darum, einen »sauberen« Körper der Erde zu übergeben. Hierbei handelt es sich um eine innere Verneigung vor der Person, die in diesem Körper gelebt hat. Möglicherweise ist mit der Waschung die Hoffnung verbunden, der Verstorbene möge frei von aller irdischen Last in eine neue Dimension treten. Gleichzeitig kann für die Trauernden mit der Waschung und Ölung ein Teil Erleichterung verbunden sein, dass die Anstrengungen des Sterbeprozesses für alle Beteiligten, auch für Sie selbst, vorbei sind. Waschen und Ölen eines Verstorbenen baut Berührungsängste ab. Das anschließende Einölen des Körpers kann für Nahestehende zu einem friedlichen und sanften Streicheln des Abschieds werden. Mit dem langsamen Waschen und den fast streichelnd anmutenden Berührungen an der verstorbenen Person kann Gebet und Segen verbunden sein.

- Waschen Sie – eventuell mit anderen Anwesenden – den Verstorbenen selbst.
- Ölen Sie ihn noch einmal ein. Sollten Sie kein spezielles Öl zur Hand haben, können Sie auch ein normales Speiseöl nehmen. Durch den nahen Körperkontakt bietet sich Ihnen die Chance zu begreifen, was geschieht, und Sie erweisen einen liebevollen und nahen Dienst – für den Verstorbenen wie für sich selbst.
- Wenn Sie Nahestehende dabei begleiten, unterstützen Sie diese, die Waschung und Ölung selbst vorzunehmen. Sie können sich mehr und mehr aus dem Vordergrund zurückziehen.
- Nehmen Sie Rücksicht auf Menschen, die Probleme damit haben könnten, so intim mit dem Verstorbenen zu sein, wie sie es im Leben nie sein konnten. Ein Sohn hat nicht unbedingt seinen Vater und ein Neffe wahrscheinlich seine Tante nie nackt gesehen.
- Erspüren Sie, wo die Grenzen sind. Bei nicht so nahen Beziehungen gilt: Männer waschen verstorbene Männer und Frauen waschen verstorbene Frauen.

- Ziehen Sie der verstorbenen Person etwas Schönes an.
  - Wählen Sie gemeinsam mit Nahestehenden Kleidung für sie aus.
  - Es kann sein, dass das Lieblings-T-Shirt das richtige Kleidungsstück ist, und es kann auch sein, dass der beste Anzug dafür aufgebügelt wird. In früheren Zeiten hatten Menschen – vergleichbar dem Taufkleid – auch ihr eigenes Leichentuch im Schrank. Das wurde (und wird heute noch in ländlichen europäischen Gebieten) während der Krankheits- und Sterbephase aus dem Schrank geholt, gewaschen und gebügelt.
  - Seien Sie dabei undogmatisch: Es kann individuelle Gründe geben, den verstorbenen Menschen vollkommen nackt zu beerdigen.
- Bereiten Sie das Bett der verstorbenen Person so, wie Sie es schön finden.
  - Möglicherweise gibt es ein besonderes Kissen, das Sie unter die verstorbene Person legen. Nehmen Sie die Bettwäsche, die die Person gern mochte. Räumen Sie herumliegende Gegenstände auf. Lüften Sie das Zimmer.
- Oftmals sinkt bei Verstorbenen das Kinn nach unten und der Mund steht offen. Während der Leichenstarre ist das nicht zu ändern. Aus diesem Grund wird oft ein Tuch um den Kopf der Verstorbenen gebunden, weil dies den Unterkiefer bis zur Leichenstarre fixiert und nach oben hält. Anstatt eines solchen Tuches kann auch ein Kissen unter das Kinn gelegt werden. Oft ist es für die Anwesenden auch völlig problemlos, wenn der Mund der Verstorbenen offen steht. Der gewohnte Brauch allerdings, den Verstorbenen mit einem Tuch samt Knoten über dem Kopf das Kinn hochzubinden, kann unfreiwillige Komik in sich bergen: Der Anblick des Verstorbenen kann den einen oder anderen an ein Osterei erinnern.
- Legen Sie dem Verstorbenen Blumen in die Hände.
  - Es geht bei den Blumen, die Verstorbenen in die Arme gelegt werden, weniger um einen schmückenden Aspekt, sondern vielmehr um eine sehr alte Anschauung, die besagt, dass die welkenden Blumen der Seele Unterstützung geben, sich aus dem Körper zu befreien. Im Übrigen werden Sie auch hier immer wieder feststellen, dass die

Die Aufbahrung eines verstorbenen Menschen kann für alle Anwesenden einen kaum zu ahnenden Frieden in sich bergen.

Blumen in den Händen Verstorbener viel schneller welken als Blumen, die unter gleichen Bedingungen gehalten sonst im Raum sind.

- Schreiben Sie dem Verstorbenen einen Brief, wenn Sie ihm noch etwas sagen möchten. Legen Sie diesen Brief zu ihm.
- Stellen Sie Kerzen auf. Dieses Licht schafft eine besondere Atmosphäre. In früheren Zeiten wurde gesagt, dass es für die Verstorbenen gut sei, wenn kein Schatten auf ihr Gesicht falle; dadurch hätten sie weniger Schwierigkeiten mit dem Eintritt in die andere Welt (Anderswelt).
- Haben Sie keine Hemmungen, auch Kinder mit einzubeziehen. Kinder gehen oft sehr pragmatisch mit diesen Situationen um und stellen Fragen, auf die Erwachsene möglicherweise gar nicht kommen würden. Gleichzeitig haben auch Kinder das Bedürfnis, Abschied zu nehmen.
- Sollten die Kinder den verstorbenen Menschen etwas mitgeben wollen, unterstützen Sie diese dabei. Das kann ein Bild sein, das sie malen und zu dem Verstorbenen legen.

Die Aussegnung

Vielleicht brauchen Segen eine längere Zeit zu ihrer Erfüllung als Flüche.

Dr. Eberhard Rau

Du magst es als Segen oder als Prüfung betrachten;
aber was auch immer geschieht, es ist alles zu deinem Besten.

Sprichwort

Geschichte von Sonja

Sonja verstarb zu Hause. In den letzten Tagen war eine kleine Gruppe von Freundinnen bei ihr gewesen, die Abschied von ihr genommen hatten. Für die Freundinnen war klar, dass Sonjas Körper aufgebahrt werden würde. Und so saßen sie in den nächsten Tagen immer wieder gemeinsam an ihrem Bett, tranken Tee, sprachen über die letzten Tage und Wochen und ihnen allen wurde mehr und mehr deutlich, welche Wege sie gemeinsam gegangen waren. Und während sie sprachen, schien es ihnen, als verstünden sie so vieles erst jetzt, was vorher zufällig erschienen war. Nach zwei Tagen, die sie Tee trinkend und erzählend verbracht und beobachtet hatten, wie sich Sonjas toter Körper immer mehr verändert hatte, waren sie sich einig darüber, dass Sonja nicht mehr in diesem Körper war. Sie sah aus, wie eine auf dem Bett liegende Wachsfigur. Nun wussten sie, dass jetzt der Moment gekommen war, in welchem das Bestattungsinstitut Sonjas Körper abholen konnte. Das Bestattungsinstitut legte Sonja in den vorbereiteten und von den Frauen selbst angemalten Sarg. Letzte Abschiedsgaben, wie Briefe und Blumen, wurden dazugelegt. Sonja war gläubig gewesen, hatte sich jedoch mit keiner Konfession anfreunden können. Und so nahm eine der anwesenden Frauen die Aussegnung vor. Sie nahm ein Band in ihre Hand, zerteilte es und legte eine Hälfte in Sonjas Sarg. Die andere Hälfte gab sie der besten Freundin von ihr. Sie sagte dazu: »Hier und jetzt trennen sich unsere Wege. Sonja, du bist gestorben und tot. Hier und an dieser Stelle hast du deinen Körper verlassen. Du gehst deinen Weg in eine andere Welt und wir gehen unseren Weg in dieser Welt weiter. Was du verlassen hast, ist heilige Erde und bleibt hier. Der Friede sei mit uns!« Erst dann wurde der Sarg verschlossen. Die Beerdigung fand ein paar Tage nach der Aussegnung statt.

Begleitende Worte:

Der Sinn einer Aussegnung liegt darin, einen Abschied von Lebenden und Verstorbenen zu manifestieren. Gleichzeitig wird dem Verstorbenen damit klar und deutlich vermittelt, dass er tot ist und seinen eigenen Weg finden soll. Diese Handlung bringt zugleich zum

Ausdruck, dass es eine weitere Existenz des Verstorbenen gibt. Weiterhin steht der Gedanke dahinter, dass Tote, die ihren eigentlichen und richtigen Platz nicht finden, die Lebenden und deren Zukunft ganz erheblich stören können. Durch eine Aussegnung trachtet man, der Seele zu helfen, ihren Weg in einer anderen Dimension zu finden.
In einigen christlichen Konfessionen ist die Bedeutung einer Aussegnung noch präsent und wird abgehalten. Manchmal erfolgt dieser Segen nur auf ausdrücklichen Wunsch von Angehörigen.

Ratschläge für eine Aussegnung:

- Schlagen Sie Nahestehenden und Angehörigen vor, eine Aussegnung zu vollziehen. Raten Sie dazu, mit der örtlichen Kirche Kontakt aufzunehmen.
- Sollten Betroffene eine kirchliche Beteiligung ablehnen, gestalten Sie, falls gewünscht, selbst eine vergleichbare Abschiedszeremonie.
  - Nehmen Sie ein Band – bitte Naturmaterial (siehe unten) –, dass Sie bei der Aussegnung in zwei Teile zerschneiden. Das eine Teilstück geben Sie dem Verstorbenen mit in den Sarg, das andere Teilstück bleibt bei den Lebenden. Das Band symbolisiert die Verbindung trotz der Trennung und macht sinnfällig, dass Beziehung und Zuneigung in allen Welten Bestand haben. Für die Lebenden ist dies meist ein sehr wichtiger Gegenstand, ein Schatz, den sie hüten.
  - Finden Sie eigene Worte, die den Sinn einer Aussegnung für alle Teilnehmenden, auch für den verstorbenen Menschen, verdeutlichen.
  - Vollziehen Sie eine Handbewegung, die anzeigt, dass eine Abtrennung geschieht.
- Finden Sie andere und neue Gestaltungsmöglichkeiten für eine Aussegnung.
- Lassen Sie den Sarg bei der Aussegnung geöffnet, und lassen Sie ihn erst nach dem Ende des Rituals schließen.
- Legen Sie den Verstorbenen Blumen mit in den Sarg. Blumen sind Schmuck und Zeichen der Vergänglichkeit. Sie werden den Körper des Menschen auf seinem eigenen Weg zurück in die Erde mit begleiten.
- Falls Sie etwas anderes mit in den Sarg geben wollen, denken Sie daran, dass alles, was auf den letzten Weg mitgegeben wird – sei es zum Krematorium oder zur Erdbestattung –, natürliches Material sein muss. Plastikgegenstände sind nicht geeignet.

Die Beerdigung

Die höchste Ruhegebung kommt einem aus dem Memento mori, und eine Viertelstunde auf dem Lichtenfelder Friedhof rückt einen immer wieder zurecht.
Theodor Fontane

Bei allzu großer Freude gehe auf den Friedhof; und ist dein Herz übervoll an Leid und Kummer, so gehe auch dorthin.
Aus Armenien

Dem Mutigen gehört die ganze Welt – inklusive Friedhof.
© Erhard Horst Bellermann

Geschichte von Tim
Tim war erst 18 Jahre alt, als er eines Nachts auf einer Autofahrt ums Leben kam. Tims Tod hinterließ den gesamten Schrecken, den ein plötzlicher Tod eines jungen Menschen nur auslösen kann. Tims Eltern und seine Freunde standen wie erstarrt da und begriffen nur mühsam, was um sie herum geschah. Eines aber war klar: Sie wollten den Abschied von Tim selbst gestalten, um so ihre Liebe und tiefe Verbundenheit zu ihm auszudrücken. Tims engste Freunde und seine Eltern fanden einen Bestatter, der sie bei allem, was sie für die Beerdigung planten, unterstützte. Tims Onkel, der Pastor in der Gemeinde war, übernahm die schwere Aufgabe, die Zeremonie für seinen eigenen Neffen zu leiten. Seine Rede wurde immer wieder durch einzelne Parts von Freunden und Verwandten ergänzt. Eine Tante spielte ein Cellostück für ihn, sein bester Freund begleitete sie auf dem Saxophon. Es wurden Gedichte und kleine Begebenheiten aus dem gemeinsamen Leben vorgetragen. Am Abschluss der Beerdigungsfeier nahm Tims Bruder einen großen Tonkrug und warf ihn mit aller Wucht auf den Asphalt. Der Krug zerschmetterte in tausend kleine Scherben. Dann gab Tims Bruder jeder Person, die an dieser Abschiedsfeier anwesend war, eine der Scherben mit. Gleichzeitig gab er jedem, der gekommen war, eine Blume aus dem Sarggesteck. Anschließend trugen Tims Freunde den Sarg an seinen Platz. Hinterher fand eine kleine Feier statt. Es gab Tims Lieblingsessen: Spaghetti mit Pesto und Salat und Schokoladencreme zum Nachtisch. Alle, die anwesend waren, hatten den Eindruck, als äßen sie mit seiner Zunge. Während der Feier besprach man gemeinsam, welche Unterstützung Tims Eltern und sein Bruder in den nächsten Monaten benötigen und wie sie weiter in die Gemeinschaft

eingebunden werden konnten. Die engsten Freunde von Tim setzten sich nach der Feier noch einmal um sein Grab, jeder trank eine Flasche von Tims Lieblingsbier. Danach gingen die Anwesenden nach Hause, und wenn sie sich später an diesen Abschied erinnerten, rührte es sie an.

Geschichte von Liese

Liese war mit knapp sechzig Jahren an Herz-Kreislauf-Versagen gestorben. Ihr Herz hatte ihr schon in den letzten zehn Jahren immer wieder Probleme bereitet. Sie war zu Hause gestorben, alle Freunde, Verwandten und die Nachbarn hatten von ihr Abschied genommen und begleiteten die Familie bei der anschließenden Totenwache. Lieses Tochter und die beiden Enkelinnen wuschen sie und zogen ihr das Totenhemd an, das Liese schon seit Jahren bei sich im Schrank dafür aufbewahrt hatte. Nach drei Tagen wurde Lieses Sarg nach der Aussegnung verschlossen und direkt vom Haus zum Grab getragen. Sie hatte ihr Leben in einem kleinen Ort in Schwaben verbracht. In dieser Gemeinde waren fast alle in die christliche Gemeinschaft eingebunden und somit nahm auch die Gemeinde von ihr Abschied. An Lieses Beerdigung spielte das örtliche Blasorchester und die Menschen des Ortes trugen Liese zu Ehren ihre traditionelle Festkleidung. In dem Gasthaus wurde gemeinsam der Leichenschmaus abgehalten. Es wurde erst zögerlich, dann freier und fröhlicher gegessen, getrunken und gesprochen. Lieses Familie wurde von der Gemeinde gut beobachtet. Es gab einen genauen Plan, wer die Familie in den nächsten Monaten wann besuchte. Im ersten halben Jahr war Lieses Tochter nur dann allein, wenn sie es ausdrücklich wünschte.

Begleitende Worte:

Eine Beerdigungsfeier stellt diejenigen, die Abschied nehmen müssen, und diejenigen, die die Feier gestalten sollen, vor tatsächliche Herausforderungen. Zu viele abgedroschene Worte und zu viele lapidare Gesten ergeben genau die Abschiedsfeiern, an denen man wie an einem unwillkommenen Pflichtprogramm teilnimmt und unzufrieden zurückbleibt. Wir sind erschüttert, wenn wir von dem Tod eines Menschen hören, den wir gekannt haben. Und wir sind nicht minder erschüttert, wenn wir anlässlich seiner Beerdigung seinen Sarg betrachten. Dabei wird uns unsere eigene Sterblichkeit schmerzlich und schrecklich bewusst. Und in vielen Fällen gehen wir nach einer Beerdigung nach Hause und empfinden neben unserer Traurigkeit einen schalen Nachgeschmack, wenn wir an ihre Gestaltung denken.

Die kleinen konfessionellen Gemeinschaften, die das Wissen, wie ein Abschied zelebriert werden kann, bewahrt haben, existieren – zumindest in den Großstädten – kaum noch. Ausnahmen bilden religiöse Gemeinschaften der ausländischen Bevölkerung. In diesen Gemeinschaften finden anonyme Bestattungen kaum statt. Es stehen im Gegenteil viele Menschen zur Verfügung, wenn ein Abschied gestaltet werden soll. Abschied ist schwer, und jeder weiß, wie viel schwerer er zu ertragen ist, wenn man allein mit ihm konfrontiert ist.

Neue und alte Formen einer Abschiedsfeier müssen erst entwickelt und mit Sinn gefüllt werden, damit eine heilsame Erinnerung für die Lebenden entstehen kann. Da die Zahl der Todesfälle insgesamt annähernd gleich bleibt, werden quantitativ wohl kaum noch mehr BestatterInnen benötigt. Für eine qualitative Veränderung jedoch scheint die Zeit allmählich reif, und Ansätze, die Hemmschwellen im Kontakt mit BestatterInnen abzubauen, gibt es bereits. Das ist dringend notwendig. Bestattungsinstitute spielen in dem Gesamtzusammenspiel des Sterbens eine zwar kleine, aber wichtige Rolle: sie sollen die räumliche Abtrennung zwischen den Verstorbenen und den Lebenden gewährleisten und bei der Gestaltung die größtmögliche Unterstützung geben. Dass die Gestaltung zumindest die Basis für einen heilsamen Trauerprozess bilden kann, ist nachvollziehbar.

Ratschläge für die Beerdigung:

- Raten Sie von Abschied Betroffenen dazu, mehrere BestatterInnen zu kontaktieren. Das Angebot und die Informationen sind im Sinne der Entwicklung überzeugender Bestattungsriten zu verstehen. Raten Sie Betroffenen auch, sich dem Bestattungsinstitut zuzuwenden, das bereitwillig auf Wünsche und neue Sichtweisen einzugehen vermag.
- Setzen Sie sich mit BestatterInnen in Ihrem Umkreis zusammen. Haben Sie den Mut dazu, auch ohne dass sich ein konkret werdender Abschied abzeichnet. Im Bestattungswesen arbeiten Menschen wie wir alle, mit normalem Humor und den Fragen ans Leben, die wir auch stellen.
- Stellen Sie eine Liste an Fragen zusammen, die Sie den BestatterInnen stellen wollen.

- Fragen Sie diese nach ihrer Haltung dem Sterben und dem Abschied gegenüber.
- Sprechen Sie mit BestatterInnen durch, welche Möglichkeit Sie haben, an einer Trauerfeier etwas selbst zu gestalten.
- Thematisieren Sie Ihre eigene Hemmung und Ihre Kritik an der modernen Bestattungskultur. Besprechen Sie Ihre Gedanken mit Bestattern. Nur auf diesem Wege werden sich bestehende Strukturen und Bräuche verändern.
- Suchen Sie Kontakt zu PastorInnen und Pfarrern in Ihrer Umgebung. Fragen Sie Ihr Gegenüber, welche Bestattungszeremonien sie befürworten und/oder gestalten. Bemühen Sie sich, Ihre eigenen Gedanken und die Ihres Gegenübers weiter zu entwickeln.
- Fragen Sie auch die KirchenvertreterInnen, welche Möglichkeiten Sie haben, Teile einer Abschiedsfeier selbst zu gestalten.
- Besuchen Sie das örtliche Friedhofsamt. Stellen Sie Ihre Fragen und Gedanken den dortigen MitarbeiterInnen vor. Möglicherweise finden sich gemeinsam neue Wege, auch wenn die Gesetzgebung auf den ersten Blick enge Vorgaben macht.
- Kommen Sie ins Gespräch mit Steinmetzen in Ihrer Nähe. Möglicherweise finden Sie auch dort das Bemühen um neue und andere Gestaltungsformen im Bestattungswesen.
- Überprüfen Sie, ob Sie in Ihrem Gegenüber einen Menschen gefunden haben, der bereit ist, neue, sinnvollere Formen und damit einen erkennbaren Sinn zu entwickeln.
- Besuchen Sie völkerkundliche Museen in Ihrer Umgebung. Welche Bräuche haben Menschen vor uns entwickelt, um den Abschied zu gestalten? Welche Formen könnten Sie sich in einer modernen Umsetzung vorstellen?
- Besuchen Sie das Museum für Sepulkralkultur (Museum für Bestattungskultur) in Kassel. In vielfältigen wechselnden Ausstellungen wird dem Thema Tod ein bedeutender Platz eingeräumt. Die ständige Ausstellung über Bräuche angesichts des Sterbens und der Beerdigung kann durchaus hilfreiche und sinnvolle Anregungen für heutige Gestaltungsmöglichkeiten geben. Das Museum ist dafür einzigartig in der Welt.
- Lesen Sie das Buch von Andrea Nagl: »Trauerfeiern ohne Kirche«. Entwickeln Sie die Gedanken weiter.

Allgemeine gesellschaftliche Jahresfeste

Der Tod hat keinen Kalender.
Deutsches Sprichwort

Der Frühling bringt Blumen,
der Sommer bringt Klee,
der Herbst, der bringt Trauben,
der Winter den Schnee.
Volksweise

Geschichte von Clara

Clara war erst sechs Jahre alt, als sie starb. Sie lag im Familiengrab neben Großeltern und Urgroßeltern. Clara hatte noch zwei jüngere Geschwister. Als Weihnachten das erste Mal nahte, wurde die Stimmung immer drückender. »Während ich damit beschäftigt war, meinen beiden Kindern Geschenke zu machen, fiel mir immer wieder ein, worüber Clara sich freuen würde. Die aber würde an dem Fest nicht da sein«, sagte ihre Mutter. Erst als sie den Mut entwickelte, dem verstorbenen Kind ebenso von Herzen ein Geschenk zu machen, wie den lebenden Kindern, sah sie dem Fest hoffnungsfroher entgegen. Sie entschied sich für eine Engelstatue, die sie auf eine Art kleinen Altar stellte, der für Clara gestaltet war. »Dieser Engel gehört der Verstorbenen. Die Lebenden passen nur darauf auf«, sagte Claras Schwester dazu. Gleichzeitig entwickelte sich am Weihnachtstag ein weiterer Familienbrauch: Am Nachmittag, wenn alles dunkel zu werden beginnt, geht die Familie mit einer Tasche voller Grablichter zum Friedhof. Dort wird dann der Adventskranz, der die Familie in den letzten Wochen begleitet hat, auf das Grab von Clara gelegt. Die anderen Grablichter werden von den Kindern und den Eltern angezündet und auf die Gräber gestellt, die sehr verlassen aussehen. Wenn die Tasche leer ist, ist ein Teil des Friedhofes hell geworden.

Begleitende Worte:

Jahresfeste bedeuten für Trauernde eine schwere Aufgabe. Alle Versuche, »nicht daran zu denken« oder sich abzulenken, schlagen fehl. Schlussendlich bleibt nur noch die tiefe Hoffnung, dieser Tag möge endlich vorbei sein. Erschwert wird ein solches Jahresfest besonders dann, wenn die Aufmerksamkeit der gesamten Öffentlichkeit auf dieses gerichtet ist. Trauernde vermissen die vergangene, schöne Zeit der Gemeinsamkeit an einem solchen Tag. Wehmut stellt sich ein. Ähnlich geht es alten Menschen in unserer Gesellschaft, die die alten Zeiten vermissen, in denen sie in eine Gemeinschaft eingebunden waren.

Jahresfeste so zu gestalten, dass das Fehlen des Verstorbenen nicht unentwegt spürbar ist, bedeutet, ihn innerlich an dem Fest teilhaben zu lassen und eine andere Dimension einzubeziehen. Fast alle Menschen sprechen mit ihren Verstorbenen. Es ist durchaus möglich, dieses Miteinander ernst zu nehmen und damit die Welt, in der die Verstorbenen leben, nicht minder. In früheren Zeiten wurde selbstverständlich von der anderen Welt, der »Anderswelt« gesprochen. Diese Welt wurde geachtet, gefürchtet und in das tägliche Leben einbezogen.

Ratschläge für die rituelle Gestaltung von allgemeinen Jahresfesten:

- Sprechen Sie Trauernde an und fragen Sie diese, wie sie mit dem kommenden Fest umgehen.
- Regen Sie Trauernde an, über den Menschen, den sie vermissen, zu sprechen.
- Haben Sie keine Hemmungen, den Namen des Menschen auszusprechen, den Sie vermissen. Tun Sie dies immer, wenn Wehmut in Ihnen aufsteigt und Sie den Verlust des lieben Menschen besonders stark spüren.
- Sollten Sie eine Ansprache an dem Jahresfest halten, sprechen Sie aus, dass ein Mensch fehlt und was geschehen ist.
- Gestalten Sie in Ihrem Wohnbereich einen Platz für die Verstorbenen. Schmücken Sie diesen an Festtagen und dem Ereignis entsprechend.
- Bringen Sie einen Teil des Festessens zum Friedhof oder decken Sie den Platz der verstorbenen Person an der Festtafel mit.
- Besorgen Sie etwas, was der verstorbene Mensch gern gegessen hat. Bringen Sie es auf den Friedhof. Möglicherweise teilen Sie es auf und geben einen Teil den Lebenden, einen Teil der verstorbenen Person. Sollten Menschen in Ihrer Umgebung verständnislos darauf reagieren, machen Sie sich – und den Menschen in Ihrer Umgebung – klar, dass das in anderen Kulturen vollkommen üblich ist.
- Erlauben Sie sich, der verstorbenen Person ein Geschenk zu machen, wobei Sie auf es aufpassen. Sollten Sie ihr z. B. einen Ring zum Geschenk machen, bleibt dieser Ring bei Ihnen, und Sie werden ihn im Andenken an den verstorbenen Menschen tragen.
- Nehmen Sie die Geschichte von Clara zum Anlass, eigene Gestaltungsmöglichkeiten bei Jahresfesten zu finden, die der verstorbenen Person und Ihnen selbst entsprechen.

Individuelle (ereignisbezogene) Jahresfeste

Das Leben ist wie ein Schachspiel.
Jeder Mensch hat einen
bestimmten Platz und eine
Aufgabe, aber den Weg
zum Ziel muss man
ganz individuell beschreiten.
© Frank Dommenz

Auf dem Grabstein nur Geburtstag,
Todestag, Name.
Kein Wort von Glück oder
Unglück. Zählt nur noch das
Gewesensein?
© Peter E. Schumacher

Geschichte von Ines

Ines' Mutter war gerade vor einem Jahr gestorben. Ines hatte sie bis zum Schluss begleitet. Jetzt war ihr Tod bald genau ein Jahr her. Ines stand vor diesem wichtigen Ereignis und wusste nicht, was sie tun sollte, bis sich in der Trauergruppe endlich eine Idee entwickelte. Ines traf alle Vorbereitungen. Beim Treffen der Gruppe am Todestag von Ines' Mutter fand nun folgendes Ritual statt: Ines stellte Kerzen im Raum auf, sodass er in warmes Licht getaucht war. In der Mitte des Raumes stellte sie ein Bild von ihrer Mutter auf, dazu einen großen Pralinenkasten und ein Kuchenpaket. Ines las laut die zwölf Sätze vor, die sie jeweils einem Monat des vergangenen Trauerjahres gewidmet hatte. Die anderen Anwesenden blickten in das Kerzenlicht und hörten Ines' Sätzen, den Beschreibungen ihres Trauerprozesses, zu. Als Abschluss spielte Ines ein Musikstück vor, welches sie für ihre Mutter ausgesucht hatte und die Gruppe aß gemeinsam Pralinen und Kuchen. Nach diesem Ritual, bei dem Ines mit anderen Trauernden ihre Sichtweise des vergangenen Jahres geteilt hatte, blickte sie hoffnungsvoll in die Zukunft. Ines brauchte die Trauergruppe ab diesem Zeitpunkt nicht mehr.

1. Monat: Du liegst im Sterben, und ich gebe dir alles, was ich kann, damit du friedvoll gehen kannst.
Ich leide mit dir.

2. Monat: Ich erinnere mich so genau an alles und bin traurig und krank und allein und versuche, meinen Alltag zu bewältigen.
Ich vermisse dich.

3. Monat: Das Leben geht weiter und alles ist so anders ohne dich – auch wenn du mir immer wieder nah bist.
Ich bin dir nah.

4. Monat: Ich frage mich, wo du bist und fühle Verzweiflung, wenn ich an die vielen ungenutzt verstrichenen Momente und die ungesagten Worte denke.
Ich bin verzweifelt.

5. Monat: *Unsere Familie bröckelt auseinander, und ich erkenne, dass es die von dir gewünschte Harmonie nicht gibt.*
Ich bin traurig.

6. Monat: *Ich habe noch nicht begriffen, was wirklich los ist, und ich bin wütend darüber, dass du schon gegangen bist.*
Ich bin wütend auf dich.

7. Monat: *Ich bin so erschöpft und unleidlich mit mir und den anderen, weil meine Trauer im Alltag zu wenig Platz hat und ich sie nicht mit meiner Familie teilen kann.*
Ich fühle mich verlassen von dir.

8. Monat: *Es zeichnet sich ab, dass unser Haus verkauft wird und ich fühle Abschied auf der ganzen Linie.*
Alles ist im Wandel.

9. Monat: *Ich habe jetzt begriffen, dass du gegangen bist und dich irgendwo anders aufhältst.*
Du bist woanders.

10. Monat: *Ich versuche in mir Ordnung zu schaffen und sehe, dass nichts so ist, wie es einmal war, und ich habe Zukunftsangst, weil ich meine eigene Endlichkeit begreife.*
Ich bin endlich.

11. Monat: *Du hast Geburtstag, und ich besuche dich am Grab und hoffe, dass es dir gut geht.*
Ich liebe dich, Mama.

12. Monat: *Ich weiß jetzt, dass du gut aufgehoben bist dort, wo du bist, und du wohnst gleichzeitig in mir.*
Du bist in mir.

Ich möchte leben und will dich gehen lassen, damit wir beide in Harmonie miteinander sein können.
Ich liebe dein Lachen, deine Stimme und deine Hände, deinen Frohsinn, deinen Klang und deine Verbundenheit.

Geschichte von Beate

Beate hatte vor gut 20 Jahren einen Schwangerschaftsabbruch hinter sich gebracht. Sie war auf die gleiche Weise in diese Schwangerschaft hineingeraten, wie viele junge Frauen. Sie wollte noch kein Kind. Sie wollte zuerst ihre Ausbildung beenden und einen geeigneten Partner finden, um dann eine Familie zu gründen. Anfangs machte sich Beate keine Gedanken um den Abbruch, er wurde erst später ein Problem für sie. Als Beate vierzig Jahre alt wurde, wusste sie, dass sie nie eigene Kinder haben würde und das einzige Kind, dass jemals hätte kommen können, durch den Abbruch keine Chance zum Leben bekommen hatte. In den nächsten zwei Jahren dachte Beate immer öfter an ihr Kind, und sie malte sich aus, wie es ausgesehen hätte. Beate war sich sicher, dass es ein Mädchen gewesen wäre. Als Beate einige Zeit danach Schlafstörungen entwickelte, ging sie in eine Trauergruppe. Obwohl die anderen zunächst etwas skeptisch Beates Geschichte anhörten, wusste doch jede anwesende Frau, dass sie sich selbst schon in vergleichbarer Sorge um eine Schwangerschaft befunden hatte. Möglicherweise war es allein Glück gewesen, das sie selbst vor einem Abbruch bewahrt hatte. Und nun jährte sich der Tag des Abbruchs zum 21. Male. Bislang hatte sie den Jahrestag verlebt, wie jeden anderen Tag auch. Doch nun, als sie von dem Abbruch gesprochen hatte und sich in einer Gemeinschaft befand, bot sich für Beate die Möglichkeit, aus diesem Tag etwas Besonderes zu gestalten.

Beate hatte einiges vorbereitet, als sie an dem sich jährenden Ereignis in die Gruppe kam. Beate zündete eine Kerze an. Sie hatte die Kerze mit Mustern und Ornamenten verziert und mit farbigem Wachs dekoriert. Dazu hatte sie ein Geschenk für ihr ungeborenes Kind mitgebracht und einen Brief, den sie im Laufe einiger Tage an ihr Kind geschrieben hatte. Beate schluchzte tief, als sie den Brief vorlas. Von Schuld und der Bitte um Verzeihung war darin die Rede, ebenso wie von der Traurigkeit, ihr Kind nie gesehen und sein Erwachsenwerden versäumt zu haben. Beate sagte, sie habe in allen Jahren gewusst, dass es falsch ist, zu sagen: »Man solle es doch vergessen. Wie kann man vergessen, was die ganze Zeit vorhanden ist?«, fragt Beate sich heute.

Begleitende Worte:

Gängige Ratschläge in Zeiten schwerwiegender Lebenseinschnitte meinen, Betroffene sollen ganz einfach »akzeptieren«, was geschehen ist. In den meisten Fällen wird gleichzeitig dazu geraten, den Alltag wieder aufzunehmen und nicht mehr daran zu denken, was sich ereignet hat. Dadurch wird die Situation aber geradezu absurd: Wie kann ich etwas vergessen, was sich derart in meine Erinnerung eingebrannt hat und was sowieso fortwährend präsent ist? Dass aus dem puren Versuch zu vergessen schwere Störungen entstehen können, ist die – eigentlich logische – Folge dieser nur gut gemeinten Ratschläge.

Todestage als wichtige Gedenktage innerhalb des Jahres rufen bei Trauernden alle vergangenen Ereignisse noch einmal sehr lebendig in Erinnerung. Dieser Tag und die Vergangenheit können nicht einfach vergessen werden. Einen Todestag dann zu gestalten und mit

der rituellen Gestaltung einen zukünftigen Frieden schaffen zu können, ist eine Aufgabe, die viel Fantasie benötigt. Rituale sollten eben nicht routinemäßig und massenkompatibel gestaltet sein, sondern vielmehr der individuellen Situation angepasst werden.
Eine individuelle Begleitung einer Trauerzeit bedeutet, die persönlichen, wie auch die jahreszeitlichen Feste der Situation angepasst zu gestalten. Dazu ist der Verlauf des Trauerjahres von großer Bedeutung. Während manchen der November in ihren Erinnerungen als besonders schmerzlich erscheint, ist es für andere die Zeit der Mohnblüte und der kraftvoll blühenden Natur.
Inspirationen zur Gestaltung von Jahrestagen sind auch Aufgabe der Umgebung von Trauernden. Ein Ritual benötigt eine Gemeinschaft, die das Geschehen miterlebt. Ein Verschweigen dessen, was Trauernden vor Augen steht, kann nur eine schlechte Lösung sein (siehe auch das Kapitel »Von Würde, Frieden, Heilung und Verzeihen«).

Ratschläge für die rituelle Gestaltung individueller Jahrestage:

- Sollten Sie Trauergruppen leiten oder sich in einer Trauergruppe befinden, regen Sie an, Todestage besonders zu gestalten.
- Sprechen Sie Trauernde auf ihre bedeutenden Tage des Jahres an. Fragen Sie diese, was sie an einem bestimmten, wichtigen Tag tun werden. Wenn diese nichts Besonderes finden können, was sie an dem Tag vorhaben, unterstützen Sie sie dabei, etwas zu finden. Entwickeln Sie gemeinsam mit ihnen Ideen dafür.
- Unterstützen Sie Betroffene dabei, andere in der Umgebung zu finden, die sich beteiligen oder anwesend sein wollen. Sollten Betroffene diesen Tag allein für sich verleben wollen, achten Sie auch dieses.
- Bitten Sie Betroffene selbst etwas für den Tag vorzubereiten. Das kann ein Essen sein, das kann auch die Verabredung zu einem Konzertbesuch sein. Jede Gestaltung eines besonderen Tages benötigt Vorbereitungen, damit eine besondere Stimmung entstehen kann.
- Es kann sinnvoll sein, offen und ehrlich etwas an die Verstorbenen Gerichtetes auszusprechen. Auch ein Gedicht, das zu der Situation passt, oder eine Geschichte oder ein Märchen, das vorgelesen wird, kann den Zweck erfüllen.
- Beachten Sie die Kriterien für ein Ritual bei der Planung und Durchführung.

■ Wenn Sie selbst einen Jahrestag anlässlich des Abschieds gestalten wollen, gelten alle Ratschläge auch für Sie. D.h. finden Sie Gleichgesinnte, die Ihnen Unterstützung geben wollen, und bereiten Sie selbst etwas Besonderes vor.

Rituale, um Trauernde in die Gemeinschaft einzubinden

Immer soll der Mensch sich um Gemeinschaft mit anderen bemühen.
Babylonischer Talmud

Heimat ist nicht der Ort, sondern die Gemeinschaft der Gefühle.
Unbekannt

Geschichte von Christine
Christine war seit zehn Jahren mit ihrem Mann Gerhard verheiratet. Sie hatten ihre beiden Kinder mit aller Hingabe und Fürsorge gemeinsam versorgt. Das einzige Problem in ihrer beider Liebe war Gerhards Neigung zu alkoholischen Exzessen; alle paar Wochen war Gerhard für ein Wochenende sozusagen untergetaucht und für niemanden aus der Familie ansprechbar. Dann gab er sich seinen Rauschzuständen hin. Gerhard starb daran, dass er in einem Alkoholrausch mit einer brennenden Zigarette einschlief und an dem nachfolgenden Schwelbrand erstickte. Christine fand ihn in seinem Kellerraum. So kam zu ihrem Schock über den Tod die Sorge um eine zusätzliche Stigmatisierung hinzu. Christine arbeitete als Lehrerin in einer Gesamtschule, ihre Kinder waren gerade eingeschult worden, als ihr Vater starb. Weder die Kollegen von Christine, noch die Eltern der Klassengemeinschaft wussten, wie sie auf diese Situation reagieren sollten. Dass sie es aber tun mussten, ahnten alle Erwachsenen in der Umgebung sehr wohl.
Nach einigem Nachdenken entstand in der Elternschaft die Idee, Christine gemeinsam mit allen Eltern der betroffenen Klassengemeinschaften einzuladen, um ihr Trost und Unterstützung zu geben. Vor diesem gemeinsamen Abend waren alle sehr aufgeregt. Um dieser Hürde besser begegnen zu können, wurde eine Sterbeamme gebeten, dem Abend und dem Gespräch inhaltliche Richtung und Anleitung zu geben. Es ist unüblich, in Gemeinschaften mit Trauernden zu sprechen, und es ist ebenso unüblich, den Tod in den Mittelpunkt einer Zusammenkunft zu stellen.

Alle Eltern und die Kollegen von Christine, die an diesem Abend teilnehmen wollten, hatten Blumen mitgebracht. Einige der Eltern hatten Kekse und Tee beigesteuert und Kerzen in der Mitte des Raumes aufgestellt. In einer großen Vase in der Mitte wurden alle Blumen gesammelt, die mitgebracht worden waren. Beim gemeinsamen Gespräch wurden Probleme deutlich, die für alle Gemeinschaften in unserer modernen Zeit bestehen: Wir alle haben Hemmungen, mit ehrlichem Herzen auf einen Menschen zuzugehen, der eine schwere Zeit durchmacht. Als Christine gefragt wurde, welches Zugehen sie sich von anderen Menschen in ihrer Situation wünscht, antwortete sie: »Ich möchte, dass alle ganz normal mit mir umgehen!« Das allerdings ist ein Dilemma, denn in einer akuten Trauersituation ist nichts normal. Christine benötigte Zeit, um zu erkennen, dass sie trotz aller Normalität sich in einem Zustand des Umbruchs und der unabänderlichen Tatsache des Abschieds befand. Christine sah ein, dass es ihrer Umgebung ausgesprochen schwer fiel, sich ihr zu nähern und sich »ganz normal« zu geben. Für Christines Bekannte und Freunde in dieser Runde allerdings war die Gemeinsamkeit eine große Erleichterung, denn sie konnten aussprechen, was sie sich vorher nicht getraut hatten; sie konnten sagen, wie sprachlos, wie fassungslos sie waren. Christine wurde versichert, dass sie Unterstützung bekommen würde. Es wurde z. B. ein Fahrdienst organisiert, der die Kinder in ihrer Freizeit zu Freunden brachte und wieder abholte. Diese pragmatische Hilfe war für Christines neuen Alltag ausgesprochen entlastend. Die Elternschaft ihrerseits war beruhigt, dass sie in diesem Trauerfall unterstützen konnte. Christine nahm am Ende des Abends den großen Blumenstrauß mit sich, den alle gemeinsam für sie zusammengetragen hatten.
Aus diesem Abend wurden mehrere. Die Gruppe traf sich nach einigen Monaten erneut, um eine Entwicklung erkennen zu können und gemeinsam zu erkunden, welche Unterstützung weiterhin notwendig war.

Begleitende Worte:
Für eine heilsame Begleitung Trauernder fehlt es oft an offener, einfühlsamer und handlungsfähiger Unterstützung. In vielen Fällen geschieht das Gegenteil: Weil wir unsicher sind, wie wir auf Trauernde zugehen können, ziehen wir uns von ihnen zurück. Gleichzeitig beschäftigt das Thema Tod unsere Gedankenwelt sehr. Daraus kann jene unselige Gerüchteküche entstehen, die im Handumdrehen erklärt, weshalb ein Mensch gestorben ist, und die ebenso leichtfertig die Zusammenhänge und Problematiken von Familienstrukturen festlegt. Simple Erklärungsmuster werden besonders schnell festgelegt, wenn die Todesursache ungewöhnlich oder

besonders erschreckend ist. Wie leichtfertig in solchen Momenten Urteile abgegeben werden, weiß jeder, der in seinem Umkreis mit einem Suizid oder einem Gewaltverbrechen konfrontiert wurde. Wir haben dringenden Erklärungsbedarf und wenn dieser nicht so leicht befriedigt wird, greifen wir schnell zu Schemata. Möglicherweise üben Seifenopern und Familiensagen ganz einfach deshalb einen so großen Reiz auf Zuschauer aus, weil in allen Feinheiten nachvollzogen werden kann, wie Entscheidungen auf den unterschiedlichsten Lebenswegen gefällt werden.

Es ist nicht die Regel, sich den Fragen angesichts des Mysteriums des Todes gemeinschaftlich zu stellen. Es mag ungewöhnlich scheinen, wenn Trauernde sich Gemeinschaften zu stellen vermögen – den Fragen müssen sich die Betroffenen in jedem Fall stellen. Heilsam sind entsprechende Treffen in jedem Fall. Trauernde können so sehr viel schneller und sanfter in die Gemeinschaft eingebunden werden und die Umgebung Trauernder kann aus ihrer eigenen Sprachlosigkeit und Starre erlöst werden.

Bei den Navajo in Arizona gibt es einen Brauch, der uns allen zu denken geben sollte. Dieses Ritual wird auch heute noch praktiziert und hat alle Verfolgung und Reservationen der Jahrhunderte überlebt. Trauernde werden eine gewisse Zeit nach der Beerdigung in die Mitte der Gemeinschaft geholt, und alle singen für sie. Bei den Gesängen geht es darum, ihnen wiederholt zu bestätigen, dass sie zu den Lebenden und zu der Gemeinschaft gehören. In den einzelnen Strophen werden alle nur möglichen Alltagshandlungen benannt, und im Refrain wird beteuert, dass die Trauernden unabkömmlicher Teil der Gemeinschaft in ihrem Alltag sind. Stellen wir uns nur einmal vor, wie es wäre, wenn Trauernde in unserer Gesellschaft von allen in ihrer Umgebung ehrlich und nachdrücklich aufgefordert würden, am gemeinsamen Einkauf, auf dem Jahrmarkt und beim abendlichen Ausgehen teilzunehmen. Meist zeigt sich unser Umgang mit Trauernden doch so, dass diese, wenn sie sich den schweren Fragen des Lebens und des Abschieds stellen wollen, entweder einen Priester oder Psychologen aufsuchen oder irgendwann in einer Trauergruppe mit Gleichgesinnten sprechen. Trauernde haben nun einmal das besondere Problem, dass sie alle Lebenden mit der konkreten Endlichkeit konfrontieren. Dass die Gesellschaft dem ausweicht, erleben wir alle täglich.

Rituale, die von einer bestehenden Gemeinschaft initiiert werden, können den Betroffenen und allen in ihrer Umgebung die beste

Integration überhaupt ermöglichen. Das Besondere und Notwendige ist dabei, dass Tod und Schmerz offen angesprochen werden und somit entgegen aller Alltagsnormalität Tabus gebrochen werden.

Heilsam sind entsprechende Rituale nicht nur für die Trauernden, die sich in ihrer Folge als den anderen zugehörig sehen. Auch die Gesellschaft, stellt sie sich den großen Fragen des Sterbens und damit der Sinnfrage des Lebens, kann auf diese Weise Heilung erfahren. Eine Verdrängung der Sinnfragen erfordert nicht nur erheblichen Energieaufwand, sondern fördert letztlich auch die Entwicklung einer zunehmenden Hohlheit und Oberflächlichkeit der ganzen Gesellschaft. Dass die Verdrängung letztlich zu Angst und Krankheiten führen kann, ist leicht nachzuvollziehen. Weitere Hinweise für einen heilsamen Umgang mit Trauernden finden Sie auch in dem Buch »Trauerheilung – ein Wegbegleiter« (Claudia Cardinal, Patmos Verlag 2002).

Ratschläge für die Einbindung Trauernder in die Gemeinschaft:

- Gehen Sie auf Trauernde zu. Sprechen Sie diese an.
- Zeigen Sie Verständnis, ohne so zu tun, als wüssten Sie genau, wie es den Betreffenden geht. Jede Trauer ist einzigartig.
- Haben Sie keine Hemmung Trauernde auch unterwegs im Alltag nach Ihrem Befinden zu fragen. Bitten Sie Trauernde Anteil am ganz normalen Alltag zu nehmen. Bitten Sie Trauernde, mit auf Feste zu kommen, mit ins Theater zu gehen und gemeinsam einzukaufen. Trauernde sind normale Menschen mit normalen Bedürfnissen.
- Finden Sie andere Menschen in der Umgebung der Trauernden und planen Sie mit ihnen gemeinsam, wie Sie die Trauernden unterstützen können.
    - Überlegen Sie, wie es möglich ist, die Trauernden in die Gemeinschaft zu reintegrieren. Laden Sie Trauernde zu Festen ein, bitten Sie Trauernde, dafür etwas mitzubringen.
- Wenn Sie Schwierigkeiten haben, Ideen für eine Gestaltung zu finden, besprechen Sie sich mit anderen. Gegebenenfalls kann Ihnen eine Sterbeamme/ein Sterbegefährte in Ihrem Umkreis Unterstützung geben.
- Informieren Sie sich in Büchern über Rituale und Festgestaltungen.

Die Symbolsprache von Sterbenden und Trauernden

Dass hinter dem Symbol Strukturen stecken, muss nicht heißen, dass hinter diesen nicht wieder Symbole stecken …
© Dr. Hanspeter Rings

Schließlich, und endlich: was vermisse ich unter meinen Mitmenschen am meisten: Wirkliche, wirkliche Fantasie.
Christian Morgenstern

Die Realität ist immer noch schräger als alle Fiktion.
Doris Dörrie

Fantasie ist etwas, was sich manche Leute gar nicht vorstellen können.
Gabriel Laub

Unsere Köpfe sind wie eine magische Laterne, in der ein Unbekannter ständig kleine Bilder wechselt.
Stanislaw Brzozowski

Die Frage

In einer Unterrichtsstunde erzählte Sabine von Eindrücken, die sie in den letzten Wochen hatte und die sie sehr beschäftigt hatten. Sie hatte auf der Pflegestation erlebt, wie ein junger Mann im Sterben lag und in den letzten Tagen immer wieder von seltsamen Dingen berichtete. Er sprach mit Unsichtbaren. Seine Mimik in diesen Tagen war so lebhaft, dass Sabine den Kopf schüttelte. Gleichzeitig erlebte sie in diesen Tagen, wie ihre Tochter, die an Masern erkrankt war, in ihren Fieberträumen Angst hatte und immer wieder von Verfolgern bedrängt wurde. Sabine fragte sich, was es mit diesen seltsamen Erlebnissen auf sich haben könnte. »Die reden von Dingen, die ich nicht sehe, so sehr ich mich auch bemühen würde. Es ist, als ob sie in einem Kinofilm mitspielen, und ich kann mir den Film noch nicht einmal ansehen. Das verwirrt mich sehr, und ich weiß nicht, wie ich darauf reagieren soll.«

Die Antwort

Es handelt sich um die Sprache von Menschen, die sich in einer anderen Realität befinden. Und diese Realitätsebenen sind so vielfältig, dass unsere Fantasie kaum ausreicht, uns auszudenken, was alles passieren kann. Dennoch will ich den Versuch machen, eine Systematik in die »Bildersprache« von Sterbenden zu bringen.

Aus unserer Alltagssprache heraus ist die Ausdrucksweise von Menschen, die verwirrt erscheinen, nur sehr schwer zu begreifen. Menschen, die in unseren Augen durcheinander sind, sehen offensichtlich Dinge, die für uns unsichtbar bleiben. Gleichzeitig verwenden sie statt unserer normalen analytischen Alltagssprache Bilder, um ihren Zustand oder das, was mit ihnen gerade geschieht, mitzuteilen. Anscheinend befinden sich diese Menschen auf einer anderen Wahrnehmungsebene als wir.
Eine Annäherung an das, was in einem so bezeichneten Verwirrtheitszustand geschieht, kann darüber geschehen, dass wir uns an einen Traum erinnern, den wir in der Nacht hatten. Es kann geschehen, dass uns den ganzen Tag über immer wieder einzelne Bilder davon in den Kopf kommen. Diese Bilder können entweder gute oder ungute Gefühle in uns wachrufen, wie die, die wir in der Nacht intensiv durchlebt haben. Ob dann das, was nachts geschah, der Wahrheit entspricht? Möglicherweise ist alles das, was wir nachts erlebten, ebenso wahr, wie das, was wir in unserem Alltag als Wahrheit bezeichnen. Wir wissen alle, dass ein Traum, auch wenn dieser nur als »eingebildet« gilt, uns kräftig Angst einjagen und dabei reale körperliche Reaktionen hervorrufen kann. Was wahr ist und was nicht, ist sichtlich eine Frage des Standpunkts.
Auf der Ebene des symbolhaften, bildlichen Ausdrucks bewegen sich häufig in ihren Aussagen:

- Sterbende
- Nahestehende, die Abschied nehmen müssen
- Trauernde
- Demente
- Geistig Behinderte
- Sonstige »Verwirrte«, also auch Menschen, die fiebern
- Menschen unter Drogeneinfluss
- Kinder
- Träumende
- Künstler
- Spontane Bilder und Zeichnungen
- Märchen, Mythologien, Legenden

In Medizin und Psychologie wird die Metapher-Sprache von sterbenden Menschen üblicherweise damit erklärt, dass im Gehirn Sauerstoffmangel bestehe. Dadurch sollen veränderte Bewusstseinszustände entstehen. Allerdings ist in den Phasen, in denen die

Kranken halluzinieren, noch gar kein Sauerstoffmangel vorhanden. Ein Mangel an Sauerstoff setzt erst in der Phase des Sterbens ein, in der auch der Kreislauf versagt und sich die Durchblutungstätigkeit des Gehirns einstellt. Das ist bei einer ausgeprägten Cerebralsklerose (Arterienverkalkung des Gehirns) und auch bei der degenerativen Alzheimer-Erkrankung anders. Hier sind die Betreffenden zwar offenkundig verwirrt und haben einen nachweisbaren Sauerstoffmangel im Gehirnstoffwechsel, sie erleben jedoch keineswegs die lebhaften und bewegten Geschichten, von denen in Sterbephasen und Fieberträumen berichtet wird. Auch bei Fieberzuständen wird in der Medizin eine Erklärung gegeben: Im Fieber werde durch den erhöhten Stoffwechsel, der mit vermehrter Durchblutung einhergehe, eine Stoffwechselverschlackung ausgelöst. In den Fällen, in denen Kranke sichtlich Welten erleben, die unserer normalen Alltagswelt verschlossen bleiben, soll demnach einmal Sauerstoffmangel durch Durchblutungsmangel, einmal Sauerstoffüberschuss/Schlackenüberschuss durch Durchblutungsvermehrung die Ursache sein. Es ist kaum zu übersehen, dass hier Theorienbildung vor jedem Beweis steht und die Wissenschaft noch lange herumrätseln wird, was es mit diesen »Wahrnehmungen« auf sich haben könnte.
Sterbende und Fiebernde berichten von etwas, dass nur sie selbst sehen und erleben (können). Stellen wir uns vor, jemand berichtet uns aus einem Land, das wir nie gesehen haben und von dem wir selbst nur eine vage Vorstellung besitzen. So unvorstellbar die Reiseberichte auch sein mögen, sie handeln von erlebten Situationen. Den Weltreisenden der Vergangenheit wird es nicht anders ergangen ist, wenn sie wieder in ihrer Heimat ankamen: Ihre Berichte von Südseeinseln, von kreischenden Affen, von türkisfarbenen brausenden Seen und armdicken rot und grün gemusterten Schlangen werden bei der Zuhörerschaft auf ungläubiges Staunen gestoßen sein. Was wäre, wenn das, was Sterbende, Fiebernde und andere, scheinbar verwirrte Menschen berichten, ebenso wahr ist, wie das, was wir selbst als wahr ansehen? Dann handelte es sich um zwei verschiedene Ebenen der Wahrnehmung, die parallel existieren können und dürfen. Dann wäre auch Schluss damit, sich um einzig bestehende Wahrheiten Gedanken machen zu müssen, und wir könnten das, was Sterbende und Fiebernde uns erzählen, wie Berichte aus anderen Welten aufnehmen, anstatt es abzuwehren. Das eine ist die Ebene der Fakten, wie sie uns täglich in Nachrich-

tenmagazinen begegnet. Auf dieser Ebene bewegen wir uns sicher in unserem Alltag. Die andere Ebene ist ein Bewusstseinszustand, der sich von dieser »Normalebene« abhebt und von anderen Wahrnehmungen und Wahrheiten berichtet.

Die Verwendung von Bildern und Metaphern in verschiedenen Lebenssituationen ist ganz alltäglich. Denken Sie an Aussprüche wie: »Mir ist eine Laus über die Leber gelaufen!« oder »Vor mir liegt noch einen riesiger Berg an Arbeit!« Diese Idiome existieren in jeder Sprache und erstaunlicherweise begreifen wir sehr schnell, was mit diesen kurzen und prägnanten Aussagen gemeint ist.

Eine metaphorische Sprache, die sich vornehmlich auf der bildhaften Ebene bewegt, begegnet uns in Mythologien, in allen Religionen sowie im Märchen. Ihre Deutung wirft ebenso große Interpretationsprobleme auf wie die Deutung von Träumen.

Die Sprache in Bildern verwenden wir selbst – wie bereits oben erwähnt – nachts in unseren Träumen. Wir alle kennen das Phänomen, dass wir fassungslos vor dem stehen, was wir uns da »zusammengeträumt« haben. Wir verstehen gar nicht, was das alles bedeuten soll, was wir Seltsames erlebt haben. Die verschiedenen Ansätze Träume zu deuten, erkennt man in den unterschiedlichen psychologischen Schulen, die je nach methodischem Ansatz das eine oder andere für uns interpretieren. Eine analytische Beschreibung von tiefem Empfinden und aufwühlendem Seelenzustand ist nicht möglich. Analyse bewirkt nur, dass wir nebenbei irgendwelche Laborparameter zur Messung haben und erfassen können. Elisabeth Kübler-Ross hat in ihrer Arbeit immer wieder darauf hingewiesen, dass es in der modernen Medizin und unserem Umgang mit Sterbenden keine methodischen Ansätze gibt, Zugang zum Seelenzustand Sterbender und Trauernder zu finden. Letztendlich handelt es sich bei Aussagen, die in ein Bild gefasst werden, um den verzweifelten Versuch, von der Umgebung wahrgenommen und verstanden zu werden.

Eine Bildersprache ist nicht wörtlich zu übersetzen und nicht wörtlich zu nehmen. Die Bilder bewegen sich auf einer Ebene, die Phänomene in Geschichten und Bilder übersetzt, um ein Geschehen darstellen zu können. Sehr häufig bewegen sich diese Bilder dabei auf einer kulturübergreifenden Ebene, d. h. kulturunabhängig.

Angesichts solcher Bilder und Metaphern stockt unser analytischer Verstand. Es handelt sich bei dem, was in Bildern Ausdruck findet, um eine Sprache der Empfindungen, um den sprachlichen Ausdruck der Seele. Neue medizinische Forschungen der so genannten Psychoneuroimmunologie untersuchen die Auswirkungen von Vorstellungen auf den menschlichen Organismus. Die medizinische Umsetzung macht sich den Umgang mit Bildern sowie die Anleitung in Bildern zu denken, zunutze, um Heilung in Gang zu setzen und voranzutreiben.

Das, was Sterbende und andere Menschen kundgeben, wenn sie sich in einem vermeintlichen Zustand der Verwirrung befinden, kann bei allen, die es miterleben, große Unsicherheiten und Beunruhigung hervorrufen. Es ist leicht nachzuvollziehen, welche Irritationen sich einstellen, wenn Menschen, die ihr Leben lang zutiefst gläubig waren, lautstark fordern, »dass der Dreck« – bei dem »Dreck« handelt es sich z. B. um das Kruzifix, das in den letzten Jahrzehnten das Heiligtum der Familie war – endlich von der Wand genommen werden soll. Angesehene Damen und Herren geben ordinäre und obszöne Aussprüche von sich – und bringen so ihre ganze Familie in Verlegenheit. Ausgewachsene Wutanfälle, extreme Angstzustände und unerwartete, nie erlebte Schimpftiraden und Tobsuchtsanfälle zeugen davon, in welchen Zwischenreichen oder Zwischenebenen sich Sterbende befinden.

Unsere klinische Medizin ist auf die Linderung von Symptomen fixiert. Bei Sterbenden und Trauernden haben sich allerdings die Krankheit, die Angst und damit auch der Schmerz auf eine seelische Ebene begeben. Die gewohnte Heilung durch Substanzen fällt aus. Begleitende können dem in Bildern sich artikulierenden Schmerz nur schwer begegnen. Die Verschiebung der Kommunikationsebene bedingt dabei, dass keine Aussage wörtlich genommen werden darf.

Wenn bei Sterbenden oder anderen »Verwirrten« diese verhüllten Angaben der Bilder auftauchen, können diese gleichzeitig große Beunruhigung zeigen. Diese Unruhezustände können wir leicht nachvollziehen. Es ist die Nervosität vor einem großen Aufbruch, vor einem Abenteuer, bei dem unser Ziel keineswegs klar ist. Das Sterben kann mit diesem großen Abenteuer verglichen werden. Der Aufbruch in eine andere, neue Welt findet statt, über die nur Legenden und Mythen Auskunft geben. Dabei weiß niemand, ob diese Welt überhaupt existiert. Jede Angabe jedoch, die wir hören, könnte uns selbst nachdenklich machen.

Welche Realitätsebene letztlich der wahren entspricht, sei dahingestellt. Es kann sein, dass alle Ebenen nebeneinander gleichermaßen Wahrheitsgehalt beanspruchen können. Möglicherweise ist der philosophische Gedanke berechtigt, dass unsere scheinbare Wirklichkeit genauso imaginiert ist, wie die Ebene, auf der sich die Menschen befinden, die wahrnehmen, was wir nicht wahrnehmen können. Insofern ist es unangemessen, Menschen, die für uns verwirrt erscheinen, schlicht als Halluzinierende oder Spinner abzutun.

Ratschläge für die Begleitung:

- Lassen Sie sich darauf ein, das, was Ihnen erzählt wird, als Bericht aus einer anderen Welt und einer anderen Realitätsebene wahrzunehmen.
- Akzeptieren Sie das, was Ihr Gegenüber dann berichtet, als genauso wahr, wie das, was Sie selbst wahrnehmen.
  - Fragen Sie nach, wenn Sterbende von Landschaften, Personen, Gegenständen berichten, die Sie selbst nicht sehen können. Gehen Sie in eine Haltung, als erzähle Ihnen jemand von einem Film, den nur er selbst gesehen hat.
  - Vermeiden Sie Aussagen wie: »Das bilden Sie sich nur ein.« – »Das ist nicht wahr.« – »Hier ist kein Schiff/Insel/Koffer/Schuhe usw.«
  - Sprechen Sie lieber in folgender Weise: »Ich kann das momentan nicht erkennen, erzählen Sie mir davon.«
- Verzichten Sie darauf, seltsam anmutende Geschichten als Halluzinationen abzutun.
- Hören Sie zu, wenn Menschen, die sich auf den letzten Abschied vorbereiten, von ihren Träumen und Visionen erzählen. Hören Sie auch genau hin, wenn diese in Fieberträumen usw. sprechen. Auch hierbei handelt es sich um eine Bildersprache. Möglicherweise kann es für die betreffenden Menschen hilfreich sein, wenn später darüber gesprochen wird, was ihnen in einer anderen Dimension begegnet ist.
- Lesen Sie Märchen und versuchen Sie, diese auf einer anderen Wahrnehmungsebene zu verstehen.
- Vertiefen Sie sich in das Buch »Märchen und Märchendeutung« von Frederik Hetmann. Der Autor ist ein Märchenspezialist und informiert in seinem Buch über wesentliche Aspekte der Märchendeutungen.

- Hören Sie das Lied »Hinter dem Horizont geht's weiter« von Udo Lindenberg. Das Lied inspiriert, über Existenzen nach dem Tod nachzudenken.
- Finden Sie Texte von Liedern und probieren Sie, ob man auch eine hintergründige Deutung mit ihnen verbinden könnte.
- Sehen Sie sich den Film »Hinter dem Horizont« mit Robin Williams an. In dem Film stirbt eine Familie und befindet sich in anderen Welten.
- Sehen Sie sich den Film »Gullivers Reisen« aus dem Jahr 1996 an. Hier wird von Reisen in unglaubliche Welten und in ebenso unglaubliche Wahrheiten erzählt. Der Held hat es sehr schwer, seiner Umgebung zu beweisen, dass verschiedene Wahrheiten zutreffen können.
- Bücher über Märchen und Märchendeutungen finden Sie bei Autorensuche u. a. unter: Bruno Bettelheim, Fredrik Hetmann, Verena Kast, Henning Schramm. Jede Buchhandlung kann Ihnen dabei Unterstützung geben.

Metaphern für den Beginn einer Reise

Endet die Reise, beginnt das Angekommensein.
© Walter Ludin

Zur eigentlichen Last-Minute-Reise wird man gebucht.
© Klaus Klages

… und am Ende meiner Reise hält der Ewige die Hände,
und er winkt und lächelt leise – und die Reise ist zu Ende.
Matthias Claudius

Geschichte von Marion

Marion hatte Dickdarmkrebs. Obwohl sie immer noch davon sprach, dass sie eine berühmte Schriftstellerin werden wollte, wenn es ihr »erst einmal besser ginge«, war deutlich zu beobachten, dass ihre Körperkräfte mehr und mehr abnahmen. Marion wurde dünner. In ihrem Freundes- und Bekanntenkreis wurde ein Team zusammengestellt, das ihr Essen brachte und ihre Wohnung reinigte. In den Nächten war Marion allein. Diese fielen ihr besonders schwer, denn dann lag sie häufig wach und ihre Gedanken drehten sich im Kreis. Wenn sie in der Morgendämmerung endlich in Schlaf fiel, hatte sie wiederkehrende Träume. Immer wieder träumte sie von Inseln, an denen sie mit einem Schiff vorbeifuhr. Auf diesen Inseln sah sie verschiedene Menschen in ihrem Alltag. Manchmal träumte sie vorher, dass sie ihren Koffer packen musste, um das Schiff pünktlich zu erreichen. Dann schleppte sie schwer an ihrem Gepäck, um zu dem Schiff gelangen zu können.

Geschichte von Sandra

Sandra war seit ihrer Geburt autistisch und gehörlos. Sie kommunizierte ausschließlich über Gebärdensprache mit ihren nahen Verwandten. Sandra war 14 Jahre alt, als von Freunden der Familie ein kleines Mädchen an Leukämie starb. Sandras Mutter saß mit ihrer Tochter zusammen und versuchte ihr schonend beizubringen, dass das kleine Mädchen gestorben war. Als sie ihr dies sanft mit Gebärden zu verstehen gab, brach Sandra in Tränen aus. Sie bekam einen ihrer gefürchteten Wutanfälle. Sie tobte und wehrte vehement von sich, was die Mutter versucht hatte, ihr zu vermitteln. Nach geduldigem Hinsehen erfuhr Sandras Mutter die Wahrheit ihrer Tochter: »Nein, nein keinesfalls. Nina ist nicht gestorben! Sie ist von einem großen weißen Schiff abgeholt worden!«

Begleitende Worte:

Sterbende sind Reisende auf dem Weg in eine andere Welt. Eine ferne Dimension, die wir uns nicht vorstellen können, wartet auf sie. Sterben bedeutet, dass ein Mensch emigrieren wird. Deshalb bewegen sich viele der verwendeten Bilder in der Sprache Sterbender auch in diesen Zusammenhängen. Es können Träume und Sprachfetzen davon auftauchen, dass jemand seine Koffer packt, dass ferne Länder und Inseln warten, dass der Zug, das Flugzeug abfährt oder dass – wie im obigen Beispiel – ein Schiff wartet und noch erreicht werden muss. Im Übrigen taucht häufig die Legitimation der Reise als Motiv auf. Das bedeutet, dass die Betreffenden ihre Fahrscheine besorgen oder finden müssen. Diese Beispiele sind sowohl Metaphern für den Beginn einer Reise, als auch Zeichen für mögliche Hindernisse oder Zeiten, die sich dem Ende nähern (siehe unten).

In diesen Zeiten, in denen sich Menschen auf den Abschied vorbereiten, kann es auch sein, dass sie davon sprechen z. B. ihre Reiseutensilien (Schuhe, Papiere usw.) nicht finden zu können. Das Zusammensuchen von allem, was für die Abreise benötigt werden kann, bezieht sich dabei auch auf verschiedene andere Alltagsgegenstände. Im übertragenen Sinn kann das so verstanden wer-

den, dass Sterbende ihr bisheriges Leben sortieren und dabei herausfiltern, welche Qualitäten sie mitnehmen wollen.
Fast alle Mythologien der Welt haben Schiffe als Bilder für den Antritt der letzten großen Reise benutzt. Gleichzeitig fand in vielen Kulturen auch die Beerdigung auf Booten oder Schiffen statt. Das Wasser, das überquert werden muss, ist ein vielfaches und immer wieder auftauchendes Hindernis (siehe unten: Metaphern für Hindernisse), das nach dem Sterben überwunden werden muss. Hier gibt es z. B. frappierende Übereinstimmungen des Alt-Aztekischen Glaubens mit der altägyptischen und griechischen, der keltischen und germanischen Mythologie. Erzählungen, in denen ein Fährmann einen Fahrgast über das Wasser hinüber bringt und dafür ein Entgelt bekommt, bewegten Menschen aller Kulturen dazu, ihren Verstorbenen das Fahrgeld als Grabbeigabe mit zu geben. Das ist übrigens auch heute noch in manchen ländlichen Gebieten üblich. Leider wissen wir nicht viel über den eigentlichen Ursprung.
Es geschieht häufig, dass Sterbende davon sprechen, was sie alles zusammenpacken müssen und was sie noch mitnehmen bzw. hier lassen wollen. Gepäck wird sortiert und zusammengesucht. Um eine Reise antreten zu können, sind Schuhe von besonderer Bedeutung. Oft kommt die Rede auf Schuhe, die angezogen werden müssen, die noch nicht passen oder die nicht da sind – es ist viel zu regeln, bevor der Abschied vollzogen werden kann. Und es gibt viele Beispiele dafür, dass Sterbende erst dann ihre Angst und Nervosität beruhigen konnten, als diejenigen, die sie begleitet haben, ihnen tatsächlich Schuhe brachten.

Ratschläge für die Begleitung::

- Achten Sie darauf, wenn Metaphern von Reisen, Reisevorbereitungen verwendet werden.
    - Fragen Sie die Betroffenen, nach ihren Vorbereitungen für die Reise, wie Sie auch jeden anderen Menschen befragen würden, der sich auf eine weite Reise begibt.
    - Fragen Sie nach, lassen Sie sich von den Fahrzeugen erzählen, die die Betroffenen nehmen werden.
- Besorgen Sie sich den Text des Volksliedes »Mich brennt's in meinen Reiseschuh'n« von Joseph von Eichendorff. Selbstverständlich kann das Lied als reines Wanderlied verstanden werden. Es kann

jedoch auch eine Analogie auf den Beginn der letzten großen Reise sein.

- Hören Sie sich das Lied »Das weiße Schiff« von Nena an. Sie schrieb es nach dem Tod ihres Sohnes. Möglicherweise hilft Ihnen das, sozusagen »übersetzt« zu denken.
- Lesen Sie das Buch »Der Prophet« von Khalil Gibran. Auch hier wird ein Mensch von einem Schiff abgeholt. Vorher wird er von den anderen nach seiner Weisheit befragt.

Nehmen Sie die Realität Sterbender an und handeln Sie entsprechend! Verzichten Sie auf rechthaberische Diskussionen und auf sanfte Korrekturen, in denen es zu rechtfertigen gilt, was »wahr« und was »unwahr« ist.

Metaphern für das Lösen von der Erde

Wenn man mit Flügeln geboren wird, sollte man alles dazu tun, sie zum Fliegen zu benutzen.
Florence Nightingale

Fliege einfach wie eine Hummel, auch wenn du nach physikalischem Gesetz eigentlich nicht fliegen kannst.
© Dr. Ebo Rau

Das einzig Gefährliche am Fliegen ist die Erde.
Wilbur Wright

Geschichte von Sebastian

Sebastian war erst sieben Jahre alt, als er an Leukämie erkrankte und seine Chemotherapie begann. Seine Krebsart war selten, und es gab noch keine ausreichend erprobten Behandlungspläne. Sebastians Eltern und Großeltern wachten bei ihm, während er im Krankenhaus lag und seine Infusionen bekam. Sebastians Augen wurden immer trauriger. Sein Gesicht quoll durch die parallele Cortisonbehandlung immer mehr auf, und er sah seine Lieben neben sich, die um sein Leben bangten. Sebastians Hoffnung war eine andere: »Ich will nicht mehr leben«, sagte er. »Ich träume nachts davon, dass ich ein Flugzeug besteige und losfliege. Das ist eine kleine Maschine, die ganz schnell überall hinkommt. Dann weht mein Haar in der Luft!« Sebastian wurde stiller. Anstatt viel zu sprechen, verlangte er nach Papier und Farbstiften. Und Sebastian malte in den letzten Wochen seines Lebens viele Bilder. Eine ganze Mappe mit Bildern blieb nach seinem Tod den Eltern und Großeltern. Es dauerte einige Monate, bis sie sich trauten, die Bilder von Sebastian anzusehen. Sie nahmen sich Zeit dafür, um zu erkennen, ob irgendetwas in den Zeichnungen von seinem Sterben erzählte. Sebastians Bilder zeigten frappierende Ähnlichkeiten. Auf jedem Bild, das er vor seinem Tod gemalt hatte, war mindestens ein Schmetterling zu finden.

Geschichte von Katinka

Katinka war mit einem Jahr an Leukämie erkrankt. Sie hatte die ersten Jahre ihres Lebens mehr im Krankenhaus, als zu Hause verbracht. Sie hatte die Chemotherapie überstanden, war bereits im Kindergarten und die regelmäßigen Nachuntersuchungen waren erfreulich ohne Befund. Die Familie atmete auf, als das Leben in zunehmend normaleren Bahnen verlief. Als Katinka kurz vor ihrer Einschulung war, fragte sie ihre Eltern, weshalb sie wohl »in ihrem Bauch« sein würde. Katinkas Eltern sagten ihr, dass jeder Mensch seine Lebensaufgabe zu vollbringen hätte und dass das der Grund dafür sei, weshalb Menschen in ihrem Körper stecken würden. Katinka dachte nach. »Ich glaube nicht, dass ich das will«, sagte sie. Als ihre Eltern sie fragten, was sie stattdessen wolle, antwortete Katinka: »Ich will lieber ein Luftmensch sein. Dann habe ich statt Armen nur Bänder, unten habe ich Hände daran und dann bin ich auch bei euch!« Katinka starb ein halbes Jahr später.

Begleitende Worte:

In früheren Zeiten wurde die Seele eines Menschen als geflügeltes Wesen dargestellt. Alte Bilder zeigen manchmal Miniaturausgaben von Menschen, die Flügel tragen und die in dieser Gestalt den Körper verlassen. Je nach Kultur verlässt dieses geflügelte Wesen den Körper entweder über die Mundöffnung, manchmal auch aus dem Bauchnabel heraus. Andere Bilder zeigen die Seele eines Menschen in Form eines Vogels. Das Bild des Schmetterlings ist eine weitere Vorstellung. Hierbei sind die Verpuppung und das Einspinnen der Raupe mit dem Menschen in der Zeit seines Lebens auf dieser Erde und dem lebendigen Körper vergleichbar. Das Entschlüpfen aus dem Kokon und das Davonflattern des wunderschön gemusterten Schmetterlings kommt der Seele gleich, die erst jetzt in ihrer wahren Schönheit erstrahlen kann. Dieses Bild ist die Vorstellung vieler Menschen von der Befreiung der Seele nach dem Tod von der Schwere des materiellen Körpers.

Zeichnungen Sterbender zeigen sehr häufig das Motiv des Schmetterlings. Berichte aus den Konzentrationslagern des Dritten Reiches erzählen immer wieder davon, wie an diesen schrecklichen Orten in den Kinderlagern nach der Befreiung ganze Wände mit eingeritzten Schmetterlingen entdeckt wurden. Die Ahnung des bevorstehenden Todes und die Hoffnung auf Erlösung begegnen in diesen erschütternden Zeugnissen.
Eine Seele scheint frei von der Erdenschwere, die unser Körper nun einmal mit sich bringt. Berichte von Menschen, die Nahtoderlebnisse hatten, sprechen immer wieder von der Leichtigkeit, mit der sie von Ort zu Ort gelangen konnten, und von der bleiernen Schwere, die sie erfasste, wenn sie wieder in ihren Körper hineingezogen wurden.
Auf Zeichnungen Sterbender kann man sehen, dass ein Baum keine Wurzeln hat oder dass die Wurzeln so stark beschädigt sind, dass er umzufallen droht. Das ist der Ausdruck dafür, dass die feste Verankerung im Irdischen gelöst wird.

Ratschläge für die Begleitung:

■ Achten Sie darauf, wenn Bilder, Bemerkungen und Beschreibungen vom Fliegen oder von Bäumen auftauchen.
- Luft
- Flugzeuge
- Gleitschirme
- Flügel
- Schmetterlinge
- Vögel
- Bäume (mit wenig Wurzelwerk)

■ Lassen Sie sich so genau wie möglich von Ihrem Gegenüber dessen Vorstellung schildern.

■ Regen Sie Sterbende und Trauernde dazu an ihre Vorstellungen von der jenseitigen Welt zu malen. Jedes Material ist geeignet, selbst ein abgerissener Zettel und ein Kugelschreiber.

■ Heben Sie die Bilder von Sterbenden und Trauernden auf. Möglicherweise können Sie einige Zeit nach dem Tod die Bilder ansehen und verstehen, was auf tieferer Ebene zum Zeitpunkt ihres Entstehens bereits klar war.

■ Hören Sie sich Lieder an, die vom Fliegen handeln. Vielleicht können Sie die Texte auch im übertragenen Sinn verstehen.

- Beispiele dafür sind:
  - »I want to fly away« von Lenny Kravitz
  - »Über den Wolken« von Reinhard Mey
  - »Großer schwarzer Vogel« von Ludwig Hirsch
- Lesen Sie Bücher über Nahtodforschung von Bernard Jakoby (»Keine Seele geht verloren«, »Die Brücke zum Licht«, »Geheimnis Sterben« usw.). Möglicherweise haben Sie die Möglichkeit, selbst eine Vorstellung davon zu entwickeln, dass eine Seele den Körper nach dem Sterben erst verlassen muss bzw. welche Schwierigkeiten damit verbunden sein können.

Metaphern für Zeiten, die sich ändern

Wenn ich die Zeit halbier,
wird nicht aus vier halbvier.
Daran erkennt man klar,
die Zeit ist unteilbar.
© Erhard Horst Bellermann

Die Zeit heilt alle Wunden. Aber was ist, wenn die Zeit selbst die Krankheit ist?
Unbekannt

Jede Uhr ist ein Messer für die Zeit.
© Jacques Wirion

Geschichte von Edith
Edith hatte mit ihren 78 Jahren ihre letzte Station, das Altenheim, erreicht. Sie war geistig rege und fit. Regelmäßig besuchte sie die Skatabende, und sie genoss es sehr, mit ihren Hausgenossinnen sonntags die Folgen der »Lindenstraße« anzusehen. Edith war froh, an diesem Platz zu sein. Draußen ging ihr alles viel zu schnell, und sie konnte sich wegen der vielen Eindrücke nur schwer in der Stadt zurechtfinden. Der geschützte Rahmen, den das Altenheim für sie bot, war daher genau richtig für sie, und sie kannte sich an diesem Platz sicher aus. Als Edith schließlich schwer erkrankte und ihr Tod nahte, setzte sich eine Altenpflegerin häufig zu ihr ans Bett. Mit ihr hatte Edith in den letzten Monaten viel gesprochen, und die junge Frau war ihr ans Herz gewachsen. Edith fragte immer wieder nach, wie spät es sei. Anfangs antwortete die junge Frau ihr mit der genauen Uhrzeit. Irgendwann sah sie jedoch ein, dass es nutzlos war, denn Edith fragte zwei Minuten später genau das Gleiche

wieder. Irgendwann, nachdem sie die Frage nach ein paar Tagen kaum mehr ertragen konnte, fragte die Altenpflegerin zurück: »Sagen Sie, haben Sie so wenig Zeit? Haben Sie Sorge, die Zeit würde ablaufen?« Edith seufzte und bejahte die Frage. Die junge Frau an ihrem Bett nahm ihre Hand und sagte zu ihr: »Machen Sie sich keine Sorgen, der Zeitpunkt wird schon richtig sein. Beruhigen Sie sich. Alles auf dieser Welt hat einen richtigen Zeitpunkt!« Edith fragte in den letzten Tagen vor ihrem Tod nie wieder nach der Zeit.

Begleitende Worte:
Es herrscht allgemein die Vorstellung, dass alte Menschen mehr Zeit zur Verfügung hätten, als junge Menschen. In Wahrheit ist es genau anders herum: alten Menschen steht die ablaufende Lebenszeit sehr viel deutlicher vor Augen als jüngeren. Junge Menschen haben viel eher den Eindruck, als hätten sie unendlich viel Zeit vor sich und ebenso viele Möglichkeiten für ihr Leben. Mit zunehmendem Alter entwickelt sich unweigerlich die Frage, wie lange alles, was gewohnt ist, noch auf die gleiche Weise weitergehen wird. Der Zeitraum von zwanzig Jahren ist – je nach Alter – entweder unendlich lang oder nur eine kurze Frist. Die Beschäftigung mit dem Thema des konkret werdenden Abschieds nimmt zu und wird es auch weiter tun. Das ist nicht anders zu erwarten, da die Anzahl alter Menschen bei uns zunimmt.
Menschen, die sich auf das Sterben vorbereiten, haben eine überschaubare und konkret endlich werdende Zeit vor sich. Sie wissen meist sehr genau, dass ihre Erdenzeit dem Ende zugeht. Nicht umsonst wird der Tod in Darstellungen mit dem Attribut des Stundenglases und dem darin unaufhörlich rieselnden Sand dargestellt. Deshalb ist für Sterbende die ablaufende Zeit ein zentrales Thema, das sie beschäftigt.

Ratschläge für die Begleitung:

- Achten Sie darauf, wenn Menschen in ihren verwirrten Zuständen von folgenden Dingen sprechen:
  - Fragen nach der Zeit und danach, wie spät es ist
  - Uhren und Wecker, die verstellt wurden oder die unauffindbar sind
  - Glocken, die schlagen
  - Zeit, die verrinnt
  - Sand, der verrinnt

- Zeiten, die falsch eingeteilt sind
- Eile, die geboten ist
- Sorgen, dass der Anschluss verpasst wird
- Sorgen, ein Gefährt (Zug, Bahn, Bus, Flugzeug, Boot oder Schiff) nicht rechtzeitig zu erreichen
- Warteschleifen und Wartepositionen, in denen sich die Personen befinden

■ Beruhigen Sie Sterbende, wenn sie bei dem, was sie erzählen, aufgeregt sein sollten.

■ Versichern Sie Sterbenden, dass alles auf der Welt seine eigene Zeit hat und haben wird – auch sie selbst.

■ Sprechen Sie ihnen Mut zu, dass Sie die Uhr (oder anderes, was die Betreffenden aufgeregt sein lässt) suchen helfen werden, dass sich möglicherweise eine andere Uhr finden lässt, dass Sie sie unterstützen werden.

- Möglicherweise kann es schon hilfreich sein, wenn Sie verwirrten Menschen eine Uhr in die Hand geben.

■ Lesen Sie das Buch »Alles Sense« von Terry Pratchett. In seinem Roman steht der Tod vor seiner eigenen Sterblichkeit. Er schaut immer wieder auf sein eigenes Stundenglas und sieht den Sand unaufhörlich aus dem oberen Teil in den unteren Teil des Glases verschwinden.

Metaphern für das Verlassen des Körpers

Man muss sich auf etwas verlassen können,
von dem man nicht verlassen wird.
Laotse

Geschichte von Doris
Doris träumte vor ihrem Tod in vielen lebhaften Sequenzen. Doris schrieb all ihre Träume auf und arbeitete sehr intensiv mit ihnen. Wenn sie selbst mit dem Verstehen ihres Traumes nicht weiterkam, suchte sie sich Unterstützung dafür. Ein Traum schließlich beeindruckte sie sehr: Doris träumte, wie sie mit ihrem Auto durch eine Großstadt fuhr. Verschlungene Wege hatte sie zu fahren, und obwohl sie in der Stadt wohnte und sich dort eigentlich gut auskannte, fuhr sie durch Straßen, die sie scheinbar nie gesehen hatte. Sie hatte ein Ziel, eine Verabredung an einer Kirche,

die sie nicht finden konnte, weil sie sich immer wieder in Gegenden befand, die ihr völlig unbekannt waren. Endlich erreichte sie ihr Ziel. Der Gottesdienst hatte bereits begonnen, als sie ihr Auto abstellte. Sie wollte aussteigen, um an dem Gottesdienst teilzunehmen. Sie konnte den Sicherheitsgurt nicht lösen und die Tür ging nicht auf. Als sie es endlich schaffte aus dem Auto zu steigen, sah sie mit Schrecken, wie ihr Auto einfach ein Stück weiterrollte und immer mehr an Tempo gewann. Doris wendete sich im Traum von ihrem Auto ab und betrat die Kirche. Dort nahm sie an dem Gottesdienst teil. Als dieser beendet war und sie vor die Kirche trat, konnte sie ihr Auto nicht mehr finden.

Geschichte von Irmgard

Irmgard war in tiefer Trauer. Sie hatte durch einen Unfall ihren Vater und ihr Kind verloren. Nur mühsam schleppte sie sich in den nächsten Jahren durch ihr Leben, in dem sie keinen Sinn mehr erkennen konnte. Sie ahnte, dass sie nur dann eine Chance auf ein weiteres Leben haben würde, wenn sie Neues erleben und anpacken würde. Irmgard bekam eine fieberhafte Erkrankung. In den Träumen, die ihr den ganzen nächsten Tag glasklar vor Augen standen, tauchte immer wieder ein Motiv auf: Sie lebte in einem Haus, welches von außen intakt war, wie eh und je. Die Fenster waren gestrichen, die Mauern heil und das Dach sicher. Innen jedoch lag alles in Schutt und Asche. Kein Balken war mehr in dem Haus. Unten auf dem Boden lagen Mauerbrocken und Geröll. In den folgenden Nächten träumte sie weiter. Sie erlebte in ihren Träumen, wie sie das Parkett aus kleinen Hölzchen aneinander setzte, sie malte Wände an und rührte Farben. Das Fieber dauerte zwei Wochen. Als sie wieder gesund war, plante sie eine neue Berufsausbildung und steht heute, viele Jahre nach diesen Erlebnissen kraftvoll in ihrem neuen Berufsleben. Irmgard sagt heute, dass der Beginn ihres neuen Lebens das Verstehen ihres Traumes war. Damals wusste sie das allerdings noch nicht.

Begleitende Worte:

Alte Vorstellungen der Menschheit haben sich immer wieder mit dem Lösen der Seele vom Körper befasst. Möglicherweise ist die Erforschung des Schlafens und seiner Wirkung besonders deshalb interessant, weil hier auch die Frage begegnet, wohin der Mensch geht, wenn sich der Körper in tiefem Schlaf befindet. Nicht umsonst hat man den Schlaf als »kleinen Bruder« des Todes bezeichnet.

Der Körper ist somit die Wohnstätte der Seele des Menschen. Die Verbindung zwischen der Seele und dem Körper wird in dieser Vorstellung im Schlaf gelockert, jedoch erst nach dem letzten Atemzug aufgelöst. Es gibt verschiedene Vorstellungen davon, was uns in unserem Leben Behausung und Heimstätte gibt. Das kann ein Haus sein, manchmal auch nur eine Hütte. Es gibt Menschen, für die die Vorstellung passender ist, sich einen lebendigen Garten vorzustellen, der Metapher für den Körper – und den Zustand des Körpers – ist. Auch ein Gefährt (im obigen Beispiel das Auto) kann als Symbol für das stehen, was die Hülle, die Behausung während unserer Lebenszeit auf der Erde ist. Auch die Idee, ein Schiff zu lenken, auf dem es nur einen einzigen Kapitän gibt – nämlich uns selbst – ist ein sehr schönes Bild davon, uns selbst und unseren Körper als getrennte Instanzen zu begreifen.

Wenn wir uns vorstellen, dass wir am ersten Tag unseres Lebens ein Haus – unseren Körper – beziehen, ist klar, dass wir am Ende unseres Lebens diese Behausung auch wieder verlassen müssen. Dass ein Auszug bevorsteht, wird in den Bildern deutlich. Positiv betrachtet ist unser Haus in diesen Bildern eine gemütliche und beschützende Behausung. Negativ betrachtet kann unser »Körperhaus« allerdings auch wie ein Gefängnis erscheinen, in dem wir als Sklaven unser Dasein fristen müssen. Wo wir uns angesichts dieser Bandbreite verorten, ist davon abhängig, wie wir selbst unser Dasein empfinden und wie unsere Weltsicht zwischen den beiden Polen angesiedelt ist. Mit dem Tod löst sich die Seele vom Körper und erlebt erst dann den Zustand der Freiheit und Leichtigkeit, wie wir es bereits im Bild des Schmetterlings gesehen haben. (Siehe auch Metaphern vom Fliegen, Davonfliegen und vom Lösen der Seele vom Körper).

Für das, was uns während unseres Lebens Wohnung bietet, existieren viele Redewendungen. Denken Sie nur einmal daran, wie eindrücklich wir die Redensarten verstehen »Du hast einen Dachschaden«, »Du tickst wohl nicht richtig im Oberstübchen« oder »Jetzt geht es ans Eingemachte«. Was diese kurzen, bildhaften Aussagen im übertragenen Sinne besagen, verstehen wir schnell. Wenn wir sagen, »Ich habe noch ein paar Leichen im Keller vergraben«, kennzeichnen wir damit einen dunklen, abgelegenen »Ort« in unserem Innern, der ein gutes Versteck für verborgene Geheimnisse bietet, wohin niemand hingelangt ist bzw. hingelangen soll. Gleichzeitig verstehen wir den weiteren übertragenen Sinn der Redewendung mühelos.

Die Bildersprache versetzt den Körper hierbei sozusagen in ein ganzes Haus. Vom Keller bis zum Dachboden hat alles seinen Sinn und seine Bedeutung. So wie eine Küche dabei für die Fähigkeit, sich selbst zu versorgen, stehen kann, so verweist ein Arbeitszimmer auf die Art und Weise, wie Tätigkeiten erledigt werden. Im Keller lagert sich genau das an, was wir eigentlich schon lange entsorgen wollten und auf einem Dachboden deponieren wir das, was alte Schätze sind. Mit diesen wollen wir uns nicht täglich umgeben, wir wollen diese aber dringend behalten, wie alte Liebesbriefe. Kaum jemand würde auf die Idee kommen, diese Kostbarkeiten in einem feuchten Keller aufzubewahren.

Angesichts des Sterbens muss diese Heimat aufgegeben werden. Und es kann sein, dass der bevorstehende Auszug den Betroffenen große Schwierigkeiten bereitet. Dann können Menschen in einer Krankheit Bilder davon entwickeln, wie ihre eigene Wohnung oder ihr Haus immer mehr verfällt. Sie können Vorstellungen davon haben, dass – wie im wirklichen Leben – das Haus von Parasiten befallen ist oder dass Eindringlinge von außen das Haus, das Auto, das Schiff oder den Garten zerstören. Nach einem einschneidenden Erlebnis taucht in vielen Fällen das Bild davon auf, dass ein heftiger Sturm schwere Schäden angerichtet hat. Es kann wichtig sein zu erfahren, wie es innerhalb der Unterkunft aussieht. Manchmal liegt alles durcheinander und muss erst aufgeräumt werden, manchmal scheint alles geordnet an einem Fleck zu sein und manchmal haben Sterbende und Trauernde den Eindruck, sie würden nie wieder aufbauen können, was sich als Bild der Verwüstung zeigt.

Angesichts des Todes tauchen in Träumen und Realitätsverschiebungen diese Entsprechungen auf. Immer wieder weisen bildhafte Vorstellungen auf den Zustand der jeweiligen »Unterkunft« hin. Gleichzeitig kann an den Bildern auch erkannt werden, ob die Seele eines Menschen fest im Körper verankert ist oder ob eine Trennung möglicherweise bevorsteht.

Ratschläge für die Begleitung:

- Achten Sie darauf, wenn Menschen in ihren verwirrten Zuständen von folgenden Dingen sprechen:
  - Häuser oder Wohnungen, auch Hütten, Türme oder Höhlen sind möglich
  - Autos, Schiffe und sonstige Gefährte
  - Gärten
  - Bevorstehender Auszug, Abreise

- Kostüme, Verkleidungen, die abgelegt werden sollen
- Inseln, die verlassen werden sollen
- Mietverträge, die gelöst werden müssen
- Stürme, die stattgefunden haben

■ Regen Sie Sterbende und Trauernde dazu an zu malen, was sie in ihrem »Verwirrtheitszustand« gesehen haben.

■ Fragen Sie Sterbende und Trauernde, ob sie in ihrem Wachzustand das Bild, das Zerstörung zeigt, verändern können.

- Regen Sie die Person dazu an, was in Unordnung geraten ist oder zerstört wurde, aufzuräumen oder zu reparieren.

Metaphern für das, was unerledigt ist

Die Ordnung folgt dem
Zufallsprinzip,
das Chaos dem Ordnungsprinzip.
© Peter E. Schumacher

Wer heimlich sich vergeht gegen den Vertrag, einander gegenseitig weder zu schädigen noch sich schädigen zu lassen, der wird sich nie darauf verlassen können, dass er verborgen bleiben werde, auch wenn er im Augenblick tausendmal verborgen bleibt. Denn ob er es auch bis zum Tode bleiben wird, ist ungewiss.
Epikur von Samos

Geschichte von Friedrich

Friedrich hatte in den letzten Jahren seines Lebens eine zunehmende Herzinsuffizienz. Er ahnte sehr wohl, dass seine Zeit bald ablaufen würde. Zuletzt saß Friedrich nur noch in seinem Rollstuhl, seine Kraft reichte nicht mehr, um selbst laufen zu können. Er litt darunter, dass er seine drei Enkelkinder nicht mehr lange sehen und ihre Entwicklung nicht mehr miterleben würde.

Als Friedrich seine letzten Tage im Krankenhaus verbrachte, verwirrte sich seine Wahrnehmung zusehends. Seine Angehörigen hörten ihn immer wieder stöhnend sagen: »Nein, doch nicht diesen Ordner. Wo ist der nur? Ich muss diesen Vertrag finden!« Friedrich war sehr unruhig. Dann wieder schien ein anderes Thema ihn zu beschäftigen: »Nein, das war ich nicht. Das stimmt nicht! Lasst mich endlich in Ruhe!« Niemand wusste Friedrich zu beruhigen. Als seine Tochter jedoch eines Tages sehr ruhig zu ihm sagte: »Ich glaube auch nicht, dass du das warst, ich werde immer für dich sprechen!« wurde er ruhig und gelassen. Friedrich starb zwei Tage später.

Begleitende Worte:

Menschen scheinen zuweilen klar zu ahnen, dass ihre Zeit auf dieser Erde ein Ende haben wird. Oft erstaunt man, wie viele Dinge Verstorbene in den letzten Tagen noch erledigt oder zu einem friedlichen Ende gebracht haben. Einige Menschen haben alte Freunde, die sie vorher Jahrzehnte nicht gesehen hatten, ein letztes Mal überraschend besucht; andere bringen in ihrem Haus alles in Ordnung und räumen alles winterfest auf, bevor sie überraschend Abschied nehmen müssen. Ganz plötzlich sprechen ältere Menschen mit ihren Angehörigen davon, was diese tun sollen, wenn »mit ihnen mal etwas sein sollte« und zeigen ihnen, wo die Dokumente versteckt sind. Dieses Ahnen wird in seiner Bedeutung meist erst viel später begriffen. Wir sprechen nicht gern mit unseren Lieben davon, dass ein Abschied bevorstehen könnte. Und nicht jeder Traum von einem Vertrag, der gelöst werden muss, weist auf einen bevorstehenden Tod hin!

Treten wir eine Reise an, verabschieden wir uns von unseren Lieben und sorgen dafür, dass der Herd ausgestellt ist und alle Rechnungen beglichen wurden. Möglicherweise bitten wir die Nachbarn in der Zwischenzeit unsere Blumen zu gießen und die Post hereinzuholen. Ähnlich werden wir es vor unserer letzten Reise auch tun. Dann geht es auch darum sich zu verabschieden, Ausstehendes zu erledigen und nahen Menschen das zu übertragen, was weiterhin getan werden muss. Alles das, was keine Regelung und Versorgung erfährt, kann Sterbende ganz erheblich in ihrem Sterbeprozess stören (siehe das Kapitel: »Was hindert am Sterben?«).

Wenn wir das Bild von der Behausung, aus der ein Auszug bevorsteht, aufnehmen, erscheint es nur logisch, dass dazu vorher ein Mietvertrag oder Kaufvertrag gelöst bzw. geändert werden muss. Es mag sein, dass wir mit dem Beginn unseres Lebens einen Vertrag eingegangen sind. Dieser muss, bevor unser Leben endet, gelöst werden. Wir scheinen sehr genau zu wissen, dass wir uns aus diesem Leben nicht einfach davonschleichen können. Dass Betroffene dann von zu ordnenden Papieren und Vertragsauflösungen in ihren Bildern, Träumen und Wahrnehmungen verfolgt werden, ist leicht nachvollziehbar.

Entsprechend ist auch die Vorstellung von einer Gerichtsverhandlung und einer Anklage zu betrachten. Es handelt sich dabei um die Vorwegnahme einer möglichen Bestrafung für Unerledigtes und Verfehlungen. Angst und Unruhe werden solange bestehen, bis das Unerledigte getan wurde bzw. einen Frieden gefunden hat. Das Bild eines auf Verstorbene wartenden Gerichtsurteils findet sich in fast allen großen Religionen, nicht nur in denen, die die Vorstellung der Auferstehung zum Jüngsten Gericht entwickelt haben. Es scheint ein Richter auf uns und unser Leben zu blicken und darüber zu befinden, was mit uns nach unserem Tod geschehen wird. Dass wir letztlich diese Verhandlung nur mit großer Sorge erwarten, ist Folge unserer Sicht auf uns selbst: Wer kann schon von sich selbst sagen, dass alles, was er getan hat, zur vollsten Zufriedenheit ausgefallen ist? Wer kann schon von sich selbst behaupten, ohne Fehl und Tadel ein Mensch von reinstem Herzen und ehrlichstem Ansinnen zu sein? Das eine oder andere müssen wir uns wohl eingestehen und sei es, dass wir als Jugendliche einen kleinen Diebstahl begangen haben. Wenn sämtliche Verfehlungen unseres Lebens am Ende des Lebens auf uns warten, haben wir es mit Schwierigkeiten zu tun, die den Sterbeprozess ganz erheblich stören können (siehe das Kapitel: »Was hindert Menschen am Sterben?«).

Ratschläge für die Begleitung:

- Achten Sie darauf, wenn bei Sterbenden Bilder und Vorstellungen von folgenden Dingen auftreten:
  - Verträge, Ordner oder Papiere, die gesucht oder geändert werden müssen
  - Notartermine oder Anwaltstermine, die anstehen
  - Anklagen, die im Raum stehen
  - Gerichtstermine, die anberaumt sind und/oder befürchtet werden
  - Verteidigungen, die aufgebaut werden müssen
- Beruhigen Sie Betroffene, wenn diese wegen eines Urteils besorgt sind. Erinnern Sie diese an die Qualitäten, die Sie selbst kennen gelernt haben.
  - Versichern Sie den Betreffenden, die Angst haben, dass Sie immer für sie sprechen werden, wenn Sie gefragt werden sollten. Bitte bleiben Sie hierbei ehrlich. Vermeiden Sie diese Versicherung, wenn Sie diesem Menschen etwas nicht verzeihen mögen.

- Versichern Sie Betroffenen, dass Sie mithelfen werden, die gesuchten Papiere zu finden.
- Versichern Sie Betroffenen, dass alles geregelt werden kann.

Metaphern für Hindernisse, die überwunden werden müssen

Manchem ist der Sinn ein Hindernis, manchem gibt das Hindernis Sinn.

© Dr. phil. Manfred Hinrich

Manchmal führt der Ausweg durch das Hindernis.

© Alexander Saheb

Geschichte von Isa

Isa war eine sehr zart gebaute alte Dame geworden. Sie hatte in ihrem Leben immer in guten Verhältnissen gelebt, und sie verbrachte die letzten Lebensjahre damit, interessante Reisebeschreibungen zu lesen, täglich ihren Sherry zu trinken und mit großer Vorliebe Zigaretten mit einer langen Zigarettenspitze zu rauchen. Sie war ein ausgesprochener Audrey Hepburn-Fan und hatte alle ihre Filme auf Kassette in ihrem Zimmer des Altenheimes. Isa wurde im Laufe der letzten Jahre immer dünner. Eine Brustamputation nach einer Krebserkrankung schien ihren Lebenswillen stark mitgenommen zu haben. Isa machte sich langsam auf den Weg. Sie bekam regelmäßig Besuch von ihrem Enkelsohn, der dann bei ihr saß und ihr weiterhin Geschichten vorlas, die von fernen Kontinenten erzählten. Als Isa verwirrt wurde, stellte ihr Enkel fest, dass er nur mit großer Mühe und Sorge bei ihr sitzen konnte. Er vermochte nichts damit anzufangen, was seine Großmutter sagte, und dennoch ahnte er, dass sie Angst vor dem hatte, was sie zu bewältigen hatte. Es tat ihm leid, Isa in solchen Nöten zu sehen. Isa murmelte immer wieder, dass das Tor verschlossen sei. Sie fragte, wo sie den Schlüssel finden könne und sah mit offenen Augen wackelige Brücken, Treppen und Leitern vor sich. Sie hatte den Eindruck, sie werde es nie schaffen, die Höhe zu erklimmen oder die Brücken zu betreten, ohne abzustürzen. Isa wurde ruhig, als ihr versichert wurde, dass sie Zeit haben würde und den Schlüssel finden werde. Isa atmete ruhiger, als ihr geraten wurde, langsam zu sein und ganz vorsichtig einen Schritt nach dem nächsten zu tun. Isa starb nur wenige Tage, nachdem sie sich beruhigt hatte.

Geschichte von Nicole

Nicole war ein kleines, blondes Mädchen von zwölf Jahren. Sie ahnte sehr wohl, dass sie sterben würde. Sie war schon seit drei Jahren krank und ebenso lange kam sie nun schon damit zurecht, dass ihr ein Bein amputiert worden war. Nicole hatte Knochenkrebs und je älter sie wurde, desto mehr wusste sie selbst über ihre Krankheit. Nicole sah ihre Eltern und Geschwister und sah die Sorge in ihren Gesichtern. Nicole sprach nicht viel. Sie ahnte vieles, sie hatte vieles erlebt und sie vermochte doch nicht, ihren Lieben gegenüber auszudrücken, was sie als ihren Weg ansah. Nicole verbrachte ihre Zeit vor allem damit zu malen. Ein Motiv tauchte immer wieder in ihren Bildern auf: sie malte riesige Türen und Tore, die fest verschlossen waren. Manchmal waren es fest vernagelte Bretterzäune, die jede Sicht versperrten, manchmal Türen, die kein Schloss hatten und manchmal waren es Zugbrücken, die hochgezogen waren und keinen Durchlass ermöglichten. Nicoles Bilder wurden gegen Ende ihres Lebens immer farbloser. Als ihre Eltern nach ihrem Tod das letzte Bild von ihr ansahen, verstanden beide, was Nicole sichtlich schon lange gesehen hatte: Auf ihrem letzten Bild war ein weit aufstehendes Tor mit zwei großen Flügeltüren gemalt. Dahinter war eine einzige blaue und lichte Fläche.

Begleitende Worte:

Offenbar hat jede Kultur die Vorstellung, dass vor dem Tod und nach dem Tod Hindernisse warten. Die Azteken waren sicher, dass nach dem Tod Hürden auf die Verstorbenen warten. Daraus entwickelte sich der Brauch, den Verstorbenen Ersatzkleidung als Grabbeigabe mitzugeben.

In vielen Religionen wird von Brücken erzählt, über die Verstorbene gehen müssen. Bei diesem Gang entscheidet sich das Schicksal der Guten und der Bösen. Die Guten gelangen unbeschadet in die paradiesische Welt, die Schlechten stürzen ins Feuermeer. Hier sind der unsichere Weg in eine andere Welt und die Entscheidung des göttlichen Gerichts in einem Bild verbunden. Himmelsleitern, Treppen und Brücken trennen und verbinden die verschiedenen Daseinsformen und Dimensionen.

Im Tibetischen Totenbuch werden Menschen darauf vorbereitet, die Hürden, »Bardos«, zu überwinden, um sicher in die andere Welt zu gelangen. Und in der islamischen Vorstellung wird jeder Verstorbene erst in seinem Glauben geprüft, bevor klar ist, was weiter mit ihm geschehen wird (siehe auch Kapitel: Der Tod im Islam).

In alten Geschichten und Märchen wie auch in den Mythologien der Völker ist ein Tor immer als Eintrittspunkt von einer in die andere Welt zu verstehen. Fast immer sind dort Wächter postiert, die Unbefugten den Eintritt verwehren sollen. Das können sowohl menschenähnliche Wesen sein als auch Fabelwesen oder Tiere, denen besondere Kräfte zugeschrieben werden. Viele Geschichten handeln von den Schwierigkeiten, die unbestechlichen Wächter zum Passieren bewegen zu können. Doch dass die Wächter unbestechlich sein müssen, ist klar: die Welt der Lebenden und der Toten soll strikt getrennt sein.

Wenn die Tore noch verschlossen sind, scheint es kaum eine Möglichkeit zu geben, die andere Welt zu betreten. Hier begegnet das Bild des Fährmannes, der Verstorbene sicher in die andere Welt bringen wird und dazu ein Entgelt erhalten muss. In vielen Kulturen wird bei den Beerdigungen »Totengeld« verbrannt, damit dieses den Verstorbenen in der anderen Welt als Zahlungsmittel zur Verfügung steht.

Ein Berg, der sich vor Sterbenden erhebt, ist ein weiteres Hindernis, das u. U. mit großen Mühen überwunden werden muss. Das kann bedeuten, dass das Hindernis ein Hügel ist, der im flachen Land nur wenig Erhebung aufweist, es kann sich aber auch um die Bewältigung eines Felsengebirges handeln, bei dem große Gletscher und tiefe Felsenschluchten vor schier unlösbare Probleme stellen. Dieses Bild taucht im Leben von Menschen manchmal dann auf, wenn große Aufgaben bevorstehen, die überwunden werden müssen. Und jeder Mensch weiß, welche Anstrengungen geleistet werden müssen, bevor oben auf dem Gipfel das erhebende Gefühl der Übersicht entsteht.

Sterben bedeutet ein bekanntes Land verlassen zu müssen und sich auf den Weg zu machen in eine neue Dimension. Dass dazu gehört, schwere Hindernisse auf dem Weg ins Ungewisse zu überwinden oder Grenzwächter zu passieren, entspricht unseren Reiseerfahrungen. Die Unsicherheit, ob alles Vorbereitete seine Richtigkeit hat, beschäftigt uns dabei so lange, bis wir unser Ziel endlich erreicht haben.

Ratschläge für die Begleitung:

- Seien Sie aufmerksam, wenn Sterbende von folgenden Dingen erzählen:
  - Schluchten und/oder Gewässer, die überquert werden müssen
  - Brücken, die überquert werden müssen und evtl. unsicher erscheinen
  - Treppen und Leitern, die erklommen werden sollen
  - Türen und Tore, die verschlossen sind
  - Schlüssel, die gesucht werden oder nicht passen
  - Wege, die versperrt sind
- Finden Sie Märchenmotive, Geschichten und Sagen, die von Toren berichten. Probieren Sie, diese für sich als Metaphern für den Übergang in eine andere Welt zu begreifen
- Lesen Sie das Tibetische Totenbuch. Finden Sie eine Möglichkeit, in der Bildersprache die Bardos (Hürden) für sich zu übersetzen.
- Lesen Sie das »Totenbuch der Germanen« von Holger Kalweit. Der Autor beschreibt in verständlicher Sprache die Sichtweise der verschiedenen Welten bei den Germanen in den Zeiten der Edda.
- Gehen Sie auf Menschen ein, die Ihnen von Hindernissen auf ihrem Weg zum Sterben berichten. Finden Sie eine Lösung wie im Märchen und bieten Sie diese an.
- Regen Sie Betroffene an zu beten (siehe das Kapitel zu Ritualen), damit ihnen auf ihrem Weg Unterstützung zuteil werden kann.

Auch Sterbende einer modernen Großstadtgesellschaft benötigen mehr als naturwissenschaftliche Erkenntnisse und das Verabreichen von Medikamenten, um die Schwierigkeiten, die sich vor ihnen auftun, überwinden zu können. Die Überlieferungen einer jeden Kultur sind aus der Imagination und dem Wissen der Menschheit entstanden. Vielleicht können wir von ihnen lernen. Sterbende und Trauernde sprechen jedenfalls häufig eine Sprache, die Antwort auf ihr entsprechender geistiger Ebene verlangt.

Wenn Sterbende imaginären Besuch bekommen

Der Besuch eines guten Freundes ist oft die beste Medizin.
Unbekannt

Bist du ehrerbietig im Innern, wirst du würdig sein im Äußeren.
Lass dich nicht durch die Erscheinung verwirren.
Fang Hsiao-Ju

Geschichte von Louise
Louise war eine alte Frau geworden und schon lange bettlägerig. Sie fühlte sich in dem Pflegeheim, in dem sie lebte, sehr wohl. Regelmäßig bekam sie Besuch von ihren Kindern und Enkelkindern, und sie verstand sich mit einigen Schwestern auf der Station ausgesprochen gut. Die Schwestern setzten sich, wenn sie ein wenig Zeit hatten, zu ihr. Louise erzählte ihnen Witze und war in der Lage, fast jede Frage des Kreuzworträtsels zu beantworten, denn ihr Geist war hellwach. Als eine Schwester sie eines Tages fragte, ob es ihr langweilig sei, weil sie so oft allein sei, antwortete Louise: »Nein, gar nicht. Wissen Sie, ich bin außerdem gar nicht allein. Ab und zu kommen alle die, die auf mich warten, und sprechen mit mir.«

Geschichte von Karl-Heinz
Er war alt geworden. Nun lag er in dem Altenheim und erinnerte sich täglich an seine Vergangenheit. Als er gerade 16 war, wurde er an die Front geschickt. Er zog im 2. Weltkrieg nach Russland, war dort in Kriegsgefangenschaft und kam erst nach Hause, als er 23 Jahre alt war. Er hatte an den Staat geglaubt und war voller Ideale gewesen, voller Hoffnung, dass er zum besseren Volk gehöre und die Welt erobern würde. Sein Kennzeichen der Mitgliedschaft bei der SS hatte er in seinen Arm tätowiert. Karl-Heinz hatte sich nie gefragt, was der Sinn des Lebens sein könnte. Er war Soldat gewesen, und er vertrat noch immer die Haltung, dass es »aufrecht und gehorsam« zugehen müsse. Regelmäßig bekam er Besuch von seiner Ehefrau. Sie versorgte ihn mit allem, was er jemals gern gegessen hatte, und sie brachte ihm oft Blumen mit. »Grünzeug«, murmelte er dann etwas unwillig. Karl-Heinz wurde in seinen letzten Monaten zunehmend verwirrt. Er sah in den Falten der Bettdecke und in den Tapeten Gesichter. Jedes Mal, wenn seine Frau den Besuch beendet hatte, sagte Karl-Heinz zu den Schwestern, die ihn versorgten: »Nehmen Sie die Blumen weg. Schnell! Da sind Fratzen drin. Die sehen mich an und machen mir Angst!«

Geschichte von Anna-Marie

Anna-Marie war an schwerem Diabetes erkrankt. In den Folgejahren wurde als Krankheitsfolge ihr Augenlicht immer schwächer, bis sie nur noch schwach die Umrisse von Menschen und Gegenständen erkennen konnte. Ihr Herz war ebenfalls zusehends schwächer geworden, sodass Anna-Marie durch die zunehmende Versorgungsschwäche ihres Körpers bereits ein Bein verloren hatte. Anna-Marie bereitete sich auf den Abschied vor. Sie konnte nicht mehr ruhig schlafen und sah viele kleine Mäuse in ihrem Zimmer umherlaufen, die ihr Angst machten. Sie hatte die Vorstellung, die Mäuse würden in ihr Bett hoch kriechen, sobald sie wegdöste und sie nicht mehr verscheuchte. Die Sorge vor den Tieren verschwand, als die Altenpflegerin in dem Zimmer mehrere Mausefallen aufstellte. Anna-Marie war sofort friedlich.

Begleitende Worte:

Sterbende und Menschen, die sich in »Verwirrtheitszuständen«, befinden, scheinen sehr häufig Kontakt mit imaginären Wesen zu haben. Ähnlich ist es auch bei kleinen Kindern zu beobachten: Diese haben oft imaginäre Freunde neben sich, die einen Namen haben und die ihnen im vertieften Spiel zur Seite stehen. (Später, wenn die Kinder oft genug gehört haben, dass neben ihnen nichts ist, treten diese Wesen mehr und mehr in den Hintergrund. Kaum sind aus den kleinen Kindern Jugendliche geworden, erinnern sie nur selten, was einmal war, als sie klein waren.)

Ähnliche Phänomene gibt es auch bei Trauernden. Trauernde erzählen sehr häufig von Besuchen, die sie von ihren lieben Verstorbenen gehabt haben. Sehr häufig berichten sie davon, dass sie sich offensichtlich in einer Art Wachtraum befunden haben und alles aus dieser Begegnung glasklar vor ihnen stünde.

Menschen, die Sterbende begleiten, wissen, wie häufig diese von imaginären Personen und Wesen berichten, die neben ihnen auftauchen und sie entweder behindern (siehe auch das Kapitel: Was hindert am Sterben?) oder sie sichtlich empfangen wollen. Tote Brüder und Schwestern, verstorbene Mütter und Kinder nehmen so scheinbar Kontakt zu den Sterbenden auf. Und es sieht so aus, als sei dies eine Art Begrüßungskomitee, das den Übergang in eine andere Welt zu erleichtern scheint. In jedem Fall können solche Begegnungen ausgesprochen beruhigend auf Sterbende wirken.

Anders sieht es aus, wenn Tiere oder bedrohliche und eventuell anklagende Wesen bei den Verstorbenen auftauchen und in ihnen

Sorgen hervorrufen. Diese bereiten ihnen quasi einen Albtraum im Halbwachbewusstsein. Es können wilde Tiere oder Ratten, Mäuse und Angst machende Insekten und/oder andere bedrohliche Fabelwesen und menschenähnliche Gegner zugegen sein, die bei Sterbenden extreme Angstzustände und erhebliche Unruhe auslösen können. Es sind ähnliche Angstzustände, wie sie bei der oben beschriebenen Sorge vor Anklagen und Gerichtsverhandlungen begegnen, die in einer anderen Dimension auf Sterbende warten. Es scheint, als ob sämtliche Gespenster auf den Plan treten, um Sterbende das Fürchten zu lehren. Dass in dieser Zeit extreme Abwehr auch in Form von Tobsuchtsanfällen auftreten kann, ist eine weitere Erklärung für Zorn- und Wutphasen beim Sterben (siehe auch das Kapitel: »Sterbephasen«).

Beruhigungsmittel für Sterbende – und Trauernde – sind an der Tagesordnung. Leider wird auf den Seelenzustand der Betroffenen damit kein Einfluss genommen. Wir haben nur wenig Ahnung davon, was Sterbende bewegt. Wir haben auch nur sehr wenige Zeugnisse davon, in welchen Dimensionen sich Menschen befinden, die durch Rauschdrogen andere Bewusstseinszustände erleben. Und ob sich Koma-Patienten wirklich nur in einem undefinierbaren »Nichts«, befinden, sei dahingestellt. Dass ein hellwacher Geist in einem Körper wohnen kann, der starr und unbeweglich ist, belegen einige wenige Berichte aus der Arbeit mit Komapatienten und Gelähmten. Ob er sich unabhängig vom sichtbaren und fühlbaren Körper bewegen kann, ist daher als Möglichkeit durchaus in Betracht zu ziehen.

Ähnlich sieht es aus, wenn Trauernde davon berichten, dass die verstorbene Person sie gestreichelt hat oder dass sie genau in dem Moment, in dem dieser nahe Mensch starb, vor dem Fenster Lichtgestalten sahen oder just zu dem Zeitpunkt die Uhr stehen geblieben ist. Diese Berichte tauchen in der Öffentlichkeit kaum auf – ganz einfach, weil sie nicht Erklärbares beinhalten. Trauernde erfahren sehr schnell – ähnlich wie Kinder – dass sie über diese Begegnungen und Erlebnisse besser Stillschweigen wahren. Ihre Ausgrenzung im Status des Trauerns ist ausreichend, sodass sie sich selbst nicht noch mehr ins Abseits katapultieren wollen, indem sie ihre Umwelt mit »Hirngespinsten« behelligen. Gleichzeitig fürchten Trauernde, wenn sie vergleichbare Wahrnehmungen hatten, sie wären nicht mehr normal und stünden sozusagen »mit einem Bein in der Psychiatrie«. Dass andere Kulturen mit diesem Erlebnis-

bereich anders umgehen, ist z. B. in der auch christlich geprägten Kultur Brasiliens zu erleben. Hier ist der Kontakt mit Verstorbenen geläufig.
Ich bezeichne solche Begegnungen als »Seltsame Phänomene«. Und ich erlebe in meinen Gruppen, dass viele Trauernde ausgesprochen unsicher sind, entsprechende Erlebnisse preiszugeben und große Erleichterung verspüren, wenn andere Anwesende sich öffnen und ihnen mit ihren eigenen Erfahrungen bestätigen, dass sie vollkommen normal sind. Es ist erstaunlich, dass fast alle Trauernden mit ihren Verstorbenen sprechen, ganz so als wären diese ununterbrochen bei ihnen. Diese Tatsache wird gesamtgesellschaftlich ebenso wenig registriert, wie akzeptiert oder untersucht. Dass sich hier ein handfester Glauben (der nicht konfessionell gebunden sein muss) und Vorstellungen begegnen, die auf Erfahrung basieren, ist eine weitere Tatsache.

Ratschläge für die Begleitung:

- Seien Sie aufmerksam, wenn Sterbende und Trauernde von folgenden Begegnungen und Erscheinungen berichten:
    - mit eigenen nahen Menschen, die bereits verstorben sind
    - mit anderen, den Sterbenden und Trauernden unbekannten Personen
    - mit Tieren oder Fabelwesen
- Fragen Sie die Betroffenen, ob diese Wesen ihnen eher Sorge bereiten oder sie beruhigen.
- Berücksichtigen Sie, dass bei Angst- und Wutanfällen auch bedrohliche Wesen zugegen sein können.
- Finden Sie ähnlich unkonventionelle Ideen, Bedrohlichkeiten abzuwehren, wie bei dem Beispiel mit den Mausfallen.
- Möglicherweise kann den Betroffenen die Frage an die Wesen hilfreich sein, was diese möchten.
- Lesen Sie das Buch »Schmetterling und Taucherglocke« von Jean-Dominique Bauby. Der Autor hat einen Hirnschlag erlebt und hat als vollständig Gelähmter nur mit seinem Lidschlag ein Buch, Buchstabe für Buchstabe diktiert. Sie werden einen ungeheuer lebendigen Geist in einem unbeweglichen Körper kennen lernen.
- Lesen Sie das Buch »Bis auf den Grund des Ozeans« von Julia Tavalaro. Eine Patientin im Koma hat ihre Geschichte beschrieben.

Metaphern für Vereinigung

Wenn die wahre Vollkommenheit in der Vereinigung vermeintlicher Gegensätze besteht,
dann sterben wir im Leben und leben im Tod.

Alles treibt mich zu dir hin, und dieses Alles scheint Mauern niederzureißen,
um unsere Vereinigung möglich zu machen.

Geschichte von Hilde

Hilde hatte Krebs. Das war ihr aus ihrer Familiengeschichte bekannt: Ihre Mutter, ihre Tanten und eine ihrer Schwestern waren bereits an Krebs gestorben. Die Krankheit schien in der Familie »vererbt« zu werden. Dabei war Hilde noch nicht einmal sehr alt. Sie war mit knapp sechzig Jahren ausgesprochen rüstig, hatte nie geraucht und war regelmäßig schwimmen und wandern gegangen. Hilde hatte nie geheiratet und hatte auch keine Kinder. Allerdings war sie immer gesellig gewesen und hatte sich mit einem großen Freundeskreis umgeben. Als Hildes Leben sich dem Ende zuneigte, erzählte sie allen, die sie besuchten, verschämt lächelnd von den Erlebnissen, die sie hatte, wenn sie döste oder schlief. Da war ein Liebhaber, der sich ihr näherte. Sie freute sich auf die Begegnung, hatte aber gleichzeitig Angst davor.

Geschichte von Werner

Werner hatte Lungenkrebs. Die Diagnose war erst wenige Wochen alt und er baute körperlich sehr schnell ab. Wenige Tage vor seinem Tod sprach er immer wieder vor sich hin: »Wo ist mein Anzug? Ich brauche den guten Anzug! Der muss aufgebügelt sein!« Dazwischen sprach er von einem Fest, das geplant wurde, und dem Pastor, der bestellt werden müsse. Werner suchte Ringe und sprach von seiner Braut, die auf ihn wartete. Alle Bruchstücke, die die Anwesenden hörten und zusammentrugen, ergaben ein schlüssiges Bild: Werner bereitete ein Fest vor und plante Feinheiten dafür. Werner war in diesem Geschehen die Hauptperson, auf die alle warteten. Werner wurde in seinem besten Anzug mit allen Feinheiten, die er sich gewünscht hatte, beerdigt.

Begleitende Worte:

Steht ein besonderer Tag an, wollen wir uns im besten Licht präsentieren und legen Festkleidung an. Sie ist ein wesentlicher Bestandteil

eines Rituals. Hochzeitskleider geben der Eheschließung den richtigen Rahmen. Starb eine junge Frau, bevor sie verheiratet war, galt in früheren Zeiten der Brauch, sie in einem Hochzeitskleid zu beerdigen. Damit war ihre Vermählung, die Vereinigung mit einem nichtirdischen Mann, mit dem Tod, vollzogen.
Unsere tiefste Sehnsucht scheint zu sein, den Weg zu unserem Ursprung und »unserer wahren Heimat« zu finden. Die Heimat ist dabei der Platz, an dem wir sicher und geborgen sind. Wer kennt nicht das sehnsüchtige Gefühl, nach einer langen Zeit der Abwesenheit, endlich wieder vertraute Wege zu gehen. Das scheint in dem Filmklassiker E.T. die elementare und den Zuschauern nachfühlbare Aussage gewesen zu sein: »E.T. nach Hause telefonieren!«. Das ganze Sehnen und Streben des außerirdischen Wesens geht dahin, wieder nach Hause zu kommen. Vielleicht sind wir Menschen auch nichts anderes als Außerirdische, die – solange wir auf der Erde weilen – gar nicht richtig wissen, was sie mit sich anfangen sollen und sich fehl am Platze fühlen. Elisabeth Kübler-Ross hat sich aus diesem Grunde für ihre Beerdigung gewünscht, dass hunderte von Luftballons mit E.T.-Abbildern in den Himmel entsandt werden. Sie hat das Bild wohl verstanden und für sich als Aussage umgesetzt.

Ratschläge für die Begleitung:

- Seien Sie aufmerksam, wenn Sterbende von folgenden Situationen sprechen:
  - Sehnsucht, nach Hause zu gelangen
  - Heimat, die gefunden oder aufgesucht werden soll
  - Feste oder entscheidende Veranstaltungen, wie Hochzeiten, die warten und/oder geplant werden
  - Liebhaber/Innen, die warten
  - Geistliche, die eine Rolle bei dem Geschehen spielen
  - Hochzeitskleider, Festkleider, die als Thema auftauchen
- Sehen Sie sich den Film »E.T.« von Steven Spielberg an.
- Lesen Sie das Buch »E.T. 101«, Verlag Zweitausendeins. In dem »Handbuch für Erdenbewohner« werden auf scherzhafte Weise ernste Fragen gestellt, die ein Nachdenken über ein mögliches Weiterexistieren leicht ermöglichen.
- Lesen Sie Bücher des Autors Douglas Adams (»Per Anhalter durch die Galaxis« u. a.). In diesen Büchern wird ein Schritt ins Universum

getan, der unser Dasein durchaus in größere Zusammenhänge stellen kann.

- Lesen Sie das Buch »Die Sirianischen Versuche« von Doris Lessing. Die Erde als Versuchsobjekt universeller Mächte lässt Hoffnung aufkeimen und größere Gedanken über unser Leben zu.
- Beschäftigen Sie sich mit der Bildsprache verschiedener Religionen und Mythologien.
    - Informieren Sie sich über Jenseitsvorstellungen der verschiedenen Religionen. Diese Vorstellungen und Beschreibungen haben große Auswirkungen auf das Leben der Menschen in den jeweiligen Kulturkreisen. Folgende Adressen im Internet können Ihnen hilfreich sein:
        - www.referat-verzeichnis.de
        - www.fachverband.info.de
        - www.rpi-virtuell.de
- Informieren Sie sich in ortsansässigen religiösen Gemeinden über die Vorstellungen über das Leben und die Vorstellungen über ein Dasein nach dem Tod.
- Bilden Sie sich Ihre eigene und ganz persönliche Vorstellung davon, wie ein Vorher oder Nachher des Lebens aussehen kann. Informieren Sie sich über die Vorstellungen verschiedener Religionen und erlauben Sie sich gleichzeitig, Ihre eigene Vorstellung zu entwickeln.

Die letzte unlösbare Frage der Menschheit scheint die zu sein, woher wir kommen und wohin wir eines Tages gehen werden. Bin ich bereits existent, wenn ich noch keine Körperlichkeit besitze? Gelange ich irgendwohin und gibt es mich noch, wenn ich den letzten Atemzug hinter mir habe? Eine tiefe Sehnsucht, das zu wissen und zu erfahren, begleitet uns unser ganzes Leben lang. Diese Sehnsucht scheint es auch zu sein, die seit Menschengedenken Fragen aufgeworfen und Religionen mit den entsprechenden Erklärungsversuchen hat entstehen lassen.

Möglicherweise steht hinter den von Sterbenden verwendeten Metaphern eine Ahnung davon, dass wir in unsere Heimat zurückkehren werden und sich damit die Sehnsucht unseres ganzen Lebens erfüllt. Vielleicht steht das permanente Gefühl von großer Einsamkeit, das Menschen in ihrem Leben begleiten kann, dahinter. Dann ist die Rückkehr in den Schoß der Geborgenheit das eigentliche Ziel, nämlich, die Abtrennung zu überwinden und wieder eins zu werden mit dem Ursprung. Erst mein Tod vereint mich mit diesem Ursprung, hebt Einsamkeit und Trennung seit meiner Geburt auf – entsprechend dem Ausspruch: Ich stamme aus einer anderen Welt und in diese kehre ich eines Tages zurück.

Wer seinen Blick in andere Richtungen lenkt, kann Ungeahntes entdecken. Dies ist das Deckengewölbe in der Evangelischen Stadtkirche von Bad Wimpfen.

Was hindert Menschen am Sterben?

Wir rennen unbekümmert in den Abgrund, nachdem wir irgendetwas vor uns hingestellt haben, das uns hindern soll, ihn zu sehen.
Blaise Pascal

Sie können wohl alle Blumen abschneiden, aber sie können den Frühling nicht verhindern!
Raphael Helfenstein

Die Frage:
»Wie kommt es eigentlich«, fragte Sabine eines Tages, »dass es Menschen gibt, die scheinbar ohne jedes Problem aus dem Leben gehen können, und andere sich unendlich quälen müssen, bevor sie den letzten Atemzug tun? Ich erlebe so oft, dass Menschen sagen, sie wollen einen schnellen und schmerzlosen Tod. Und dann zieht sich ihr Sterben über Monate hin. Andere wirken so, als ob sie sich ganz schnell aus dem Leben davonschleichen. Dieses Phänomen verstehe ich nicht.«

Die Antwort:
Das ist die Frage nach dem Sinn von Schmerzen und Leiden. Diese Frage lässt sich nicht ganz so schnell beantworten. Denn es sind viele Gründe zu nennen, die Menschen daran hindern können zu sterben. Wir werden sehen, welche Hürden sich vor uns Menschen angesichts des Abschieds auftun können und wir werden erkennen, wie Menschen bei der Überwindung der Hürden Unterstützung gegeben werden kann.

Es heißt in vielen alten Schriften: »Der Schlaf ist der kleine Bruder des Todes«. Die Parallelen zwischen dem Einschlafen und dem letzten Atemzug sind beeindruckend und können uns eine gute Anschauung davon vermitteln, was Sterbenden Probleme bereitet. Wir alle wissen, dass es viele Gründe gibt, die einen ruhigen und tiefen Schlaf verhindern. Das, was uns bewegt, wenn wir eigentlich vertrauensvoll in den Schlaf sinken wollen, lässt unsere Gedanken nicht zur Ruhe kommen. Wenn wir schlafen gehen und uns mit einem großen Vertrauen an die Dunkelheit hingeben wollen, kommt hervor, was wir nur ungern an uns heranlassen. Wenn die Eindrücke des Tages mit den dazugehörigen Ablenkungen in den Hintergrund getreten sind, bedrängen uns unsere Sorgen. Auch

körperlicher Schmerz und das Festhalten an unseren Tagesaktivitäten kann unsere ganze Kraft und Aufmerksamkeit fesseln und uns davon ablenken, den Weg ins Ungewisse zu gehen.
Lang dauernde Qual und Sorge, die am Sterben hindern, sind für Sterbende und ihnen nahe Menschen ein entsetzliches Martyrium. Diese Tortur gehört in den Bereich, den ich mit »Himmel und Hölle« bezeichne. Dabei trägt der Himmel alle nur denkbaren Hoffnungen auf weitere Gemeinsamkeit und Gesundung in sich, die Hölle lässt alle entsetzliche Schmerzen und furchtbare Pein erleben und zerschmettert dabei jede Hoffnung auf Glück und Zukunft. Angesichts des Sterbens ist nichts mehr, wie es einmal war, und es wird alles anders werden, als es je war. Jedes Einschlafen mag uns vorgaukeln, wir könnten auch alles am nächsten Tag erledigen. Sterbende werden durch alles, was noch »offen« ist, am Sterben gehindert. Und erst die Beruhigung ihres Gewissens wird ihnen die Möglichkeit geben, in Frieden gehen zu können.
Vereinfacht kann man sagen, dass alles das, was wir anderen angetan haben, und das, was andere uns angetan haben, dann deutlich wird, wenn wir mit uns selbst und der Dunkelheit konfrontiert sind. Dann steht alles, was wir je gesagt haben oder womit andere uns verletzt haben, gnadenlos mitten im Raum und verhindert jede Entspannung. Wir sind dem ausgeliefert, und nichts auf der Welt wird unser Problem erledigen. Dann ist uns auch ganz plötzlich klar, was wir vermieden haben zu tun, obwohl wir wussten, dass wir es lange hätten erledigen sollen. Sterbende haben viel Zeit nachzudenken und an dem festzuhalten, was ihre Sorgen sind. Jeder Mensch, der in seinem Leben eine schlaflose Nacht verbracht hat, weiß, wie unendlich quälend die Gedankenwelten mit allen dazugehörigen Schmerzen sein können.
In einer relativ groben Einteilung kann man sagen, dass folgende Hintergründe das Leben und Sterben eines Menschen verlängern, behindern und schwer machen können:

- Körperliche Schmerzen
- Seelische Schmerzen
    - Trennungsschmerz
        - Von nahen Menschen
        - Von sinnlichen Erlebnissen
        - Von lieb gewordenen Angewohnheiten

    - Zukunftsschmerz – Vergangenheitsschmerz

  - Sorge um andere Menschen
  - Ungewissheit
  - Strafe und schlechtes Gewissen
  - Das Hadern mit anderen Menschen und die Revanche

- Substanzen
  - Intensivmedizin
    - Künstliche Ernährung
    - Reanimation

Körperliche Schmerzen

Klage nicht so sehr über einen kleinen Schmerz.
Das Schicksal könnte ihn durch einen größeren heilen.
Unbekannt

Es gibt Menschen, denen man keinen Schmerz mitteilen kann, ohne dass sie gleich einen ähnlichen mitzuteilen hätten.
Johann Peter Hebbel

Jeglicher Schmerz ist subjektiv, individuell und kann niemals für einen anderen erfahrbar werden.
Marc Schwob

Pain is a sure sign
That you are alive.
Elbert Hubbard

Geschichte von Peter
Peter hatte eine einzige Tochter. Er hatte sich schon vor vielen Jahren von seiner Frau getrennt und sein Leben zurückgezogen gelebt. Weder hatte er besondere Vorlieben deutlich gezeigt, noch besondere Begabungen gehabt. Er zeigte sich seiner Tochter bei den wenigen Malen, die sie ihn traf, als pedantischer und rechthaberischer Vater, der ihr nicht zu zeigen vermochte, dass sie ihm am Herzen lag. Sie war erwachsen, und es vergingen immer etliche Monate, bis ein Kontakt zwischen ihnen entstand. Peter hatte die Diagnose Plasmozytom (eine bösartige Erkrankung, die mit Knochenauflösung einhergeht) bekommen. Er hatte schon seit Monaten über Rückenschmerzen geklagt und war fälschlicherweise – wie es häufig geschieht – auf »unklare rheumatische Beschwerden« mit Schmerzmitteln behandelt worden. Der Schock für Peter, als er den Grund für seine Schmerzen erfuhr, war groß. Er suchte sich alles aus der

Literatur und dem Internet, was über diese Erkrankung und die entsprechenden Prognosen zu finden war. Alles, was er las, war wenig erbaulich, und Peter richtete sich darauf ein, dass sein Leben in absehbarer Zeit zu Ende sein würde. Peter intensivierte den Kontakt zu seiner Tochter. Er bat sie, zu ihm zu kommen, und in den letzten Monaten seines Lebens klärten sie langsam, was ihre Vater-Tochter-Beziehung so schwer gemacht hatte. Sie sprachen in dieser Zeit auch über das, was nach seinem Tod sein könnte. Peter war, wie er selbst sagte, ein »Kopfmensch« und »Realist«. Er habe noch nie eine Seele gesehen, spottete er. Peters Schmerzen wurden immer stärker, während in Folge seiner Krankheit die Gefäße und Organe durch Calciumablagerungen immer mehr in ihrer Funktion eingeschränkt wurden. Die Dosierungen der Schmerzmittel wurden dementsprechend höher gesetzt. Peters Tochter verbrachte die letzten Wochen, so oft sie die Möglichkeit hatte, bei ihm im Krankenhaus. Peter konnte schon kaum mehr sprechen, als sein schmerzverzerrtes Gesicht ihr bedeutete, ihm näher zu kommen. Als sie das tat, hörte sie ihn flüstern: »Ich kann nicht mehr …« Das waren seine letzten Worte und nach ein paar wenigen Minuten war er tot.

Geschichte von Ingrid

Ingrid hatte bereits die dritte Chemotherapie hinter sich. Ihr waren beide Brüste abgenommen worden. Sie hatte Lebermetastasen, die ihre Leberwerte stark ansteigen ließen, und Knochenmetastasen, die starke Schmerzen hervorriefen. Ingrid besuchte stoisch jede weitere Chemotherapie und machte sich Gedanken um die freundlichen Ärzte, die so viel zu tun hätten, dass sie »doch nicht auf jede Frage eingehen können«. Alles deutete darauf hin, dass auch eine weitere Behandlung Ingrid vor dem Tod kaum retten würde. Doch Ingrid wollte auf keinen Fall durch Schmerzmedikamente ruhig gestellt werden. Sie wollte wach und klar sein – komme, was wolle. Ingrid probierte verschiedene Behandlungsansätze aus. Schließlich fand sie das, was ihr und ihrer Fantasie am meisten entsprach: Sie lernte in inneren Bildern zu denken. Sie zog sich von allem zurück, sobald sie spürte, dass ein neuer Schmerz auftreten würde, und begann, sich Geschichten auszudenken. Die Geschichten kreisten darum, dass sie in ihren Knochen Wesen fand und mit ihnen gemeinsam Lösungen für die Beruhigung von Nervenendigungen und Schmerzrezeptoren fand. Ingrid erzählte davon, wie sie sich selbst wie in einem Film beobachtete und lange Fäden – ihre Vorstellung von Nerven – streichelte, bis diese sich beruhigten. Dann ließen die Schmerzen nach. Ab und zu lachte Ingrid, wenn sie das erzählte, und amüsierte sich bei der Vorstellung, dass sie dabei sei, neue Hollywoodfilme in einzelnen Sequenzen zu erschaffen. Ingrid erzählte auch von einem riesigen großen Wal, der in ihrer Leber wohnte und dem es immer dann schlecht ging – ebenso wie ihrer Leber – wenn das Wasser verdreckt war. Dann musste sie gemeinsam mit ihm dafür sorgen, dass klares, frisches Wasser in das Organ strömte. Ingrids Haut wurde durch die Leberstörung stetig gelber. Doch sie sank nicht, wie bei Lebermetastasen anzunehmen ist, ins Leberkoma. Ingrid staunte selbst, dass sie durch ihre »Geschichten«, wie sie sie nannte, die Schmerzen kontrollieren konnte. Ingrid starb ohne jedes weitere Medikament.

Begleitende Worte:

Wir alle wissen, dass Schmerz sinnvoll sein kann. Schmerz hindert uns daran, unsere Hand tatsächlich ins Feuer zu stecken und damit Schaden zu nehmen. Schmerz oder die Furcht vor aufkommendem Schmerz haben in der Pädagogik früherer Zeiten dazu geführt, dass jeder Fehler und jeder Unsinn, der angerichtet werden sollte, entweder aus Angst nicht begangen wurde oder keinesfalls entdeckt werden durfte. Das war auch die Zeit, in der die Androhung von Prügel vermeintlich dazu dienen sollte, Kinder zum Lernen zu bewegen. Die Kombination von körperlichem Schmerz und der Angst vor dessen Auftreten bildet die fatale Mischung, mit der Menschenwürde zunichte gemacht werden kann. Berichte von Folteropfern aus der ganzen Welt erzählen von den Folgen dieses grausamen Zusammenspiels von körperlichem und seelischem Schmerz. Und schon die Erwartung eines Schmerzes kann diesen entstehen lassen. Das Phänomen des Zusammenspiels zwischen Schmerz und Angst ist in Medizin und Psychologie bekannt.

Schmerz macht uns darauf aufmerksam, wenn ein Organ oder ein Teil eines Organs nicht in Ordnung ist. Wer immer die Wirkung von Zahnschmerzen erlebt hat, weiß, wie behindernd und alles andere verdrängend ein Schmerz sein kann. Und entweder greife ich dann zu einer Schmerztablette, in der Hoffnung, die Qual – wenigstens kurzzeitig – vergessen zu können, oder aber ich nehme meinen Mut zusammen und trete den Weg zum Zahnarzt an.

Wenn man bei bestimmten Bewegungen einen Schmerz verspürt, ist man darum bemüht, weitere Schmerzen zu vermeiden. Das bedeutet, dass eine Schonhaltung eingenommen wird und der Organbereich damit entlastet wird. Das ist der zweite Sinn, den ein Schmerz haben kann. Als dritte Funktion des Schmerzes wird die Heilfunktion erwähnt. Eine Heilfunktion hat ein Schmerz genau dann, wenn ich z. B. einen überbeanspruchten Arm nicht mehr bewege, bis eine bestehende Entzündung darin geheilt ist. Dabei ist allein die Ruhigstellung die Voraussetzung den Heilungsprozess in Gang zu setzen. Dass ich durch die schonende Körperhaltung möglicherweise letztlich andere Körperteile überbeanspruche, bis diese anfangen zu schmerzen, steht auf einem anderen Blatt. Das sind die verschiedenen Schutzfunktionen, die die Empfindung Schmerz mit sich bringt.

Wer jemals Schmerzen gehabt hat, weiß, wie stark diese jeden anderen Gedanken und jedes Empfinden überdecken können. »Wenn Schmerzen da sind, geht gar nichts anderes mehr«, sagen Betroffene dazu. Gleichzeitig ist bekannt, dass ab einem bestimmten Angst- oder Schmerzlevel normale menschliche Triebe zurückgestellt werden. Mit normalen menschlichen Trieben ist nicht nur die Nahrungsaufnahme gemeint, sondern auch der Sexualtrieb oder soziale Bedürfnisse wie Kontakt zu anderen Menschen. Schmerz kann alles andere zurückstellen und Betroffene sind diesem letztlich ganz und gar allein ausgeliefert. Schmerzen bieten damit auch Zuflucht, denn sie lenken von allem anderen ab, auch vom Grübeln und Nachdenken (siehe unten). Dies bedeutet dann aber auch, dass ich mich von nichts anderem als diesem Schmerz berühren lasse. Ich bin frei davon, Zorn, Verletztheit, Missgunst oder Hass spüren zu müssen. Und unsere Umgebung versteht sehr wohl, dass der Schmerz jede andere, möglicherweise notwendige Auseinandersetzung in den Hintergrund schiebt. Es ist durchaus ein Gewinn, wenn uns im Fall von Schmerzen alle in Ruhe lassen. Es kann erheblich schmerzhafter sein, sich seinen Gefühlen, Versäumnissen und dem eigenen Gewissen zu stellen.

In dieser Normalebene ist der Sinn von Schmerzen völlig nachvollziehbar. Problematisch wird Schmerz ganz besonders dann, wenn er chronisch auftritt und wenn sich die große Angst der Menschen erfüllt, dass Sterben ein qualvoller Prozess sein muss. Immerhin haben – je nach Tumorart (siehe unten) – ca. 50–70 % der Tumorerkrankten Schmerzen.

Die Argumentation gegen Schmerzmedikamente, »diese könnten süchtig machen«, ist absurd: Sterbende in einem Endstadium sind austherapiert. Die Frage einer Abhängigkeit kann sich nicht stellen, da die Betroffenen mit größter Wahrscheinlichkeit verstorben sind, bevor sie süchtig werden können. Und sollte jemand das Wunder erleben, aus diesem Stadium gesund hervorzugehen, wird dieser

Mensch auch das weitere Wunder vollbringen, wieder unabhängig von der Substanz zu werden.
Ein anderes Problem besteht dann, wenn ehemals Drogenabhängige bösartig erkranken und plötzlich – ganz legal – die Wunschträume ihrer ehemaligen Süchte erfüllt werden. Das kann den Betreffenden und ihren Nahestehenden zu einer besonderen Qual des Abschieds werden.
Thema bei Schmerzbehandlungen sind auch Nebenwirkungen, die durch die verordneten Medikamente auftreten. Verstopfung, Übelkeit, Bewusstseinstrübung und Schlafstörungen sind nur einige davon. Dass diese Nebenwirkungen dann mit einer weiteren Batterie an Medikamenten behandelt werden, wissen nicht nur Patienten, die sich in der Endphase ihres Lebens befinden.
Statistiken zeigen, dass etwa die Hälfte der Menschen mit Krebs unter Schmerzen leidet. Da Schmerz ein persönliches Empfinden ist und nur schwer objektiv zu beurteilen ist, gehen Schmerztherapeuten mit einer so genannten Schmerzskala bei der Dosierung von Medikamenten vor. Diese Skalen füllen Patienten nach ihrem eigenen, individuellen Empfinden aus. Dadurch haben die Behandelnden die Möglichkeit einzuschätzen, inwieweit körperlicher Schmerz gelindert werden muss.
Schmerzen bei Krebskranken und anderen Patienten im Endstadium ihres Lebens sind in vielen Fällen Anlass für prophylaktische Behandlung. Standardbehandlung sind Opiate und heute auch zunehmend synthetische Schmerzpflaster mit dem Wirkstoff Phentanyl, wodurch Patienten Schmerzlinderung erfahren, ohne gleichzeitig eine starke Bewusstseinsbeeinträchtigung zu erleben. Opiate werden sehr häufig angewandt, ohne nachzufragen, ob überhaupt Schmerz vorhanden ist. Ebenso setzt man Angst bei Sterbenden voraus, womit jede kleine Unruhe, in der vielleicht ein Gespräch auch hilfreich sein könnte, sehr schnell medikamentös behandelt und sediert wird. Dazu eine Krankenschwester, die viele Jahre in verschiedenen Klinken die Behandlung von Sterbenden erlebt hat: »Einschläfern ist zu einem Akt der Menschlichkeit geworden. Fast alle Tiere werden heute eingeschläfert, und ich kann angesichts der Diskussion über aktive Sterbehilfe nur lachen. Das wird täglich in der Klinik getan! Als ›Akt der Menschlichkeit‹ werden Menschen im Endstadium ihres Lebens mit Morphium tot gespritzt und mit Beruhigungsmitteln zugedröhnt. Alles aufgrund der Voraussetzung, sie müssten Schmerzen und Ängste haben. Die Angst von uns allen vor

dem Tod heißt, dass Sterben und Schmerzen identisch sind.« Ich kenne diese erfahrene Krankenschwester seit vielen Jahren als besonnene und bedachtsame Frau. Möge sie Unrecht haben.

Schmerzen in den Griff zu bekommen und damit eine Linderung des Leidens zu bewirken, ist Aufgabe der Palliativmedizin. Diese hat nicht als Ziel, Patienten wieder zu heilen, sondern ihre Schmerzen so weit zu lindern, dass ein höheres Maß an Lebensqualität am Ende des Lebens erhalten bleibt. Ziel der palliativ-medizinischen Einrichtungen ist es, die Patienten wieder in ihr gewohntes Umfeld zu bringen. Das heißt die Betroffenen werden entweder nach Hause entlassen oder kommen, wenn sie medikamentös eingestellt sind, in ein Hospiz. Tatsache ist, dass Menschen, die in eine Palliativstation aufgenommen werden, zu diesem Zeitpunkt oftmals unter sehr starken Schmerzen leiden und dennoch aus verschiedenen Gründen heraus nur unzureichend mit Schmerztherapeutika versorgt sind. Tatsache ist auch, dass sehr viele den Zeitpunkt ihres Todes auf einer Palliativstation erleben. Hintergrund dafür mag sein, dass es bislang in Deutschland nur zwei Lehrstühle für Palliativmedizin gibt, d. h. nicht genügend ausreichend ausgebildete Schmerztherapeuten zur Verfügung stehen. In den Palliativ-Care-Ausbildungen ist das Thema Tod und Sterben dabei letztlich von untergeordneter Wichtigkeit. Hier stehen Schmerzbehandlung und medikamentöse Behandlung von Unruhe und Angst im Vordergrund.

Schmerz ist Kommunikationsmittel, gemischt aus verbalen Äußerungen, mit Bildern und Vergleichen und zusätzlicher Mimik und Körpergestik sowie Verhaltensweisen. Dass dabei der persönliche Gewinn, den ein Mensch mit Schmerzen durch seine Umwelt erfährt, ebenfalls eine Rolle spielt, ist klar.

Die Schmerzempfindung scheint von verschiedenen Faktoren abhängig zu sein. Die oben erwähnten Skalen erlauben individuelle Schmerzempfindungen darzustellen. Dabei ist das persönliche Empfinden auch davon abhängig, wo die Schmerzgrenze des Einzelnen liegt. Der Ausspruch »Ich müsste schon einen Orden für die Schmerzen bekommen, die ich ausgehalten habe!«, fällt womöglich öfter, als wir geneigt sind anzunehmen.

Die Persönlichkeit spielt bei der Schmerzempfindung eine ebenso wichtige Rolle wie äußere Umstände, die jeweilige Umgebung und die Sozialisation. So leidet ein Soldat, der im Kampf verwundet wurde, ungleich weniger als ein Zivilist. Gleichzeitig benötigt er weniger Medikamente und auch weniger Pflege. Der Zivilist leidet umso mehr, je eher er auf eine Entschädigung (Bsp. Arbeitsunfall) hoffen kann. Das wird so erklärt, dass ein Soldat aufgrund seiner Verletzung nicht mehr kämpfen muss, außerhalb der Gefahrenzone sich befindet und gleichzeitig für seine Dienste Anerkennung erfahren wird. Für den Zivilisten bedeutet ein Ausfall sozialen Verlust, sei es aus Gründen der verminderten Erwerbstätigkeit oder gar des Status eines Behinderten. In diesen Fällen gibt es nicht Ehrung, sondern Ausgrenzung.

Weiteres Kriterium für Schmerzempfindung ist die Aufmerksamkeit. Bei Sportunfällen zeigt sich, dass das Ziel – nämlich das Gewinnenwollen – viel entscheidender sein kann als der Schmerz, der bei einer Sportverletzung auftaucht. In diesen Fällen dauert es oft sehr lange, bis der Schmerz überhaupt wahrgenommen wird. Bereitet der Gang zum Zahnarzt einem Angst, treten Zahnschmerzen viel stärker auf. Das hat den Hintergrund, dass beim Zahnarztbesuch von vornherein die ganze Aufmerksamkeit auf den möglichen kommenden Schmerz gerichtet ist.

Ebenso nehmen Geschlecht, Beruf und ethnisch-kulturelle Zugehörigkeit Einfluss auf das Schmerzempfinden. Handwerker haben weniger Schmerzen als Angestellte, deren Berufstätigkeit sitzend ausgeübt wird, im Allgemeinen zeigen sich Männer unempfindlicher als Frauen, obwohl Männer gleichzeitig schneller um Schmerzmedikamente bitten. Der Ausspruch, dass »wer am meisten leidet, näher bei Gott sitzen wird«, ist in vielen Kulturen bekannt. Selbstverständlich wird in einer Tradition, die dem Leiden und somit dem Klagen großen Wert einräumt, mehr geklagt werden als in einer Gesellschaft, die zurückhaltend und klaglos sein will. Ob es sich hier allerdings um tatsächliches Schmerzempfinden oder um den Ausdruck von Schmerz handelt, ist unklar.

Eine mitfühlende Umgebung fördert die Ruhe des Kranken. Erziehung und Nachahmung spielen gleichfalls eine wichtige Rolle bei der Schmerzempfindung. Wem in seiner Kindheit beigebracht wurde, dass Schmerzen »nichts Besonderes« sind, wird Schmerzen deshalb später auch nicht so schwer nehmen.

Schmerz stellt sich als eine Kombination vieler verschiedener (Hintergrund-) Faktoren dar. Bei Tumorpatienten spielt der Druck, den der Tumor auf Nervenbahnen und die Reizung der Schmerzrezeptoren ausübt, eine große Rolle. Gleichzeitig gibt es die oben beschriebenen kulturellen und persönlichen Aspekte, die mit dem Geschehen verbunden sind. Und letztlich gibt es noch die vielfältigen seelischen Nöte, die mit allen Schmerzen einhergehen, diese hervorrufen und verstärken können.

Die seelischen Nöte und die Sinnfragen sind durchaus Gegenstand psychologischer Untersuchungen und werden angesichts des Sterbens auch in Nebensätzen erwähnt. Dadurch, dass sie jedoch ausgesprochen schwer greifbar sind und eher Hilfestellung von Seelsorgern benötigen, drohen sie, sowohl in der Palliativmedizin als auch in der Hospizbegleitung, immer mehr ins Abseits zu geraten. Wahrscheinlich ist es einzig dort arbeitenden, zutiefst engagierten und handfesten Menschen zu verdanken, dass das Thema Angst überhaupt aufgegriffen und angegangen wird. Ängste anzusehen und für sie eine Lösung zu finden, gehört zu den schwersten Aufgaben im Leben. Ängste lähmen und scheinen jedes Handeln unmöglich zu machen. Diese Ängste zu verwandeln, bedeutet, trotz der gefühlten Ohnmacht handeln zu lernen und dabei Unterstützung zu bekommen (siehe unten).

Die folgenden Ratschläge gelten nicht nur für Sterbende und Trauernde, sondern für alle, die mit Schmerz konfrontiert sind.

Ratschläge für Menschen mit Schmerzen und Begleitende:

- Denken Sie über andere und zusätzliche Möglichkeiten und Lösungen für die Linderung von Schmerzen nach.
- Haben Sie Mut, und suchen Sie sich Unterstützung bei Schmerzen. Dazu kann die Suche im Internet, wie auch bei SchmerztherapeutInnen und PalliativmedizinerInnen hilfreich sein.
- Informieren Sie sich zusätzlich zu allen klinisch verordneten Medikationen über weitere Möglichkeiten der Schmerzlinderung.
    - Das Internet bietet eine unendliche Fülle an guten Adressen für Informationen an. Zum Beispiel
        - www.m-ww.de (Medicine-world-wide)
        - www.tk-online.de
    - Infobroschüre der Techniker Krankenkasse (TKK) über Tumorschmerzen.
    - Sehr informativ im Blick auf die Ergebnisse klinischer Schmerzforschung ist das Buch »Der Schmerz« von Jean-Marie Besson.
    - Lesen Sie das Buch »Schmerz« von Marc Schwob. Der Autor geht auch auf andere als ausschließlich klinische Faktoren ein, beschreibt zusätzliche Hintergründe und Faktoren bei körperlichen Schmerzen.

- Informieren Sie sich auch über alternative Behandlungsmöglichkeiten. Folgende Behandlungsmethoden haben sich als hilfreich erwiesen:
  - Akupunktur
  - Hypnosetechniken
  - Weitere naturheilkundliche Verfahren, z. B. Humoraltherapie, Homöopathie u.v. a.
  - Entspannungsmusik
    - Einige Kliniken haben Musik von Dennis Hart (www.dennishart.com) sowohl unterstützend bei Operationen, wie zur Schmerzlinderung eingesetzt.
    - Siehe auch:
      www.dkfz-heidelberg.de
      www.musiktherapie.org
      www.sportkrankenhaus.de
      Hier finden Sie interessante Hintergründe und Beschreibungen über Versuchsreihen Musik in der Schmerztherapie betreffend. Finden Sie Ihre eigene Musik, die Ihnen Entspannung verschafft.
  - Informieren Sie sich über die verschiedenen Möglichkeiten der Psychoneuroimmunologie, Schmerz zu lindern.
    - Beispiel: Setzen Sie sich mit geschlossenen Augen an einen ruhigen Platz. Atmen Sie tief durch und lassen Sie ihren Atem durch den Körper ziehen. Fühlen Sie nach, wo Sie Schmerz verspüren. Nehmen Sie dabei wahr, ob der Schmerz dumpf oder scharf, diffus oder zentriert oder kompakt ist. Wenn Sie das wahrgenommen haben, fühlen Sie nach, welche Farbe diesen Schmerz möglicherweise lindern könnte. Sie wissen sehr genau, welcher Farbton das sein könnte. Wenn Sie den Ton gefunden haben, lassen Sie mit jedem Einatmen diese Farbe in die Stelle fließen, an der Sie den Schmerz lokalisiert haben. Machen Sie dies einige Minuten, lassen Sie sich Zeit dabei.
- Lassen Sie sich bei Tumorschmerzen im Endstadium nicht davon abhalten, einen Schmerztherapeuten und/oder Palliativmediziner aufzusuchen und alternative Möglichkeiten der Behandlung (S. u.) zu finden.
- Argumente für Medikamentenreduktionen bei Schmerzen sind häufig, dass diese abhängig machen können. Selbstverständlich ist

Suchtgefahr für einige Menschen ein wichtiges Thema. Aber angesichts des Sterbens ist es absurd, langfristig auftretende Abhängigkeit als problematisch auszugeben.

- Lesen Sie Bücher von Carl Simonton. Der Autor hat mit viel Erfahrung mit Tumorpatienten und ihrem Schmerz gearbeitet und bietet viele Möglichkeiten – außer Substanzen und zusätzlich zu diesen – für die Behandlung an.

Seelische Schmerzen

Trennungsschmerz beim Abschied von nahen Menschen

Lebe wohl! – du fühlest nicht,
was es heißt, dies Wort der Schmerzen,
mit getrostem Angesicht
sagest du's und leichtem Herzen.
Lebe wohl! – Ach, tausendmal
hab' ich es mir vorgesprochen
und, in nimmersatter Qual,
mir das Herz damit zerbrochen!

Eduard Mörike

Du siehst die leuchtende Sternschnuppe nur dann, wenn sie vergeht.

Christian Friedrich Hebbel

Irgendwo blüht die Blume des
Abschieds und streut immerfort
Blütenstaub, den wir atmen,
herüber; auch noch im kommenden
Winter atmen wir Abschied.

Rainer Maria Rilke

Die Straße komme dir entgegen,
der Wind stärke dir den Rücken,
die Sonne scheine warm in dein Gesicht, der Regen falle sanft auf deine Felder.
Bis wir uns wieder sehen,
berge dich Gott in der Tiefe seiner Hand.

Altirischer Segenswunsch

Geschichte von Iris

Iris wusste genau, dass sie sterben würde. Ihr Mann wusste es auch. Sie hatte die Chemotherapie nur schlecht überstanden und nun hatte sie – wenige Wochen nach Abschluss der Behandlung – bereits Metastasen an der Wirbelsäule. Sie hatte Schmerzen, und sie konnte ihren linken Arm kaum mehr bewegen. Iris starrte nur noch vor sich hin. Die einzige Zeit des Tages, an der sie ein klein wenig abgelenkt war, war gegen Abend, wenn ihr Mann mit den beiden kleinen Kindern zu ihr ins Hospiz kam. Steffi war drei Jahre alt und Tim fünf. Iris' Herz krampfte sich zusam-

men, wenn sie die beiden sah. Doch dann hielt sie sie in ihrem Arm und sie hatte sie bei sich. »Den Abschied von ihnen, den will ich nicht«, sagte sie. »Ich will sie umarmen können, und ich will sie bei mir haben!« Sie hatte einen Brief an ihre Kinder geschrieben, in dem sie ihnen das sagte und hinterließ, was die Kinder erst als Erwachsene verstehen würden. »Ich habe Angst«, sagte sie. »Und wenn ich aufgehört habe fernzusehen, dann denke ich über mein Elend nach. Die Angst wird nachts immer größer, und ich fühle Panik in mir.« Iris sah mit Neid die junge Schwester im Hospiz an. Die hatte auch kleine Kinder, doch sie konnte jeden Abend zu ihrer Familie nach Hause gehen. Nur eine Kleinigkeit konnte sie letztlich erreichen. Eine Nachbarin sprach mit ihr und sah ihr fest in die Augen, als sie sagte: »Hör zu! Ich verspreche dir etwas, das stimmt, so wahr ich hier sitze: In dreißig Jahren, wenn du lange tot bist und wenn deine Kinder erwachsen sind, wirst du sie und werden sie dich immer noch lieben! Das wird keinen Deut anders sein als heute. Dann aber ist der Schmerz für euch alle hoffentlich schon lange vorbei. Und das ist wahrscheinlich das Einzige, was dich und euch vor dem Abschiedsschmerz retten kann. Also halte daran fest!« Iris brach in Tränen aus. Sie weinte lange und bitter. In dieser Nacht war sie sehr unruhig und kämpfte mit der aufkommenden Panik. In den nächsten Tagen wurde sie ruhiger und nach zwei Wochen starb sie.

Geschichte von Walther

Walther hatte in seinem Leben immer davon gesprochen, dass er weder im Krankenhaus vor sich hin vegetieren noch auf einer Pflegestation sein Dasein fristen, sondern einfach irgendwann einmal »tot umfallen« wolle. Deshalb verriet er seinen Lieben rechtzeitig, wo er seine Patientenverfügung verwahrt hatte. Sein Sohn mochte es nicht, wenn er darüber sprach. Er wechselte dann schnell das Thema und hörte dem, was sein Vater sagte, eher widerwillig zu. Er hing sehr an seinem Vater und schätzte das tiefe Vertrauen und seinen väterlichen Schutz, den er ihm in seinem Leben gegeben hatte. Walther wurde älter und er wurde kränker. Und eines Tages kam Walther nach einem Schlaganfall ins Krankenhaus. Sein Sohn war jeden Tag nach seiner Arbeit bei ihm und saß dann hoffnungslos und handlungsunfähig neben ihm. Walther sollte auf Anraten der Ärzte künstlich ernährt werden, und in seiner Verzweiflung willigte sein Sohn ein. Walthers Sohn dachte mit keinem Gedanken mehr daran, dass sein Vater mit der unterschriebenen Patientenverfügung einen anderen Willen gehabt hatte. Auf diese Weise brauchte Walther mehrere Monate, bevor er sterben konnte. In dieser Zeit fand sein Sohn langsam und allmählich Zugang zu dem Gedanken, dass er seinen Vater »gehen lassen« müsse.

Begleitende Worte:
Abschiedsschmerz tut weh. Jene Wehmut, die uns packt, wenn wir einen vertrauten Ort verlassen müssen, zieht unser Herz zusammen. Viel schwerer noch ist es, sich von Menschen zu trennen. Trennungsschmerz und Liebeskummer nach beendeten Beziehungen weisen Parallelen zu einem Abschied durch den Tod auf.

Der Tod jedoch ist endgültig. Selbst die Vorstellung, dass wir vielleicht mehrere Leben haben und dann unsere Lieben in irgendeiner Form wieder treffen werden, bietet wenig Trost. Denn so, wie wir uns in diesem Leben begegnet sind, werden wir ihnen nie wieder begegnen. Wir haben uns in diesem Alter, in diesem Körper und in dieser Zeit getroffen und gekannt. Das ist mit dem Tod eines Menschen endgültig vorbei und nur schwer zu fassen. Sämtliche Vorstellungen verschiedener Reinkarnationstheorien mildern den Trennungsschmerz dabei kaum, denn will ich nicht den Menschen, wie ich ihn kenne, genauso behalten? Ich will nicht mein Kind als Mutter, meinen Großvater als Onkel usw. haben! Und ich will mir auch nicht vorstellen müssen, dass mein Geliebter mir möglicherweise als Frau wieder begegnen wird. Ich will, dass alles so bleibt, wie es jetzt ist.

Den unendlichen Trennungsschmerz haben letztlich alle, die angesichts ihres Sterbens von nahen Menschen Abschied nehmen müssen. Tief in sich weiß man dann, dass man sich nie wieder umarmen, nie wieder riechen, nie wieder streicheln kann.

Jeder Mensch, der seinen nahenden Tod spürt, muss diese Trennungsangst durchmachen. Bei der Frage, was ein Mensch angesichts seines Todes am meisten vermissen würde, ist die häufigste Antwort, dass es die ihm am meisten ans Herz gewachsene Person ist. Einerseits hält uns die tiefe Beziehung zu anderen gesund und frei von jedem Einsamkeitsgefühl. Andererseits zerreißt es uns das Herz, wenn wir uns nur vorstellen, dass eine Trennung anstünde. Sterbende und ihnen Nahe spüren und ahnen, dass sie ins Herz getroffen werden.

In vielen Fällen führt die bevorstehende Trennung nicht dazu, dass über den mit ihr verbundenen Schmerz gesprochen wird, vielmehr herrscht Sprachlosigkeit. Die Sterbenden fühlen ihren Schmerz dann oft auf körperlicher Ebene, sodass ihre Krankheitsschmerzen zunehmen. Und ihnen Nahestehende haben das Gefühl, sie würden die Schmerzen nur vergrößern, wenn sie die Trennung ansprechen. Damit zieht sich der Wehmutsschmerz immer mehr in die Länge. Sterbende betrachten mit körperlichem und seelischem

Schmerz ihre Lieben, die sie verlassen müssen, und diesen geht es umgekehrt nicht anders. Sprachlosigkeit lässt die letzten Wochen, Tage und Stunden für alle unerträglich werden. Jede Trennung, die das Wichtigste ungesagt lässt, verzögert den Abschied.

Unsere Unfähigkeit, Abschied durch den Tod anzusprechen, zeigt sich auch in Redewendungen alter und womöglich noch vollkommen gesunder Menschen. Diese erzählen z. B. ihren Angehörigen davon, »wo die Dokumentenmappe liegt« und »in welchen Fächern der Familienschmuck versteckt ist« und benutzen dann Aussagen wie »falls mal etwas mit mir ist« oder »es könnte ja sein, dass mir mal etwas passiert«. Den drohenden Abschied durch den näher kommenden Tod auszusprechen, wird in jedem Fall vermieden. Wir wollen unseren nahen Menschen keine Angst bereiten. Wir vermeiden das Gespräch, auch wenn alle Krankheitszeichen auf einen baldigen Tod hindeuten. Dass allerdings Trauernde diese verpassten Gelegenheiten im Nachhinein zutiefst bedauern, ist eine Tatsache und Ursache für viele Selbstvorwürfe.

Menschen, die wenig tiefe Beziehungen in ihrem Leben aufgenommen haben, können sich leichter trennen, denn was kann sie schon halten? Sie sind weniger verwurzelt und weniger eingebunden in eine Gemeinschaft, die ihnen Halt und Trost, aber auch Verantwortung und Fürsorge bietet.

Die zunehmenden anonymen Bestattungszahlen sprechen unüberhörbar von einer Gesellschaft, in der vergessene Tote auch vergessene Lebende bedeuten. Anonym Bestattete hatten in seltenen Fällen Menschen, die sich die Augen ausweinen und ihr Leben erst mühsam wieder zusammensetzen mussten, als diese Person starb. Anonyme Bestattungen lassen die Einsamkeit erkennen, in der sich Menschen in der Single-Gesellschaft westlicher Großstädte befinden. Auf der anderen Seite stehen Internetforen mit Anzeigen, mit denen über sechzig Jahre nach Ende des 2. Weltkrieges vermisste Geschwister und Kinder gesucht werden, und Todesanzeigen in Zeitungen, die an Verstorbene erinnern, die vor Jahrzehnten von uns gegangen sind.

Die einzige Möglichkeit, dem Schmerz der Trennung angesichts des Sterbens auszuweichen, besteht darin, jede Herzensbeziehung zu lebendigen Wesen zu vermeiden. Denn alles, was auf der Erde lebt, wird sich irgendwann in diesem Schmerz wiederfinden. Und alles, was mir nicht wirklich zutiefst ans Herz gewachsen ist, ist entbehrlich.

Für den letzten Abschied Trost zu finden, ist sehr schwer. Oftmals trägt genau in diesen Momenten auch kein Glaube an Gott mehr. Der tiefste mögliche Glaubenszweifel ist der, der fragt, wo Gott im größten Schmerz ist. Die Frage, wie ein liebender Gott unberührbar und ohne Gnade diese Trennung unaufhaltsam zulässt, steht im Raum. Schmerzlich wird uns bewusst, dass das, was wir jahrelang für selbstverständlich gehalten haben, zu dem Fragilsten gehört, was existiert.
Hier stellt sich die Frage, ob es Gottes Aufgabe ist, das Sterben zu verhindern. Die Sterblichkeit alles Lebendigen gehört zu den Tatsachen, die wir vom Beginn unseres Lebens an wissen. Dass wir diese Tatsache nicht beachten und angesichts des Todes Gott anklagen, gleicht dem Versuch, einen Schuldigen zu finden.

Ratschläge für die Begleitung beim Abschied von nahen Menschen:

- Ermutigen Sie von Trennungsschmerz Betroffene einen Abschied zu gestalten (siehe auch das Kapitel über Rituale).
- Regen Sie Sterbende und ihnen nahe Menschen an, sich Trauer und Abschiedsschmerz einzugestehen und ihnen einen Platz einzuräumen.
- Regen Sie Sterbende dazu an auszusprechen, wer ihnen am meisten fehlen wird.
- Regen Sie Sterbende dazu an, nahen Menschen etwas zu hinterlassen. Das kann ein Gegenstand sein, es kann aber auch ein Brief oder eine besprochene Kassette sein.
- Ermuntern Sie Sterbende und ihnen nahe Menschen dazu, sich gegenseitig zu sagen, dass sie sich fehlen werden und wofür sie einander dankbar sind.
- Regen Sie nahe Menschen von Sterbenden dazu an, diesen zu erzählen, welche Form des »geistigen Erbes« sie antreten wollen. Möglicherweise wird eine Großmutter von der Enkelin hören, dass diese von ihr das Stricken gelernt hat und das ihren eigenen Kindern weitergeben wird, und vielleicht hört ein Vater, dass seine Kinder seinen Humor weiter in die Welt tragen wollen.
- Erinnern Sie Nahestehende daran, dass die Liebe zu dem Verstorbenen auch noch dann existieren wird, wenn die Sehnsucht schon lange einem neuen Alltag gewichen ist. Viele Menschen denken

noch Jahrzehnte nach dem Tod ihres nahen Menschen voller Liebe, Vertrauen und Zuneigung an ihn.

- Lassen Sie den Gedanken zu, dass Liebe stärker als jeder Schmerz ist.
- Lassen Sie den Gedanken zu, dass uns mit dem Leben auch Tod und Abschied gegeben sind.
- Lassen Sie den Gedanken auch zu, dass es sein kann, dass Gott Sie liebt, obwohl Sie zürnen.
- Sprechen Sie mit Geistlichen in Ihrer Nähe über Ihre Glaubenszweifel. Fragen Sie diese, ob sie einen Trost für Sie haben.
- Ermuntern Sie Trauernde dazu, Träume und Erinnerungen an die Verstorbenen aufzuschreiben.
- Lesen Sie das Buch »Das Orangenmädchen« von Jostein Gaarder. Ein Jugendlicher findet einen Abschiedsbrief von seinem Vater, der gestorben ist, als er noch ein kleiner Junge war. Der Vater stellt seinem Sohn u. a. die Frage, ob dieser auch auf die Welt gekommen wäre, wenn er um den Abschiedsschmerz gewusst hätte. Ein Buch zum Nachdenken und Bilanz ziehen. Das Buch ist auch für Jugendliche geeignet.

Trennungsschmerz beim Abschied von lieb gewordenen Gewohnheiten und sinnlichen Erlebnissen

Beim Abschied wird die Zuneigung
zu den Sachen, die uns lieb sind,
immer ein wenig wärmer.
Michel de Montaigne

Einen Regenbogen, der eine
Viertelstunde steht,
sieht man nicht mehr an.
Johann Wolfgang von Goethe

Gott hat die Wehmut zu einer Art Vermittlerin zwischen dem Glück und dem Unglück, der Freude und dem Schmerz geschaffen.
Friedrich Wilhelm Freiherr von Humboldt

Geschichte von Grete und Egon
Als Grete starb, war ihr Mann gerade verrentet. Sie waren vierzig Jahre verheiratet gewesen. Ihr Haus mit selbst gezüchteten Blumen, ihre Häkeldeckchen auf den Tischen, alles stand ihm in seiner Trauerzeit vor Augen. Egon hatte keine Freude mehr am Leben, versank immer mehr in Depres-

sion und zog sich mehr und mehr aus seiner Umgebung zurück. Als ihm die Frage gestellt wurde, ob er seine Frau denn sehr geliebt habe, antwortete er: »Ich weiß es nicht. Ich war so an sie gewöhnt.«

Geschichte von Hans

Hans wusste, dass er bald sterben würde. Rasant nahmen seine Beschwerden zu, nachdem er die Diagnose Lungenkrebs bekommen hatte. Er hatte in seinem Leben einige wenige Beziehungen zu Männern gehabt und sich schon vor Jahren von seiner Familie, die sein Anderssein nicht akzeptieren wollte, getrennt. Hans hatte nur noch eine alte Freundin der Familie, die ihn besuchte und mit ihm über Wichtig- und Unwichtigkeiten des Lebens philosophierte und ihm brachte, was er in den letzten Wochen seines Lebens genießen wollte. Hans hatte mit allem abgeschlossen. Er zog sich immer mehr in sich zurück und schaltete den Fernseher schließlich nicht einmal mehr zu seinen gewohnten Fußballsendungen an. Wenn Hans mit seiner Freundin sprach, benannte er klar, was ihm fehlen würde: Pizzabrote des Italieners um die Ecke, Schokoladenkuchen mit einem Glas Sekt, der peitschende Wind am Meer und der Genuss, wenn er morgens mit der Tageszeitung in der Hand eine Tasse heißen Tee trank. Hans' Freundin merkte es sich sehr genau, und sie organisierte, dass der Pflegedienst ihm seine lieb gewordenen Dinge brachte, wenn sie ihn nicht besuchen konnte. Dann sagte sie ihm eines Tages, dass sie ein ganzes Jahr lang, jeden Monat einmal alle Gewohnheiten, die ihm das Leben lebenswert erscheinen ließen, für ihn genießen würde. Sie würde sich bemühen, mit seiner Haut peitschenden Wind zu erleben und mit seinem Geschmack Schokoladenkuchen zu essen. Hans brach in Tränen aus. Er starb nur wenige Tage, nachdem sie ihm das versprochen hatte.

Begleitende Worte:

Was würden wir vermissen, wenn wir unseren eigenen Tod vor Augen hätten? Neben uns nahen Menschen wären es ausschließlich Kleinigkeiten, die wir wehmütig betrachten würden. Und auch die großen und kleinen Träume und Ziele verblassen, wenn wir an Abschied denken. Ob der bislang gehegte Wunschtraum materieller Wünsche dann noch wichtig ist, sei dahingestellt. Es werden die kleinen Genüsse sein, die den Abschied schwer machen. Dann erinnern sich Sterbende an Begegnungen, an Empfindungen und an das, was ihr Herz hat öffnen können. Die sinnlichen Erlebnisse und lieb gewordenen Rituale unseres Alltags werden aufgewertet. Dann löst ein Sonnenuntergang, ein Blick in den Sternenhimmel oder das

Lieblingsgericht die Wehmut und Sehnsucht aus. Es gibt viele Menschen, die von sich selbst sagen, dass das, was sie am Leben hält, der Genuss einer Zigarette ist.

In Hospizen und Palliativstationen bemüht man sich sehr, Menschen am Ende ihres Lebens noch einmal mit diesen lieb gewordenen Gewohnheiten zu beschenken. Dann wird die Badewanne gefüllt und dazu ein Glas Sekt oder Wein gereicht, oder man erfreut jemanden, der sein Leben lang gern Süßes aß, mit Schokolade. Die in den Einrichtungen Tätigen lassen die Vernunft hinter den Wunsch eines Patienten zurücktreten. Es kann sein, dass diese nahezu aufblühen, da sie mit ihren persönlichen Wünschen und Eigenarten angenommen sind.

In Krankenhäusern ist das anders: Dort wird jede ungesunde Lebensweise vehement verbannt und von den Patienten Vernunft erwartet, denn Heilung ist das Ziel. Wer würde dort erwarten, dass mit dem Abendessen das abendliche Glas Rotwein serviert wird?

Für Angehörige und Nahestehende ist es häufig schwer zu verstehen, dass die Unvernunft Vorrang vor Lebensverlängerung haben kann. Das ist nur allzu verständlich, denn Nahestehende möchten den geliebten Menschen so lange wie möglich im Leben halten und können den Gedanken an den anstehenden Abschied nur schwer fassen. Im Blick auf die Würde eines Menschen (siehe auch das Kapitel: »Von Würde, Frieden, Heilung und Verzeihen«) ist bedenkenswert, ob es nicht Erholung sein könnte, dürften Wünsche und Bedürfnisse stärker ausgelebt werden. Trauernde wissen oft erst zu spät, dass sie Wünsche der Verstorbenen vor dem Abschied hätten erfüllen sollen.

Sterbenden fällt der Abschied von lieb gewordenen Genüssen schwer. Es kann sein, dass bei jedem Genuss unweigerlich der Gedanke an ein »nie wieder werde ich …« aufkommt. Diese Gedanken machen Sterbende und ihnen Nahestehende mit Recht traurig.

Charakteristisch für den Abschied ist jedoch, dass es ein »Letztes Mal« gibt. Der Gedanke daran, dass eine Zukunft kommen wird, kann ein kleiner Trost sein, wenn in diesen schweren Momenten Wehmut entsteht.

Viele Sterbende ziehen sich langsam und allmählich aus der belebten und normalen Welt zurück. Der Blick in den Fernseher wird unwichtiger, Nachrichten werden immer weniger verfolgt und

auch die Natur, die draußen ihrem eigenen Kreislauf folgt, ist immer mehr die Welt derjenigen, die hier weiterleben. Schrittweise ziehen sich Sterbende von allem zurück, was früher wichtig erschien. Dazu gehören auch die Nahrungsaufnahme und alle sinnlichen Erlebnisse, die ehemals große Bedeutung hatten.
Menschen, die von Nahtoderlebnissen berichten, und solche, die schwere Krankheiten durchgemacht haben und während dieser Zeit nur schwer erreichbar waren, berichten davon, dass das Letzte, was sie spüren konnten, die Berührungen an Händen und Füßen gewesen seien. Unsere Welt ist geprägt von sinnlichen Erlebnissen und Berührungen sind materiell vermittelte Emotionen und Nachrichten. Schon jede Art von Nahrung vermittelt uns eine sinnliche Emotion. Mit diesen Emotionen sind wir an die Welt und unser Leben gebunden. Von daher kann es in den letzten Tagen und Stunden für die Begleitenden von großer Wichtigkeit sein, genau zu erspüren, wann die Berührungen und der letzte Schluck Wasser für die Sterbenden liebevolle Unterstützung oder Bindung an unsere Welt sind. Es gibt Sterbende, die durch die Berührungen gehalten werden, und es gibt Sterbende, die in dem Moment unruhig werden, wenn ihnen die Hand entzogen wird.

Ratschläge für die Begleitung angesichts des Abschieds von lieb gewordenen Gewohnheiten und sinnlichen Erlebnissen:

- Finden Sie gemeinsam mit Sterbenden heraus, ob diese noch einen Wunsch haben und suchen Sie nach Möglichkeiten diesen noch einmal zu erfüllen.
  - Das kann ebenso ein letztes Fest sein, wie ein Konzert- oder Theaterbesuch, ein Ausflug oder ein Festmahl.
- Unterstützen Sie Sterbende auch, wenn diese Wünsche haben sollten, die sichtlich »unvernünftig« sind. Überprüfen Sie, ob die Erfüllung letzter Wünsche Vorrang vor Pflegestandards haben kann.
- Unterstützen Sie Sterbende darin, lieb gewordene Angewohnheiten noch einmal erleben zu können. Bedenken Sie: Dogmatismus und Vernunft ist angesichts des Sterbens und des letzten Abschieds fehl am Platze.
- Unterstützen Sie Nahestehende darin, Sterbenden letzte Wünsche zu erfüllen.
  - Bieten Sie Nahestehenden an, durch praktische Unterstützung ein Vorhaben in die Tat umzusetzen. In einem Fall kann das

bedeuten, dass ein Rollstuhl organisiert wird, in einem anderen Fall ist in einer Institution die Küchenbenutzung vonnöten.

- Versichern Sie Sterbenden, dass Sie ihre liebevollen menschlichen Gewohnheiten in Ihrer Erinnerung tragen werden.
- Wenn Sie bemerken, dass Sterbende sich nur schwer von einem bestimmten Genuss verabschieden können, fragen Sie die Betroffenen nach ihrer Wehmut. Geben Sie Sterbenden das ernst gemeinte Versprechen, dass Sie an ihrer Stelle diesen Genuss vollziehen werden. Versichern Sie es Sterbenden allerdings nur in dem Rahmen, den Sie auch einhalten können, und halten Sie dies Versprechen ein (z. B. einmal im Monat, alle 2 Monate oder ähnliche Zeitabstände).
- Spüren Sie, ob Sterbende berührt werden wollen oder ob sie dadurch an diese Welt gebunden werden. Verzichten Sie auf Berührungen, wenn Sterbende sichtlich allein ihre letzten Atemzüge machen wollen.
- Bedenken Sie, ob Sterbende den letzten Schluck Wasser o. Ä. als Unterstützung benötigen oder ob sie dadurch länger in unserer Welt gehalten werden. Der Schluck Wasser kann eine große Gnade sein, ein anderes Mal ein großes Hindernis.

Zukunfts- und Vergangenheitsschmerzen

Die Sorge um andere Menschen

Mangelndes Vertrauen ist nichts als das Ergebnis von Schwierigkeiten. Schwierigkeiten haben ihren Ursprung in mangelndem Vertrauen.
Lucius Annaeus Seneca

Die Sorge wacht im Auge jedes alten Mannes; und wo die Sorge wohnt, wird sich kein Schlaf finden.
William Shakespeare

Immer wird das Vertrauen eines der größten und beglückendsten Geschenke menschlichen Zusammenlebens sein.
Dietrich Bonhoeffer

Geschichte von Georg

Georgs Frau war vor knapp einem Jahr an Krebs gestorben. Nur wenige Monate nach dem Tod seiner Frau bekam er die gleiche Diagnose. Er wusste, dass ihr einziger Sohn, der zu diesem Zeitpunkt gerade 22 Jahre alt war, ihn ebenso bei sich zu Hause begleiten würde, wie sie es gemeinsam vor einem Jahr für seine Frau getan hatten. Georg lag in seinem Bett und grübelte. Als Georgs Sohn von der Diagnose erfuhr, war er wie versteinert. Er wusste nicht, wie lange er es aushalten würde, die Pflege für seinen Vater zu übernehmen. Niemand wusste, ob Georg noch ein paar Wochen oder ein paar Monate leben würde. Georgs Sohn litt sehr darunter, dass sein Vater kein Wort über den kommenden Abschied sagte. »Auch meine Mutter hat kein Wort gesagt. Und mein Vater und ich haben das sehr bedauert, denn wir sind sprachlos auseinander gegangen!« Der Sohn ahnte genau, was seinen Vater daran hinderte, in Frieden zu sterben. Er war der Meinung, dass sein Vater sich große Sorgen um ihn, den einzigen Sohn, machte und sich fragte, ob er in seinem weiteren Leben klarkommen würde. Schließlich entschied Georgs Sohn sich dazu, die Sprachlosigkeit aufzulösen. Er setzte sich neben seinen Vater und sagte ihm alles, was ihm auf dem Herzen lag. Er dankte ihm für das, was er in seinem Leben von ihm bekommen hatte, und er erzählte seinem Vater in konkreten Schritten, wie er sein eigenes Leben aufbauen wolle. Georg drehte sich zunächst weg, er wollte nicht hören, was seine größte Last war. Doch der Sohn ließ sich nicht beirren. Er sagte seinem Vater, dass er das so lange wieder und wieder sagen würde, bis er endlich zuhören würde. Schließlich wandte sich Georg seinem Sohn zu. Er nahm seine Hand, einige Tränen liefen über sein Gesicht. Georg starb nur zwei Stunden nach dieser Aussprache.

Geschichte von Lotte

Lotte wusste, dass ihre Krankheit so weit fortgeschritten war, dass sie bald sterben würde. Sie liebte ihren Mann sehr. In der Zeit ihrer gemeinsamen Ehe war sie es gewesen, die Kontakte zu anderen Menschen aufgebaut hatte und dafür gesorgt hatte, dass ihr Mann regelmäßig zu seinen Skatnachmittagen ging, damit er Verabredungen mit anderen Menschen hatte. Lotte machte sich viele Gedanken darüber, ob und wie er ohne sie weiterleben könne. Sie sorgte sich und tat alles, um ihr Leben zu verlängern. Sie war Bewohnerin eines Hospizes geworden, und ihr Mann besuchte sie täglich, saß bei ihr und brachte ihr alles, was sie noch genießen konnte. Eines Tages las Lotte eine Geschichte:

In fernen Zeiten, als es noch möglich war, besuchte Gott die Menschen auf der Erde und hoffte, bei ihnen Unterkunft zu finden. Er ging zu vielen Häusern, aber niemand nahm ihn auf. Endlich kam er zu einer kleinen Hütte, in der ein altes Ehepaar wohnte. Sie nahmen ihn auf, gaben ihm Essen und Schlafstatt. Am nächsten Morgen bedankte sich Gott bei den beiden Alten und sagte ihnen, er wolle ihnen einen Wunsch erfüllen. Da baten sie: »Lass uns beide im gleichen Moment sterben, damit wir uns nicht trennen müssen.« Gott erfüllte ihnen die Bitte und ging weiter. Nach einigen Tagen kam er wiederum zu einem Haus, in dem ein altes Ehepaar ihm Unterkunft gab. Und auch ihnen sagte er am nächsten Morgen, dass er ihnen eine Bitte erfüllen wolle. Da sagte der Mann zu ihm: »Lass meine Frau zuerst sterben!« Gott erschrak. Er fragte den Mann, weshalb er diesen Wunsch äußere. Da antwortete ihm der Mann: »Ich weiß, wie schwer eine Trennung sein wird. Bitte, nimm sie zuerst, damit ich den Schmerz trage und ihn ihr abnehmen kann.« Auch diese Bitte erfüllte Gott ihnen gern.

Lotte weinte sehr und bat ihren Mann die Geschichte zu lesen. Als Lottes Mann gelesen hatte, nahm er seine Frau in die Arme und versprach ihr, dass er tragen wolle, was dieser andere Mann auch getan habe. Lotte starb drei Tage nach dem Gespräch.

Begleitende Worte:

Viel schwerer, als unsere Gewohnheiten loszulassen, ist es, von lieben Menschen in unserem Umkreis Abschied zu nehmen. Eine sehr häufige Einleitung in Todesanzeigen ist der Satz »Viel zu früh verstarb …« Menschen sterben für ihre Nahestehenden immer zu früh, selbst wenn sie ein greisenhaftes Alter erreicht haben sollten. Es sterben nicht nur Menschen, die in ihrem Leben alles aufgeräumt haben, und auch nicht nur solche, die zufrieden auf die Ernte ihres Lebens zurückblicken können. Wenn Menschen sich auf den Abschied vorbereiten, ist es oftmals viel zu früh. Wir sind verantwortlich für viele andere Menschen in unserem Leben, und es ist schwer die Verbindungen zu lösen. Denn sich vollkommen zu lösen bedeutet, in die Fähigkeiten der anderen Vertrauen zu haben und ihnen zuzutrauen, ihr Leben selbst meistern zu können.

Eltern sorgen sich um ihre Kinder, wenn sie sie zurücklassen müssen, und Ehepartner tragen schwer an dem Gedanken, dass die andere Person, die hier zurückbleiben wird, die Trauer tragen muss. Auch Kinder, die sich aufs Sterben vorbereiten, haben Sorge darum, ihre Eltern allein lassen zu müssen. Sie wissen um das Band der Liebe, der Sorge und der Zuneigung. Diese Sorge und Fürsorge hält uns am Leben, denn sie bindet uns an andere Menschen und macht das Leben erst lebenswert. Und wenn die Zeit der Trennung naht, sind die Sorgen der Sterbenden um das Wohlergehen der anderen oftmals größer als die um ihr eigenes Befinden.

Im umgekehrten Fall kann es passieren, dass Sterbende für ihren Abschied bereit sind, die Nahestehenden sich jedoch verzweifelt dem Abschied verwehren, ganz so, als könnten sie auf diese Weise das Ableben des Menschen, den man noch so braucht, verhindern.

Die Sicherheit zu haben, auch nach dem Abschied sein eigenes Leben auf der Erde meistern zu können, ist eine große Beruhigung. Alle Nahestehenden, wie Kinder, Enkelkinder, Partner und Freunde benötigen viel Vertrauen in sich selbst, um auf diesen einzigartigen, geliebten Menschen verzichten zu können. Dieses Vertrauen will gelernt sein und braucht Unterstützung von außen.

In einer Gemeinschaft zu leben und Beziehungen einzugehen, bedeutet jedoch, in den größten Trennungsschmerz einzuwilligen. Jede Beziehung, die wir eingehen und pflegen, wird mit dem Abschied enden.

Nahestehende ahnen häufig, welche Probleme konkret für sie entstehen werden und welche Kräfte sie entwickeln müssen, damit sie die Zeit »danach« überstehen. Dabei ist erstaunlich, wie viele Menschen später erkennen, welch ungeahnte Fähigkeiten bislang in ihnen verborgen waren. Diese Fähigkeiten werden erst dann entwickelt, wenn wir die Aufgaben, die bisher andere übernahmen, selbst erledigen müssen.

Gleichzeitig wissen Nahestehende sehr genau, welche konkreten Sorgen Sterbende im Leben halten und welche Gedanken sie sich machen, auch wenn niemals ein offenes Wort darüber gesprochen wurde. Die Sprachlosigkeit zu erlösen und die größte im Raum stehende Sorge zu benennen, ist für Sterbende und Nahestehende hilfreich, um einen Abschied stattfinden zu lassen und dem quälenden Schweigen ein Ende zu setzen.

Wir ertappen uns sehr oft dabei, dass wir nicht ansprechen mögen, dass unsere Beziehungen zu anderen endlich sind. Und wenn alte Menschen uns vorsichtige Hinweise auf einen konkreten Abschied geben, neigen wir dazu, ihnen zu versichern, »dass sie schon nicht sterben werden«, statt auf ein ehrliches Gespräch einzugehen. Menschen vermeiden sehr häufig, diese wichtigen Fragen und Sorgen miteinander zu teilen, und verharren viel lieber in dem »normalen« gemeinsamen Leben. Möglicherweise steht die Hoffnung dahinter, dass es nie einen Abschied geben wird, wenn von ihm nicht die Rede ist.

Ratschläge für die Begleitung angesichts der Sorge um Nahestehende:

- Gehen Sie darauf ein, wenn alte Menschen Bemerkungen über das Sterben machen. Finden Sie heraus, ob diese Menschen in Sorge um andere sind und wie Sie gemeinsam mit ihnen Lösungen finden können.
- Regen Sie Familien dazu an, mit den alten Menschen zu besprechen, welche Sorgen um andere sie haben und wie sie gelöst werden können.
- Regen Sie ältere Menschen dazu an, mit ihrem Partner zu besprechen, was sie angesichts eines Abschieds täten.
- Unterstützen Sie Sterbende, ihre Sorgen um andere auszudrücken. Regen Sie Sterbende dabei auch dazu an, die Nahestehenden zu fragen, womit sie ihnen die Sorgen erleichtern können.
- Regen Sie Sterbende und ihnen Nahestehende an, das auszusprechen, was ungesagt ist, und zu fragen, ob die Sorge um das zukünftige Wohlergehen der Weiterlebenden ihnen Probleme bereitet.
- Fragen Sie Sterbende, ob sie ihren Nahestehenden zutrauen, die Zukunft zu meistern. Sollten Sie eine verneinende Antwort erhalten, finden Sie gemeinsam mit allen Betroffenen konkrete Schritte heraus, die allen Beteiligten Beruhigung verschaffen können.
- Sprechen Sie mit Nahestehenden über ihre Zukunft und finden Sie mit ihnen gemeinsam Möglichkeiten, wie sie in der Zukunft ohne den geliebten Menschen bestehen können.
- Regen Sie Nahestehende dazu an, Sterbenden konkret anzugeben, wie sie in ihrem weiteren Leben zurechtkommen werden. Dazu kann es hilfreich sein, wenn die Nahestehenden anhand von einigen Beispielen sagen, welche Schritte in die Zukunft sie planen.

Die Sorge vor der Ungewissheit

Des Menschen ganzes Glück besteht in zweierlei:
Dass ihm gewiss und ungewiss die Zukunft sei.

Friedrich Rückert

Ich denke viel an die Zukunft, weil das der Ort ist, wo ich den Rest meines Lebens zubringen werde.

Woody Allen

Ich frage mich immer, ob ich nach meinem Tod in einem schwarzen Loch lande.
Oder: entscheidend ist, ob ich mitbekomme, dass ich in einem schwarzen Loch lande.
Daniel Meienbach

Die Zukunft hat viele Namen:
Für die Schwachen ist sie das Unerreichbare,
für die Furchtsamen ist sie das Unbekannte,
für die Tapferen ist sie die Chance.
Victor Marie Hugo

Auch eine Kerze so groß wie eine Tasse kann den morgigen Tag nicht erleuchten.
Aus China

Geschichte von Maren

Maren waren in den letzten Jahren beide Brüste abgenommen worden. Und nach der letzten Chemotherapie wusste sie, dass sie neue Metastasen hatte und sterben würde. Die klinische Medizin hatte ihr nichts Heilsames mehr anzubieten. Immer, wenn ihre Gedanken streunten, ertappte sie sich dabei, dass sie ihre eigene Trauerfeier erlebte. Sie malte sich aus, wie sie in ihrem Sarg liegen würde. Sie erlebte, welche Menschen gekommen waren und was über sie gesagt wurde. Sie sah in ihrer Gedankenwelt Blumengestecke auf ihrem eigenen Sarg, und sie dachte daran, welche Musik sie hören wollte. Manchmal kamen ihr bei solchen Vorstellungen die Tränen. Maren erkannte erst in einem Gespräch, dass ihre Zukunftsgedanken vollkommen normal waren. Fast jeder Jugendliche und wohl jeder Erwachsene hat sich in seinem Leben – auch ohne lebensbedrohliche Diagnose – bei ähnlichen Gedanken ertappt. Und Maren staunte, als sie erkannte, dass sie mit ihren Gedanken dabei war, sich ein Leben nach dem Tode vorzustellen. »Ich bin gar nicht in der Lage, mir ein Nichts zu denken. Ich glaube, ich existiere immer. Das ist sehr beruhigend, wenn ich sterben sollte«, meinte sie dazu.

Geschichte von Georg

Georg lag im Sterben. Er wurde als junger Mann von 18 Jahren in den 2. Weltkrieg eingezogen und verrachte zwei Jahre in Gefangenschaft. Als Georg nach seiner Entlassung wieder in seine Heimatstadt zurückkam, war sein Elternhaus zerstört und seine Geschwister waren tot. Er sprach nie darüber, was in den letzten Jahren geschehen war. Er nahm alle Kraft zusammen und baute sein Leben neu auf, er hatte Kinder und er wurde Großvater. Sein Leben bestand ausschließlich aus seiner Arbeit und dem Zusammensein mit seiner Familie. Er war rechthaberisch und streng in seinen Meinungen, um Politik allerdings kümmerte er sich nie. Er lehnte jede Diskussion darüber ab. Als Georg alt wurde und seine Kräfte schwanden, beschäftigte ihn nur noch eine Frage: Gibt es einen Gott oder nicht? Und jeder Mensch, der zu Georg kam, hörte die gleiche Frage von ihm, egal in welcher Alltagssituation diese Begegnung stattfand. Diese Frage überforderte fast alle Menschen, die Georg traf. Georg war klar, dass von dieser Frage alles Weitere und eine mögliche Zukunft abhängen würden. Die vagen Aussagen von Kirchenvertretern überzeugten Georg nur bedingt. So fragte er sich in den letzten Wochen seines Lebens ununterbrochen selbst. Denn wenn es keinen Gott gäbe, hätte er selbst keine Zukunft. Wenn er selbst keine Zukunft hätte, dann wäre sein Leben sinnlos gewesen. Als eines Tages sein Enkel kam, sagte dieser zu ihm: »Weißt du, Opa, ich habe viel von dir gelernt. Und ich glaube, wir sind uns sehr nahe gekommen. Und dieses Gefühl werde ich noch in vielen Jahrzehnten haben, wenn ich an dich denke.« Georg wurde ruhiger. Mit diesem Satz war ihm zumindest der Sinn seines Lebens zurückgegeben. Einige Tage später sah er in den Nächten seine verstorbenen Freunde und seine verstorbenen Verwandten. In einem klaren Moment erzählte er seinen Nahen davon. Georg starb wenige Tage später.

Begleitende Worte:
Es ist unklar, ob nach dem Tod etwas mit uns geschieht. Unser Körper wird in Moleküle zerfallen wie alle Materie auch. Doch ob wir unser Bewusstsein, unseren Geist, unsere Seele, unsere Identität in eine andere Welt mitnehmen, bleibt fraglich. Mögen sich Religionen noch so bemühen, Erklärungen zu verbreiten, und mögen sich Naturwissenschaften noch so bemühen, diese zu widerlegen, dieser letzten Frage sind wir alle irgendwann einmal allein ausgesetzt. Diese Frage ist entscheidend für unsere Ruhe oder Unruhe vor und nach dem Tod.

Die letzte große Frage nach einer Zukunft nach unserem Tod ist keine, die man mal eben in der Stammkneipe, beim Kegeln oder beim Friseur erörtern würde. Wer möchte diese existenziellen Gedanken schon hören? Mit dieser Frage würde aufgewühlt, was man vehement verdrängt und der Alltag würde gestört. Angesichts des Sterbens allerdings steht die Frage übergroß im Raum und Verdrängung ist (fast) nicht mehr möglich.

Für alle, die meinen, dass sie nach ihrem Tod schlichtweg ausgelöscht sein werden, ist die Zeit des Sterbens eine Zeit purer Verzweiflung und Hoffnungslosigkeit. Denn wären wir nur ein Zellhaufen, wäre unser gelebtes Leben mit seinen Zielen und Visionen, mit seiner Liebe und seinen ethischen Grundsätzen schlichtweg sinnlos. Diese Auffassung würde unser Leben ad absurdum führen, denn wir müssten uns mit aller Kraft am Leben festklammern, um nicht in dem »großen schwarzen Loch« zu landen, das uns verschlingen wird. Die Ungewissheit und der Zweifel werden zur unendlichen Qual. Sterbende antworten häufig auf die Frage, ob es irgendetwas gibt, auf das sie noch vertrauen mögen, mit einem klaren »Nein«. Dass dieses Nein mit allen nur vorstellbaren Ängsten einhergeht, ist leicht nachzuvollziehen. Panik und Zukunftsangst sind die logische Folge einer Vorstellung, sich selbst mit dem letzten Atemzug ganz einfach aufzulösen. Alle Begleitenden wiederum sehen sich angesichts des Abschieds mit ähnlichen Fragen konfrontiert. Und wenn sie als Trauernde mühsam ihren Alltag wieder aufnehmen, steht auch bei ihnen die Frage nach einem »Danach«, sowohl für die verstorbene Person als auch für sich selbst, im Raum.

Woher aber sollen Sterbende und ihre nahen Menschen Vertrauen beziehen? Der moderne und aufgeklärte Mensch bewegt sich zunehmend von den traditionellen Religionen weg, die Esoterik bietet allzu oft eher süßliche Lichtvisionen an, in denen alles wie in einem Film einem gigantischen Happy End entgegensteuert.

Woher sollen die, die sich mit ganzem Herzen der Arbeit mit Sterbenden zuwenden, ein ausgefeiltes und entwickeltes Weltbild haben? Woher soll das Pflegepersonal in Altenheimen – zumal häufig jung und mit wenig Lebenserfahrung – mögliche Antworten bekommen, um alte Menschen zu unterstützen und ihnen Orientierung geben zu können? Und woher sollen Nahestehende, denen ein Mensch trotz aller gegenseitigen Liebe verstirbt, eine möglichst hoffnungsvolle Weltsicht beziehen?

Philosophieren beschränkt sich heute oft auf Floskeln und Phrasen oder existiert in jenen aussterbenden Studienfächern, deren Studenten kaum eine einträgliche Zukunft beschert sein wird. Für Sterbende und deren Nahestehende allerdings ist eine verständliche Alltagsphilosophie lebens- und sterbenswichtig. Denn nur sie kann dem Grübeln ein Ende setzen und dem Denken angesichts des Abschieds Orientierung aufzeigen. Eine Perspektive ohne Hoffnung wird unweigerlich zur Qual werden. Aufgrund unserer eigenen Sprachlosigkeit wird dann die letzte Frage nach der Zukunft nach dem Tod mit Medikamenten »beantwortet«. Dass in

diesem Fall psychologische Methoden nicht hilfreich sein können, ist unabweisbar, da sie den Geist des Menschen nicht beruhigen.
Um Sterbenden und Trauernden in dieser Zeit eine Unterstützung geben zu können, ist es wichtig, den Mut zu haben, sich diesen Fragen selbst zu stellen. Diesen Mut aufzubringen ist für alle notwendig, die in medizinischen Berufen arbeiten, ebenso wie sie für jeden Theologen gilt. Was es für Sterbende und Trauernde bedeuten muss, wenn Ärzte und Pflegepersonal in Medizin und Pflege sich zwar auskennen, aber zur Frage einer möglichen Zukunft nach dem Tod sich in Schweigen hüllen, ist erschütternd.
Das heißt nicht, Sterbenden und Trauernden ein ausgefeiltes und festes Weltbild zur Verfügung stellen zu müssen. Schon allein die Tatsache, dass ihre eigenen quälenden Fragen von anderen Menschen geteilt werden, kann für Sterbende und Trauernde erlösend sein. Wenn sich zwei Menschen die gleichen Fragen angesichts des Abschieds stellen, besteht Gemeinsamkeit und Verstehen.

Ratschläge für die Begleitung angesichts der Sorge vor der Ungewissheit der Zukunft:

- Fragen Sie Sterbende und ihre Nahestehenden und Trauernde, ob es etwas gibt, dem sie noch vertrauen können.
  - Sollten die Betreffenden das verneinen, sprechen Sie davon, worin Sie selbst tiefes Vertrauen haben.
    - Z. B. der Glaube an einen persönlichen Gott oder der Glaube an eine alles tragende, geheimnisvolle Macht (die Liebe, den Kreislauf der Natur, ein sich erneuerndes Universum …)
- Wenn Sie merken, dass sich Sterbende und Trauernde mit der Angst vor der Ungewissheit quälen, sprechen Sie diese darauf an.
  - Wenn Sie selbst keine Möglichkeit sehen, sich diesen Fragen zu stellen, finden Sie einen Menschen in Ihrer Umgebung, der sich den Fragen stellen mag.
    - Sprechen Sie mit einem Mitarbeiter eines ambulanten oder stationären Hospizes, ob die Möglichkeit für einen Besuch bei den Sterbenden oder ihren Nahestehenen besteht.
    - Finden Sie Pastoren oder Seelsorger, die das Gespräch übernehmen können.

- Finden Sie eine Sterbeamme/einen Sterbegefährten, die/der für diese Fragen ausgebildet ist und ein Gespräch übernehmen kann.

- Fragen Sie Sterbende, ihnen Nahestehende und Trauernde, ob sie eine Vorstellung über ein mögliches Leben »danach« haben.
- Sprechen Sie in Ihrem Freundes- und Bekanntenkreis über Fragen und Vorstellungen zu einer Zukunft nach dem Tod.
- Lesen Sie Jenseitsmythen im Hinblick auf Vorstellungen der verschiedenen Kulturen über die Welt der Verstorbenen.
- Befragen Sie Theologen über die Jenseitsvorstellungen der verschiedenen Religionen.
- Entwickeln Sie Ihre eigene Vorstellung einer jenseitigen Welt.
- Bedenken Sie: Es ist möglich, dass nach dem Tod nichts ist, es ist ebenso möglich, dass es weitergeht.
- Hören Sie sich das Lied von Udo Lindenberg »Hinter dem Horizont geht's weiter« an.
- Sehen Sie sich den Film »Hinter dem Horizont« (1998) an. Ein Mann stirbt und erlebt die Welt der Verstorbenen.
- Lesen Sie die Ratschläge im Kapitel: Die Balance von Distanz und Nähe.
- Lesen Sie die Geschichte »Das Haus des Lebens« in dem Buch Trauerheilung – ein Wegbegleiter, Patmos Verlag, 2002 von Claudia Cardinal. Die Geschichte ist als Analogie auf das Leben und unseren Ursprung gedacht. Dadurch kann es für Sie Möglichkeiten geben weiterzudenken.

Die Sorge vor kommender Abrechnung und Strafe und das schlechte Gewissen

Ein schlechtes Gewissen ist ein Feind, der nie schläft.
Unbekannt

Ein schlechtes Gewissen ist Ankläger, Richter, Zeuge und Henker.
Aus Holland

Die früh aufstehen und kein Geschäft haben,
haben entweder eine schlechte Frau, ein schlechtes Bett oder ein schlechtes Gewissen.
Aus Schottland

Geschichte von Egon

Egon lag nach seiner Bypass-Operation im Krankenhaus. Es schien zunächst so, dass er einige Tage später wieder nach Hause kommen sollte. Doch dann gab es Komplikationen. Als er seine letzten Tage in der Intensivstation erlebte, war er unruhig und voller Angst. Egon war als junger Mann Soldat im 2. Weltkrieg gewesen. Er hatte an der Front gekämpft und im Gegensatz zu vielen anderen sein Leben retten können. Er hatte in den letzten Jahren alle Fragen nach seiner politischen Haltung in der Nazizeit, die seine Kinder ihm stellten, nur spärlich beantwortet. Nur einmal, als er nachts mit seinen beiden Söhnen zusammen gesessen hatte, hatte er ihnen erzählt, wie er in die schlimmste Situation seines Lebens geraten war: Er stand einem gegnerischen Soldaten direkt gegenüber und ihm war klar, dass er kämpfen musste, denn entweder würde er oder der andere überleben.

Nun saßen Egons Söhne bei ihrem Vater am Bett und erlebten seine Unruhe. Immer wieder rief der Vater sie und redete von einem Mann, der an seinem Bett stehen würde. Immer wieder wehrte er diesen Mann ab und Egon standen dabei Schweißperlen auf der Stirn. Er rief: »Ich wollte es doch nicht! Ich wusste doch, du würdest mich töten, wenn ich es nicht vorher tue!« Egons Söhne wussten nicht, was sie tun sollten. Sie streichelten ihrem Vater, den sie liebten, die Hand, und in ihrer Unsicherheit begannen sie, um Vergebung zu bitten. Ihnen wurde bei dem, was ihr Vater in seinen Angstzuständen sagte, heiß und kalt. Sie erinnerten sich nur zu gut daran, was ihr Vater ihnen einmal erzählt hatte.

Geschichte von Inge

Inge hatte ein gutes Leben hinter sich. Sie hatte immer dafür gesorgt, dass sie Spaß hatte, und als ihr Mann vor zwanzig Jahren gestorben war, hatte sie selbst noch einmal viel dafür getan, dass sie auch danach das Leben in vollen Zügen genießen konnte. Ihre Ehe war nicht schlecht gewesen, sie hatten sich allerdings in den letzten Jahren ihres gemeinsamen Lebens immer mehr auseinander gelebt. Inge wollte ihrem Leben noch einmal eine Wendung geben. Also ließ sie sich liften, begann alles daranzusetzen, ihre Äußerlichkeit zu pflegen und nahm sich wechselnde Liebhaber. Sie lachte nur, wenn ihr der Titel »lustige Witwe« verliehen wurde. Inge erkrankte mit siebzig Jahren an Krebs. Sie verbrachte die letzten Wochen ihres Lebens zu Hause, gepflegt von ambulanten Pflege- und Hospizdiensten. Inge sprach mit allen Besuchern über ihr Leben und erzählte ohne jede Hemmung Geschichten aus diesem. Inge wurde zunehmend schwächer, doch sie starb nicht. Schließlich konnte sie nur noch flüsternd mit Menschen kommunizieren.

Alle, die zu ihr kamen, fragten sich, was sie am Sterben hinderte. Letztlich stellte ihr jemand die Frage nach einem möglichen Hindernis. Inge antwortete: »Ich weiß es nicht. Wenn ich aber an die Zukunft denke, habe ich eine Sorge: »Ich glaube, dass mein Mann mir begegnen wird. Was wird er dann tun? Ich habe ihn doch all' die Jahre betrogen!«

Begleitende Worte:

Die Sorge vor einer möglichen Zukunft bezieht sich auch auf die Gefahr, dass wir zur Rechenschaft gezogen werden könnten. In den Jenseitsvorstellungen fast aller Kulturen ist eine Überprüfung des Lebens des Verstorbenen fester Bestandteil. Nach dem Tod kommt der Moment, in dem der Mensch einem Gericht gegenübersteht, das sich nicht täuschen lässt.

Jeder Mensch steht angesichts des Todes vor seiner eigenen Lebensbilanz. Und in dieser Bilanz taucht schonungslos sowohl alles das auf, was wir Gutes getan haben, als auch alles das, was unsere Verfehlungen ausmacht. Angesichts des eigenen Sterbens ist Schluss mit jedem Versteckspiel. Wer kann schon ruhigen Gewissens von sich selbst behaupten, alles in seinem Leben gut gemacht zu haben? Und wer kann von sich selbst behaupten, fehlerlos zu sein? Wir können also diese Probleme von Sterbenden nur allzu gut nachvollziehen.

Viele alte Menschen, die sich in der heutigen Zeit auf den Abschied vorbereiten, haben den 2. Weltkrieg mit allen Grausamkeiten erlebt oder tragen sogar selbst Verantwortung daran. Sie haben in jungen Jahren ihre Ideale als Illusionen erkennen müssen und haben möglicherweise »Schuld« auf sich geladen. Mit »Schuld« ist nicht gemeint, dass alle Deutschen während des Hitler-Regimes zu den Kriegsverbrechern zu zählen sind. Allein die Verdrängung der Wahrnehmung dessen, was in den Jahren an Tatsachen bestand, wie beispielsweise die Existenz von Konzentrationslagern, ist eine persönliche Verfehlung, die sich auf Leben und Gesundheit von Millionen von Menschen grausam ausgewirkt hat. Es stellt sich dabei die Frage, wie sich die jahrelange Verweigerung, die Verfehlungen im Nachhinein offen anzuerkennen, auf den Sterbeprozess auswirkt. Wer allerdings mag sich hier als Richter und/oder Henker einsetzen lassen? Und wie wird das Urteil lauten?

Dass auch in diesen Fällen Medikamente verabreicht werden, ist gängige Handhabung des Problems. Ob diese jedoch Sterbende so weit abdämpfen können, dass ihre Gedanken vom Thema abgelenkt werden oder aber wir Außenstehenden nur nicht mehr mitbekommen, was sie beschäftigen mag, ist schwer zu entscheiden. Tatsache ist, dass selbst körperliche Schmerzen stark gelindert werden und sogar gänzlich verschwinden können, wenn das, was »offen« ist, Klärung erfahren kann.

Hierzu gehört letztlich, dass alle, die in der Sterbebegleitung tätig sind, in der Lage sein sollten, Sterbenden angesichts belasteter Gewissen Erleichterung zu verschaffen. In der katholischen Kirche erhofft man sich die Gewissensbereinigung durch die Beichte. Die Beichte kann Sterbenden erhebliche Erleichterung angesichts des letzten Abschieds verschaffen. Ein Ausbleiben solcher Erlösung kann Sterbende stark belasten (siehe auch das Kapitel über Rituale).

Die Aufgabe von Priestern und jeder seelsorgerischen Begleitung ist es, den Schmerz angesichts des Sterbens, der sich in schlechtem Gewissen und Angst vor Bestrafung äußern kann, zu lindern. Daneben sind alle, die Sterbende begleiten, aufgefordert, Lösungen zur Linderung zu finden.

Ratschläge für die Begleitung angesichts der Sorge um kommende Strafe oder im Fall eines schlechten Gewissens:

- Fragen Sie Sterbende, ob noch etwas »offen« ist oder ob sie etwas belastet. Regen Sie Sterbende dazu an, ihr Herz auszuschütten.
- Regen Sie Sterbende dazu an, Frieden mit allem zu machen, was an ihrem Herzen nagt.
- Regen Sie Sterbende dazu an, auch jetzt noch etwas zu tun, was die Verfehlung bereinigen kann. Das kann in einem Fall bedeuten, dass Sterbende denjenigen, dem sie etwas angetan haben, zu sich bitten und um Verzeihung bitten; in einem anderen Falle kann es bedeuten, dass sie ihm einen Brief hinterlassen. Sollte er bereits verstorben sein, kann eine Bitte an den Verstorbenen ebenso hilfreich sein.
- Finden Sie Gnade im Blick auf die Verfehlungen, mit denen jemand Verantwortung auf sich geladen hat. Sollten Sie hiermit Schwierigkeiten haben, bitten Sie einen anderen Menschen darum, den Sterbenden zu begleiten.
- Wenden Sie sich an Geistliche, die den Betroffenen angesichts ihrer Gewissensbisse die Hoffnung auf Vergebung zusprechen können.

■ Lesen Sie das Buch »Keine Seele geht verloren« von Bernard Jakoby. Der Autor schreibt in diesem Buch ausführlich darüber, dass es möglich ist, dass Verstorbene zwar ihre Verantwortung für alles, was sie in ihrem Leben getan haben, behalten, betont jedoch auch, dass für alle Menschen Gnade statt Verdammnis gilt.

■ Lesen Sie im Kapitel über Rituale über den Segen, den eine Beichte für Betroffene haben kann.

Das Hadern mit anderen Menschen und die Revanche

Die Strafe, die züchtigt, ohne zu verhüten, heißt Rache.
Albert Camus

Wer nach Rache strebt,
hält seine eigenen Wunden offen …
Sir Francis Bacon

Wer sich mit dem Tag anlegt, den wird die Nacht bestrafen.
© Peter E. Schumacher

Geschichte von Ilse

Ilse starb langsam. Sehr zum Erstaunen aller Ärzte lebte sie viele Jahre länger mit der Diagnose malignes Lymphom (bösartiger Lymphknotenkrebs), als die Statistik es prognostiziert hatte. Ilse hatte bereits mehrere Chemotherapien hinter sich gebracht, die sie, zum Erstaunen aller, gut überstanden hatte. Jetzt nahmen ihre Kräfte allmählich ab. Sie bekam regelmäßig Besuch von ihrem Sohn, der weite Fahrwege in Kauf nahm, um seine Mutter jedes Wochenende auf ihrem schweren Weg des Abschieds zu begleiten. Ilse lag im Hospiz und konnte sich nur noch mit Unterstützung des Pflegepersonals bewegen. Wann immer die Zeit nahte, da ihr Sohn sie besuchen würde, ließ Ilse sich mit dem Gesicht zur Wand drehen. Sie wollte ihren Sohn nicht ansehen. Ilses Sohn hatte eine Frau geheiratet, die Ilse für unstandesgemäß hielt. Dass er mit seiner Frau aus dem Heimatstädtchen weggezogen war, hatte sie ihm nie verziehen. Mutter und Sohn hatten jahrelang keinen Kontakt zueinander gehabt und hatten auch später nie über die Eheschließung des Sohnes gesprochen. Alle, die Ilse betreuten, wunderten sich über ihr Verhalten. Eines Tages sagte eine Pflegeschwester zu ihr: »Ich frage mich, was in Ihnen geschieht, wenn Sie sich von uns zur Wand drehen lassen, wenn Ihre Verwandten kommen. Irgendwie werde ich den Eindruck nicht los, dass das herzlos ist und ich frage mich die ganze Zeit, ob Sie dadurch nicht gequält werden.« Ilse dachte mehrere Tage über das nach, was sie gehört hatte. Sie starb nach einer guten Woche, nachdem sie ein Gespräch mit ihrem Sohn geführt hatte.

Geschichte von Michaela

Michaela war als Kind von ihrem Vater missbraucht worden. Sie war kaum dreißig Jahre alt, als sie an Gebärmutterkrebs erkrankte und nach wenigen Monaten im Krankenhaus im Sterben lag. Ihre Schwester, die von dem Missbrauch wusste, saß nun fassungslos und zornig an ihrem Bett. Vor einigen Jahren hatten sie gemeinsam ihren Vater mit dem Missbrauch an Michaela konfrontiert, doch er hatte alles geleugnet. Daraufhin brachen die Schwestern jeden Kontakt zu ihrem Vater ab. Der Schwester war der Zusammenhang zwischen Michaelas Sterben und dem zugefügten Schmerz klar. Wie sie Michaela so leiden sah, hielt ihre Schwester es schließlich nicht mehr aus und rief ihren Vater an. Sie erzählte ihm von dem langsamen und qualvollen Sterben der Tochter. Der Vater kam. Er saß an dem Bett seines Kindes, und endlich gestand er unter Tränen. Michaela starb einen Tag später.

Begleitende Worte:

Gedanken an das, was uns andere in unserem Leben angetan haben, lassen sich ebenso schwer verbannen wie die Erinnerung an unsere eigenen Versäumnisse. Beides kann unser Denken nachhaltig bewegen und fesseln. Sterbende haben viel Zeit, diesen Gedanken Raum zu geben und freien Raum zu lassen, denn die Nächte von Sterbenden sind lang. Und die Bilanz am Ende unseres Lebens lässt alles in den Vordergrund treten, was ungeklärt ist. Dann spielen Sterbende jede Situation durch, die Konfliktpotenzial mit anderen in sich birgt. Das kennen wir aus unserem Alltag: Wir spielen die Geschichten und Geschehnisse durch und malen uns aus, was wir alles hätten kontern können, wenn wir nur schneller, handlungsfähiger und schlagfertiger gewesen wären.

Manchmal denken Menschen, es gäbe Dinge im Leben, die man nicht verzeihen könne. Doch was sollte das sein? Angesichts der Tatsache, dass Menschen in der Lage sind, Frieden zu schließen, obwohl ihre ganze Familie in kriegerischen Auseinandersetzungen ausgerottet wurde, scheint die Kraft des Verzeihens größer zu sein als jedes Ansinnen auf Revanche.

Hierin liegt die Lösung, so schwer es auch scheinen mag. Das Eingeständnis und der Weg zu beiderseitigem Frieden (siehe auch das Kapitel: »Von Würde, Frieden, Heilung und Verzeihen«) bringen einzig Lösung und Erlösung von der inneren Wut und ermöglichen Verzeihung.

Begleitende stehen hier vor dem Problem, den Betroffenen dazu anzuregen, in Freimütigkeit das Gegenüber (also die Person, die den Sterbenden verletzt hat) zu bitten, eine gemeinsame Klärung zu finden. Ein weiteres Problem besteht darin, dass unklar ist, ob das Gegenüber gesprächs- und lösungsbereit ist. Sollte kein gemeinsamer Weg gefunden werden, bleibt den Betroffenen nur übrig, sich selbst dahingehend zu prüfen, ob sie ihr Bestes für eine Klärung gegeben haben. Die Einnahme dieser Haltung ist die letzte Möglichkeit, um ein Problem letztlich »loszulassen«.

Ratschläge für die Begleitung angesichts des Haderns mit anderen Menschen und Revanche:

- Fragen Sie Sterbende, ob noch etwas »offen« ist bzw. ob sie etwas belastet. Regen Sie Sterbende dazu an, ihr Herz auszuschütten.
- Regen Sie Sterbende dazu an, Frieden mit allem zu machen, was an ihrem Herzen nagt.
- Erzählen Sie Sterbenden davon, wie schwer und quälend jeder Weg und jeder Abschied ist, wenn man selbst voller Unmut ist.
- Bemühen Sie sich darum, Betroffene und deren Gegenüber in Kontakt zu bringen. Holen Sie sich dazu u. U. Unterstützung von Seelsorgern, Pastoren, Sterbeammen/Sterbegefährten usw.
- Fragen Sie in Ihrem Umkreis, ob Ihnen Menschen davon erzählen können, was sie anderen verziehen haben.
- Berichten Sie Sterbenden von Friedensgeschichten, die in der Welt tatsächlich geschehen sind (z. B. Kontakte zwischen Deutschen und Polen, Verzeihen von Juden trotz des Holocausts). In diesen wunderbaren Dokumenten wird Größe und Macht des Verzeihens deutlich.
    - Sehen Sie z. B. im Internet unter folgenden Adressen nach und finden Sie so Gedanken und Inspirationen für Betroffene, sich für Friedensgedanken zu öffnen:
        - home.t-online.de/home/AloisWiszniewsky-Mueden
        - www.naikan.de

- Naikan ist eine Methode aus Japan. Sie wird erfolgreich im Strafvollzug eingesetzt. Wann immer ein Mensch mit einem anderen Menschen hadert, ist diese Übung angezeigt. Es stellen sich zusätzlich zu der Frage, was dieser Mensch einem angetan hat, drei weitere:
  1) Was hat dieser Mensch für mich getan?
  2) Was habe ich für diesen Menschen getan?
  3) Was habe ich diesem Menschen angetan?

  Bei einem tiefen und ehrlichen Nachdenken über diese Fragen ist ein Großteil des Zorns verraucht.

■ Lesen Sie das Kapitel »Von Würde, Frieden, Heilung und Verzeihen«.

■ Lesen Sie das Kapitel »Konflikte«.

Hinderung am Sterben: Substanzen und Intensivmedizin

Manche Menschen sind derart
pessimistisch, dass sie,
sobald sie ein Licht am Ende des
Tunnels sehen, diesen verlängern.
Franziska Bee

Wir haben beides zur Perfektion
gebracht:
das Leben zu verlängern und
das Leben zu vernichten.
© Anke Maggauer-Kirsche

Geschichte von Magda

Magda wurde langsam älter und schwächer. Sie war Bewohnerin eines Pflegeheims geworden, nachdem sie nach einem Oberschenkelhalsbruch nicht mehr allein in ihrer Wohnung leben und sich auch an Krücken nur schwer bewegen konnte. Sie blickte zufrieden auf ihr Leben zurück und verspürte keine Angst angesichts des kommenden Todes. Nach medizinischen Standards trank Magda zu wenig, und sie hatte von Tag zu Tag weniger Appetit. Als sie in einen zunehmenden Verwirrtheitszustand geriet, wurde ihr eine künstliche Magensonde (PEG) gelegt, damit sie mit allen Nährstoffen versorgt wurde. Magda reagierte kaum noch auf äußere Kontaktversuche. Aufgrund ihrer Altersschwäche und ihrer Verwirrtheit konnte sie nicht mehr sprechen. Magda riss sich jedoch immer wieder die Schläuche aus ihrem Körper. Das wurde dadurch verhindert, dass ihre Hände fixiert wurden. Es dauerte fast ein Jahr, bis Magda starb.

Geschichte von Sophie

Sophie war alt geworden. Sie hatte ein bewegtes Leben hinter sich gebracht und sie hatte eine große Familie mit Kindern, Enkeln und Urenkeln. Sie wurde im Laufe der Jahre immer kleiner und zerbrechlicher und saß mehr und mehr in ihrem Sessel. Eines Tages sagte Sophie: »Ich glaube, es reicht mir jetzt. Ich habe es satt!« An diesem Tag hörte Sophie auf, Nahrung zu sich zu nehmen. Sie legte sich in ihr Bett und nach vier Tagen starb sie friedlich und ruhig.

Geschichte von Siegfried

Siegfried hatte seinen Kindern und Enkeln die Patientenverfügung gezeigt. Er war aktives Mitglied der Gesellschaft für humanes Sterben, wollte also über sein Leben und Sterben selbst bestimmen können und keine lebensverlängernden Maßnahmen erhalten. Eines Tages, als er »eben noch einmal« spazieren war, erlitt Siegfried einen Schlaganfall. Da an diesem Tag sehr schönes Wetter war, hatte Siegfried nur seinen Stock und den Hausschlüssel mitgenommen und war in den nahe gelegenen Park gegangen. Siegfried wurde sofort mit dem Notarztwagen in die nächste Klinik gefahren. Als er versorgt worden war, lag er an Schläuchen in der Intensivstation. Es dauerte nur wenige Stunden, bis seine Kinder bei ihm waren. Sie erinnerten sich sofort an die Patientenverfügung ihres Vaters und sprachen mit den Dienst habenden Ärzten und dem Pflegepersonal darüber. Alle reagierten mit Verständnis auf die Verfügung, die sie jetzt erst zu sehen bekamen. Gemeinsam standen sie vor dem Problem, dass die Maschinen, die einmal angeschlossen waren, nicht einfach wieder abgestellt werden konnten. Diese folgenschwere Aufgabe durfte und wollte niemand übernehmen. Siegfried blieb an den Maschinen angeschlossen. Er starb nach zwei weiteren Wochen.

Begleitende Worte:

Nach Angaben der DGEM (Deutsche Gesellschaft für Ernährungsmedizin) sind 50 % der Menschen ab 70 Jahren unterernährt. Statistiken sprechen davon, dass 20–50 % der Patienten in Krankenhäusern mangelernährt sind. In Bremen werden 8 % aller alten Menschen über die Magensonde (PEG) ernährt. Das sind nur einige Zahlen, die Aufschluss über die Ernährungslage bei älteren Menschen geben. Diese Zahlen sind allerdings auch Hintergrund für medizinische Indikationen.

Der so genannte »Psychogene Tod« beschreibt das Phänomen, dass gesunde Menschen oftmals innerhalb weniger Tage sterben, ohne dass von außen irgendwelche Todesursachen festgestellt werden können. In diesen Fällen schließen Menschen, die »es satt haben«, mit ihrem Leben ab und sterben. Das Phänomen wurde erstmals im 1. Weltkrieg beobachtet und beschrieben und ist Gegenstand vieler wissenschaftlicher Untersuchungen.

Entscheidend für einen ethischen Umgang mit Kranken ist in allen medizinischen Berufen und in der Pflege, ob ich in der Lage bin, betroffenen Menschen, die ihren Lebenswillen verloren haben, Unterstützung zu geben. Es besteht ein immenser Unterschied zwischen einem Abschied, der als Folge von Resignation entstanden ist, und einem Abschied, der aus einem Gefühl des Einverständnisses mit der Vergangenheit und des Abschließens geschieht. Letzteres kann als »aus vollem Herzen sterben« bezeichnet werden. Menschen, die genug vom Leben geschöpft haben und sich in dieser Zufriedenheit vom Leben zurückziehen, könnten die Lehrmeister einer Gesellschaft werden, die das gehaltvolle Leben und das Sterben verlernt hat.

Heutige Maßnahmen klinischer Intensivmedizin können den Weg derjenigen, die mit ihrem Leben abschließen wollen, behindern. Die Rechtslage in Deutschland verbietet aktive Sterbehilfe. Lebenserhaltende Maschinen können nicht einfach abgestellt werden, wenn sie erst einmal angeschaltet wurden, und Substanzen, die einen Tod schneller herbeiführen, dürfen nicht verabreicht werden. Die Diskussion um aktive Sterbehilfe wird vehement und aktiv geführt. In vielen Fällen würde die Diskussion sich womöglich erübrigen, wenn lebensverlängernde Maßnahmen nur dann angesetzt würden, wenn sie sinnvoll sind. Bei dem Wunsch nach aktiver Sterbehilfe bleibt meines Erachtens vielfach unberücksichtigt, ob Situationen vorliegen, die das Sterben verhindern, weil etwas nicht erledigt ist (siehe oben). Einen für alle Beteiligten heilsamen Weg durch den Abschied wird es aber nur dann geben können, wenn diese Hindernisse überwunden sind. Gleichermaßen scheint die Berufung auf das Recht zur Selbstbestimmung/Selbsttötung vielfach aus der Angst vor Sterbehinderung durch die klinische Medizin zu resultieren.

Menschen haben sehr häufig weniger Angst vor dem Tod als vor dem Sterben. Fernsehberichte und Erfahrungen aus Alten- und Pflegeheimen sprechen eine deutliche Sprache, wenn es um die Quälerei geht, denen Menschen unter lebensverlängernden Maßnahmen ausgesetzt sind. Ärzte haben ihren hippokratischen Eid abgelegt und eine intensivmedizinische Maßnahme wird meist unabhängig von Alter und Hintergrundsituation der Betroffenen vorgenommen. Das scheint eine an sich richtige Haltung zu sein, die allerdings in einem Fall Segen und in einem anderen Fall Qual bedeuten kann. Der Gedanke drängt sich auf, dass allein juristische Absicherungen dazu führen, dass sogar Greise chemotherapeutisch (zytostatisch) behandelt werden, intensivmedizinische Maßnahmen (Reanimation) oder künstliche Ernährung bei Patienten vorgenommen werden, die sich dagegen verwahren würden, wenn sie dazu in der Lage wären. Eine Patientenverfügung hat nur dann die Berechtigung und Relevanz, wenn sie rechtzeitig gefunden wird und wenn alle Beteiligten sich dem Wunsch des Patienten unterordnen, bevor die betreffende Person an lebenserhaltende Maschinen angeschlossen ist.

Selbstverständlich muss hier ein Unterschied gemacht werden zwischen jungen Menschen, die einen Unfall hatten oder unter Essstörungen leiden, und alten Menschen, die gebrechlich sind und sich bereits über einen längeren Zeitraum hinweg aus dem Leben zurückziehen und dies auch kundtun.

Es ist eine Frage der Achtung und der Würde, dass ein Mensch aufhören darf zu essen, wenn er sich auf den Abschied vorbereitet. Jede weitere intensivmedizinische Maßnahme würde sich innerhalb kurzer Zeit erübrigen, wenn die Nahrungszufuhr wegfallen würde. Es scheint wesentlich von der Besonnenheit oder dem aufstrebenden Aktionismus der behandelnden Ärzte abzuhängen, wie der Lebensweg eines Patienten enden darf. In traditionellen Gemeinschaften war allen Nahestehenden und Angehörigen klar, was es bedeutete, wenn ein alter Mensch sich vom Essen zurückzog.

Der Rückzug von jeder Nahrungsaufnahme hat dabei eine tiefere Bedeutung. Mit der Aufnahme von Nahrung verleiben wir uns die äußere Welt ein und verarbeiten sie, womit wir sie zu unserer eigenen Welt, zu unserem eigenen Körper machen. Damit wird unser Körper von der Außenwelt aufgebaut und am Leben gehalten. Jede Form von Nahrungsverweigerung bedeutet damit auch, dass ich mich von der Außenwelt zurückziehe. Das kann im Fall von Essstörungen bedeuten, dass ich mich dem Leben – möglicherweise aus Angst heraus – verweigere, im Falle, dass ich alt und müde vom Leben bin, kann es auch heißen, dass ich mich langsam und allmählich aus der Gemeinschaft löse und auf den Abschied vorbereite. In vielen traditionellen Gemeinschaften zogen sich Menschen aus der Gemeinschaft zurück und gingen in die weite Natur, wenn ihr Sterben nahte. Dort suchten sie sich einen Platz zum Sterben. Dieser »aktive« Abschied wurde ihnen gestattet.

Zugegebenermaßen ist es schwer auszumachen, ob ein Mensch sich vom Leben verabschiedet, weil er genug davon gesehen und erlebt hat, oder ob er aus einer Depression heraus handelt, was einem Suizid vergleichbar wäre. Dass dazu Gespräche und Unterstützung für die Betroffenen notwendig sind, ist offenkundig. Der heutige Pflegenotstand verhindert allerdings aufgrund von Geldnot, mangelnder Ausbildung und überdimensionalem Verwaltungsaufwand, dass Zeit und Muße für diese Notwendigkeiten gegeben sind. Es bedarf eines hohen Maßes an Einfühlsamkeit und Lebenserfahrung, um herauszufinden, ob ein Mensch aus Resignation oder aus innerer Sättigung heraus mit seinem Leben abschließen möchte.

Ratschläge für die Begleitung von Menschen, die aufgrund lebensverlängernder Maßnahmen am Sterben gehindert werden:

- Informieren Sie sich und Ihre Nahestehenden, wie auch die Menschen, die Sie betreuen, über Patientenverfügungen.
  - Informationen über Patientenverfügungen bekommen Sie z. B. unter:
    - Internet: www.patientenverfuegung.de
    - Buchratgeber: Thomas Klie, Johann Christoph Student: Die Patientenverfügung (Herder-Spektrum, 2001)
  - rechtliche Beratungen zum Thema finden Sie unter:
    - Internet: www.Deutsche-Anwaltshotline.de
- Wenn Sie für sich selbst und Ihre Nahestehenden keine lebensverlängernden Maßnahmen wünschen, setzen Sie rechtzeitig eine Patientenverfügung auf. Geben Sie diese gleichzeitig allen Nahestehenden, damit sie über Ihre Wünsche informiert sind. Sollten Sie in einem Alten- oder Pflegeheim wohnen, sprechen Sie Ihre Wünsche auch mit der Leitung ab.
- Wenn Sie daran denken, sich »aus einem vollen Herzen heraus« aus dem Leben zu verabschieden, bedenken Sie, ob Ihre Nahestehenden Ihre Empfindungen teilen und Sie bereitwillig gehen lassen können. Es kann sein, dass noch »etwas« offen ist, was der Klärung bedarf.

- Lassen Sie sich auf Gespräche mit betroffenen Menschen ein, bei denen Sie spüren, dass sie sich aus dem Leben zurückziehen und möglicherweise sterben wollen.
- Sollten Sie den Eindruck gewinnen, dass diese aus Resignation heraus aus dem Leben wollen, sorgen Sie dafür, dass sie professionelle Unterstützung erhalten.
- Wenn Sie feststellen, dass jemand sich aus Zufriedenheit und Sättigung aus dem Leben zurückziehen möchte, unterstützen Sie einen heilsamen Abschied für ihn und alle Nahestehenden.
- Wenn jemand sich aus dem Leben zurückziehen möchte und Nahrung verweigert, achten Sie seine Wünsche, wie es auch in Hospizen geachtet werden.
    - Gehen Sie dabei auch auf Nahestehende ein, die die Nahrungsverweigerung in der Regel als problematisch empfinden.
- Wenn Sie für Ihre Nahestehenden, für sich selbst oder Menschen, die Sie betreuen, keine lebensverlängernden Maßnahmen wünschen, tun Sie dies kund!
- Regen Sie in medizinischen Kreisen die Diskussion über den Sinn lebensverlängernder Maßnahmen an.
- Finden Sie Ihre eigene Haltung zu dem Thema »aktive Sterbehilfe«.
- Wenn Sie die Möglichkeit aktiver Sterbehilfe befürworten, bedenken Sie, dass es sein kann, dass es für Sie selbst oder einen Menschen in Ihrer Nähe noch Unerledigtes geben kann. Es kann sein, dass der selbst gewählte Abschied eine Klärung verhindert.
- Wenn Sie in der Pflege tätig sind, sollten Sie sich mit den Argumenten der Befürworter der aktiven Sterbehilfe auseinander setzen. Hans Küng war u. a. einer der Vorreiter der Bewegung. Sie werden mit Gedanken dieser Art zunehmend konfrontiert werden.
- Lassen Sie den Gedanken zu, dass es gut sein kann, dass es einen Sinn hat, dass wir unseren Todeszeitpunkt nicht allein bestimmen.
- Lesen Sie das Kapitel »Von Würde, Frieden, Heilung und Verzeihen«.

Konflikte

Nasrudin war als Richter bestellt. Geduldig hörte er sich die Klagen des Klägers an. Nasrudin war so klug, aufmerksam nachzufragen, bis er die ganze Geschichte des Klägers angehört hatte. Nasrudin war tief erschüttert: »Du hast Recht!«, sprach er zu dem Kläger. Dann kam der Angeklagte. Auch hier hörte Nasrudin mit aller Geduld und Aufmerksam zu, wie der Angeklagte seine Geschichte erzählte. Auch dies war eine lange Geschichte. Nasrudin fragte immer wieder nach, bis er den ganzen Sachverhalt nachvollziehen konnte. »Ja«, sagte er zu dem Angeklagten, »du hast vollkommen Recht!« Da meldete sich der Beisitzer: »Nasrudin, alles, was Recht ist. Das geht nicht. Du bist hier als Richter eingesetzt. Und ein Richter hat Recht zu sprechen. Du kannst nicht beiden Recht geben. Das geht nicht.« »Oh«, sagte Nasrudin. »Das stimmt. Du hast vollkommen Recht!«

Frei nacherzählt nach Nasrudin

Die einzig artgerechte Form einer fruchtbringenden Auseinandersetzung ist das Sich-zusammensetzen.

© Ernst Ferstl

Die Erde ist groß genug, um jeden Streit begraben zu können.

© Erhard Horst Bellermann

Frieden stiften wäre einfacher, wenn es nicht so viel Streit gäbe.

© Walter Ludin

Hier ruhen meine Gebeine, ich wünschte, es wären deine.

Grabinschrift und Buchtitel

Die Frage:

Sabine kam erschöpft in den Unterricht. Sie war erschüttert von den Streitereien und von den Auseinandersetzungen, die sie bei einem Praktikum auf der Palliativstation erlebt hatte. »Da steht ein Mann, der vollkommen nervös ist, und steckt sich eine Zigarette an. Im Bett liegt sein Vater und bekommt kaum noch Luft! Der alte Mann stirbt eine halbe Stunde später. Ich bin selbst ganz böse geworden. Und am gleichen Tag haben sich Ehefrau und Mutter des Mannes, der wenige Stunden später starb, auf dem Flur gestritten, wo er beerdigt werden soll! Daneben gibt es die Sterbenden, die ihren Nahestehenden Vorhaltungen machen und ihnen irgendetwas aus der Vergangenheit vorwerfen. Das ist furchtbar anstrengend, und ich weiß nicht, wie ich mich verhalten soll, damit ich nicht zwischen die Fronten gerate. Dabei kann ich den Zorn oft so gut nachvollziehen, wenn ich die Geschichten höre.«

Die Antwort:
Wann immer Menschen Beziehungen eingehen, sind diese Verbindungen von Zuneigung und Abneigung geprägt. Dort, wo viele Menschen zusammentreffen, entstehen Streit und Konflikte. Unsere Zuneigung und unsere Freundschaft sind scheinbar darauf angewiesen, sich immer wieder abgrenzen zu müssen, um zu sich selbst finden zu können. Dieses Thema ist so alt wie die Menschheit selbst. Lösungen zu finden, scheint heute so schwer, wie es seit jeher war. Die Begleitung von Menschen in Konflikten ist schwierig und wichtig. Denn ein Konflikt, der keinen Frieden findet, wird den Sterbeprozess eines Sterbenden behindern und den Weg der Trauernden in ein neues Leben hinein ebenso blockieren.

Abschied nehmen ist eine Grenzerfahrung für alle. Zeiten des Abschieds sind anstrengend. Niemand wusste vorher in seinem Leben, wie besetzt die Gedankenwelt von Sorgen und Problemen sein kann. Emotionen, die wir vorher nicht kannten, werfen unser gewohntes Gleichgewicht aus der Bahn. In diesen Zeiten taucht alles das an der Oberfläche auf, was bislang unausgesprochen bleiben und vermieden werden konnte. Und das Ungesagte überdeckt u. U. alles andere, was sich an Schönem und Harmonischem in der Beziehung befinden kann. Menschen haben ihre eigenen Erwartungen aneinander. Erwartungen kommen in Beziehungen zwischen Menschen von beiden Seiten, und nur selten können beide Seiten gleichermaßen zufrieden gestellt werden.
Wer immer miterlebt, wie Nahestehende untereinander oder Nahestehende und Sterbende in Konflikte geraten, gerät als außenstehende Person sehr leicht in den Strudel der Auseinandersetzungen hinein. Das ist bei Trennungen von Ehepaaren nicht anders als beim letzten großen Abschied durch den Tod.
Problematisch wird es, wenn Begleitende über das mitfühlende Verständnis hinaus Stellung beziehen und so zur Partei werden. (Jede Auseinandersetzung bringt es mit sich, dass Parteibildungen entstehen: wir kennen von unseren eigenen Auseinandersetzungen her den Wunsch, dass Außenstehende unsere Position verstärken und unser Recht untermauern sollen.)
Die Konflikte, in denen sich Sterbende, ihnen Nahestehende und Trauernde untereinander befinden, sind im Unterschied zu Konfliktlagen sonst zusätzlich geprägt von körperlichen und seelischen Stresserscheinungen, die alle Beteiligten belasten.

Viele Konflikte bleiben ungelöst, auch wenn ein Mensch gestorben ist. Bestattungen auf anonymen Friedhöfen sind nicht nur für diejenigen das Endzeremoniell ihres Lebens, die einsam waren oder vermeintlich rücksichtsvoll zu ihren Nahestehenden, indem sie ihnen die anstehende Grabpflege abnehmen. Sehr häufig kommt es vor, dass Angehörige sich in ihrem gemeinsamen Leben derart zerstritten haben, dass niemand auf ihre Beerdigung gehen will und niemand einen friedlichen Abschied in Erwägung zieht, wenn jemand aus dem Kreis verstarb. Somit allerdings wird der Konflikt mitnichten beendet, sondern u. U. noch Jahrzehnte mit sich getragen.
Um Situationen lösen zu können und einen Sterbe- wie auch einen Trauerprozess auf einen heilsamen Weg zu bringen, sind grundsätzliche Schritte zum Frieden nötig. Es geht darum, einen Weg zu begleiten, der es allen ermöglicht, Frieden zu finden. Nachzugeben scheint hier nicht der richtige Weg zu sein. Solches Nachgeben bedeutet nichts anderes, als einen Waffenstillstand zu halten, der einer Person die Unterlegenheitsrolle gibt, der anderen die Machtposition erhält. Verletzungen und Wunden allerdings, die keinen Frieden finden, werden sich auf die eine oder andere Weise immer wieder bemerkbar machen. Das ist bei jeder körperlichen Wunde genauso: Eine verschmutzte Wunde darf nie zuheilen, sonst wird sich der Organismus seinen eigenen Weg zur Entsorgung suchen müssen. Das kann bedeuten, dass der Körper entweder die Wunde selbst wieder öffnen muss oder aber, dass er zunehmend vergiftet und Folgeschäden entstehen. Seelische Wunden verhalten sich entsprechend. Einen Frieden zu schaffen, ist das einzige Heilmittel für diese Krankheit.
Menschen, die Abschied nehmen müssen, können dies in großem Frieden tun. Das ist der Weg, der allen Beteiligten eine Zukunft beschert, die in sich birgt, dass friedliche statt aufwühlende Gedanken aneinander alle neuen Wege begleiten.
Alles, was in sich Konfliktpotenzial birgt, hindert das Erschließen von neuen und hoffnungsvollen Wegen. Das ist bei Hinderungen des Sterbeprozesses (Siehe das Kapitel: »Was hindert Menschen am Sterben«. Siehe auch das Kapitel über »Rituale«) nicht anders als bei jedem Weg, der eine Heilung in sich tragen soll. Die einzige Möglichkeit, zu Frieden und Heilung zu gelangen, führt über das Verzeihen und die Bitte um Verzeihung. In gleichem Maße sind sowohl Größe und Souveränität als auch Demut und Hingabe erforderlich. Jemandem zu verzeihen, bedeutet mitnichten, das, was geschehen

ist, im Nachhinein zu tolerieren. Ein Akt der Gnade und des Friedens bedeutet, jemandem ohne Vorbedingung eine neue Chance zu geben. Frieden durch Verzeihen zu schaffen heißt auch, zukünftig aufmerksam zu sein, um weitere Verletzungen und Wunden zu verhindern (siehe auch Kapitel: »Von Würde, Frieden, Heilung und Verzeihen«).

Die Konflikte können in verschiedene Gruppen eingeteilt werden.

a) Konflikte Nahestehender mit den Sterbenden
b) Konflikte Sterbender mit den Nahestehenden
c) Konflikte Betroffener mit Ärzten und Pflegepersonal
d) Konflikte Trauernder mit ihren Verstorbenen
e) Konflikte Trauernder mit anderen Trauernden

Ratschläge zum Trost für Menschen in Konflikten:

- Menschen, die sich in Konflikten befinden, benötigen Unterstützung dazu, ihre Gedanken in größere Dimensionen erheben zu können. Die Erinnerung daran ist wichtig, dass Konflikte eher irdischer und menschlicher Natur sind.
- Bieten Sie den Sterbenden Bücher von Ulrich Schaffer an. Der Autor und Fotograf erinnert in seinen Büchern an den Frieden in der Menschheit. Jede Buchhandlung kann Ihnen diverse Titel von Ulrich Schaffer besorgen. Weitere Informationen erhalten Sie auf der Website www.ulrich-schaffer.com
- Bieten Sie Sterbenden Bücher über Nahtodforschung an. Hier sind als Autoren z. B. Bernard Jakoby (Die Brücke zum Licht, Keine Seele geht verloren u. a.) und Raymond Moody (Das Leben nach dem Tod, Nachgedanken über das Leben nach dem Tod u. a.) zu nennen. Jede Buchhandlung kann Ihnen Bücher der Autoren besorgen. Weitere Informationen erhalten Sie unter www.sterbeforschung.de
- Bitte bedenken Sie: Es gibt Menschen, die angesichts ihres eigenen Sterbens sehr friedlich sind und einzig Trost für den Abschied vom Leben benötigen. In diesen Fällen ist es wichtig, diesen Trost zu geben und nicht etwa Konflikte da zu wecken, wo keine sind.

Konflikte Nahestehender mit den Sterbenden

Mit Menschen, die uns besonders nahe stehen,
müssen wir uns ganz besonders auseinander setzen.
© Ernst Ferstl

Alfred Hitchcock zu der Frage, wie er seine Filme besetzt: »Ich beschäftige immer Stars, denn große Stars sind für das Kinopublikum so etwas wie liebe Verwandte – und nichts begeistert die Leute mehr als Verwandte, die in Schwierigkeiten geraten sind.«
Kalenderanekdote

Geschichte von Erik

Erik war mit seiner Mutter allein aufgewachsen. Den Vater hatte er nie kennen gelernt, obwohl er sich als Jugendlicher bemüht hatte, Kontakt zu ihm aufzunehmen, denn Eriks Vater war bereits neu verheiratet und hatte wenig Interesse daran, mit seinem Sohn eine väterliche Beziehung aufzubauen. Erik arrangierte sich im Laufe der Jahre mit den Gegebenheiten, die Enttäuschung über seinen Vater aber war darüber zu spüren, dass er ihn ganz einfach aus seinem Leben strich und ihn nie erwähnte. Als Eriks Vater im Sterben in einem Hospiz lag, bat er das Pflegepersonal, Erik anzurufen und ihn zu bitten, von ihm Abschied zu nehmen. Erik mochte weder an seinen Vater, an seine vergeblichen Hoffnungen in seiner Jugend noch an den Tod denken. Erik lehnte ab. Er wollte nicht zu dem gehen, auf den er viele Jahre seines Lebens vergeblich gewartet hatte. Eriks Vater starb, ohne seinen Sohn noch einmal gesehen zu haben. Erik selbst hat auch heute noch kein gutes Wort für seinen Vater, spricht gleichzeitig aber sehr viel über ihn. Zu einem Frieden ist Erik auch jetzt nicht bereit.

Geschichte von Christel

Christel war mit ihrer Familie in die Nähe der Mutter gezogen. Christels Kinder waren jetzt fast erwachsen und Christel verbrachte noch immer viel Zeit mit ihrer Mutter. Sie war Vertraute, Ratgeberin und Freundin für Christel. Wann immer sie dachte, mit der Erziehung der Kinder oder Problemen in ihrem Berufsleben nicht weiterzukommen, hatte die Mutter immer ein offenes Ohr für ihre Schwierigkeiten gehabt. Jetzt allerdings war sie alt geworden. Sie lag im Krankenhaus und wurde zusehends schwächer. Christel wusste genau, dass es nur noch eine Frage von wenigen Wochen sein würde, bis sie sterben würde. Christel litt unendlich. Sie weinte, sie fragte ihre Mutter, was sie ihr noch Gutes tun könnte, und sie saß bei ihr am Bett und bat sie inständig, bei ihr zu bleiben und das mitgebrachte Essen zu essen, damit es ihr wieder besser gehe. Christel machte ihrer Mutter jedes Mal schwere Vorwürfe, dass sie sich nicht an die Anordnungen der behandelnden Ärzte halten wollte und nörgelte ununterbrochen an dem Benehmen und Bemerkungen der Mutter herum. Christels Mutter wurde einsilbig. Sie sah ihre Tochter vor sich und vermochte ihr nicht zu sagen, dass sie ihr Leben gelebt hatte. Sie spürte die Panik ihrer Tochter, und sie sah die Verzweiflung in ihren Augen und ihrem Benehmen. Eines Tages nahm sie ihren Mut zusammen und schrieb ihrer Tochter einen kleinen Brief. Darin schrieb sie ihr, dass sie ein langes Leben gehabt habe. Und dass sie sehr froh sei, eine solche Tochter zu haben. Dazu sagte sie ihr auch, dass sie ihr in allen Jahren das mitgegeben habe, was sie wusste. Und dass sie sicher sei, dass Christel ab jetzt allein weiterkommen werde. Sie betonte darin ausdrücklich, dass sie ihr das mit dem größten Vertrauen zutraue. Christel brach weinend zusammen, als sie den Brief las. Doch dann verstand sie: Ihre Mutter traute ihr zu, jetzt an die Stelle der alten Beraterin zu kommen. Vorher dachte Christel, sie wäre für den Rest ihres Lebens einsam und allein ohne jede Unterstützung. Christels Mutter verstarb zwei Wochen, nachdem Christel ruhig geworden war.

Geschichte von Sascha

Sascha war das einzige Kind seiner Eltern und das einzige Enkelkind seiner Großeltern. Er war erst zehn Jahre alt, als er an einem Hirntumor starb. Er war sechs gewesen, als die Krankheit das erste Mal ausbrach. Die Operation hatte er überstanden und er hatte in den Jahren seit der Diagnose schon zwei Chemotherapien hinter sich gebracht. Jetzt sah es so aus, als ob es keine Chance mehr geben würde. Sascha lag in seinem Krankenhausbett und sah, wie seine Eltern und seine Großeltern litten. Sie brachten alles heran, was den Jungen freuen könnte, und verzweifelt klammerten sie sich an Berichte in der Presse, die das neue Wundermittel gegen Krebs ankündigten. Saschas Eltern gaben ihr Erspartes für Nahrungsergänzungsmittel, Vitaminpräparate und esoterische Wunderheiler hin, alles in der Hoffnung, dass Sascha gesund werden würde. Wenn sie ihren täglichen Besuch bei ihm machten, sprachen sie ausschließlich darüber, was sie alles unternehmen würden, wenn Sascha wieder aus dem Krankenhaus kommen würde. Sie planten mit ihm den nächsten Urlaub, sie lächelten verzweifelt, wenn er stöhnte, und versicherten ihm immer wieder, dass es ihm bald besser gehen würde. Sascha bemühte sich sehr, die Hoffnungen der Eltern nicht zu zerstören, wenn sie die Zukunft planten. Er lächelte und stieg in die Überlegungen, was sie alles gemeinsam tun könnten, mit ein. Nur einmal sprach Sascha mit einem Krankenpfleger. Er sagte ihm, seine Eltern täten ihm so leid. Und er habe ein schlechtes Gewissen, sie verlassen zu müssen. Als Sascha starb, brach für seine Eltern die Welt zusammen.

Begleitende Worte:

Einen Konflikt mit einem Menschen zu haben, bedeutet neben allen Streitereien und möglichen Vorwürfen auch, unerfüllbare Erwartungen an die gemeinsame Zukunft zu haben. Ob ein Vorwurf dann offen ausgetragen wird oder tabuisiert wird, ist von individuellen Faktoren und Verletzungen in der Vergangenheit abhängig. Es sind die dauerhaften Enttäuschungen, die Brücken abbauen und einen Weg zueinander unmöglich machen können. Vorwürfe, die im Raum stehen bleiben, lösen sich nicht einfach auf.

Es ist sehr schwer für Nahestehende, Abschied zu nehmen. Weder Eltern noch Kinder sind zu ersetzen. Angesichts des Sterbens aber wird deutlich, dass alle Erwartungen, die wir in unserem bisherigen Leben an andere hatten, vergeblich sind: Hoffnungen auf eine Verbesserung der Beziehung gibt es nicht mehr. Intensive Beziehungen, wie sie zwischen Eltern und Kindern gelebt werden, führen dazu, dass die Erwartungen unermesslich groß sein können. Wir haben alle unsere Idealvorstellungen davon, »wie« Eltern sein müssten und »wie« Kinder sich benehmen sollten. Dass diese Vorstellungen niemals der Realität entsprechen werden, wissen wir alle, auch wenn wir den Anspruch zumindest an unsere eigenen Eltern und Kinder stellen.

Sämtliche Verfehlungen der Vergangenheit sind vollendete Tatsachen. Eine Zukunft, die diese aufheben würde und unsere Idealvorstellungen von Freunden und Anverwandten real erfüllen würde, gibt es nicht mehr. Damit zerplatzen Träume und Illusionen. Wir müssen von unserer Vergangenheit und unseren Träumen von einer besseren gemeinsamen Zukunft Abschied nehmen. Sichtlich ahnen wir alle, dass mit dem Tod und dem damit verbundenen Neubeginn nichts jemals wieder so sein wird, wie es einmal war.

Eltern ahnen dies sehr genau, wenn ihre eigenen Kinder sich auf den Weg in eine andere Welt begeben. Kinder, deren Eltern sterben, müssen sich immer auch von ihrer eigenen Kindheit verabschieden, wie alt sie auch immer zu dem Zeitpunkt sein mögen. Und sich von Freunden zu verabschieden heißt auch, sich der eigenen Sterblichkeit und der eigenen schwindenden Lebenszeit stellen zu müssen.

Angesichts des Sterbens nehmen wir Abschied von unseren Erwar-

tungen und unserer gewohnten Sicherheit. Verzweifelt hoffen wir auf ein Wundermittel, das Menschen unsterblich macht und klammern uns an unseren Lieben fest. Die Befürchtung, dass wir ohne sie nicht mehr weiter existieren können, ist verständlich. Einerseits behindern wir dabei einen friedlichen Abschied (siehe auch: »Was hindert am Sterben?«). Andererseits ist zu beachten, dass uns alle das Gefühl, dass wir benötigt werden, ins Leben einbindet und gesund erhält. Diese Empfindungen sind wechselseitig, wann immer wir tiefe Beziehungen mit Menschen eingehen.
Schmerzhafte Furcht und vergebliche Hoffnung führen dazu, dass unausgesprochen bleibt, was heilsam für einen Abschied wäre. Die Vorwürfe bleiben ungesagt, ebenso wie Dankbarkeit und die Furcht, allein nicht weiterleben zu können, nicht angesprochen werden. Das sind die Momente, in denen für alle die Besuche zur Qual werden und niemand mehr weiß, was gesagt werden sollte. Dabei gibt es so vieles, was gesagt und getan werden könnte. Das, was offen geblieben ist, zeigt sich hinterher.

Ratschläge für die Begleitung von Konflikten Nahestehender mit Sterbenden:

- Suchen Sie das Gespräch mit den Nahestehenden, wenn Sie Konflikte wahrnehmen.
- Bemühen Sie sich verständnisvoll darum, Nahestehenden mögliche Hintergründe für den Schmerz angesichts des Abschieds zu erklären.
- Lesen Sie die Ratschläge im nächsten Abschnitt »Konflikte Sterbender mit Nahestehenden«. Die Ratschläge gelten für beide Parteien.

Konflikte Sterbender mit Nahestehenden

Nie zu bereuen und nie anderen Vorwürfe zu machen,
das sind die ersten Schritte zur Weisheit.
Denis Diderot

Anklagen ist in demselben Maße leichter als Verteidigen, wie es leichter ist, Wunden beizubringen als zu heilen.
Quintilian

Der Vorwurf ist eine Anklage auf Probe.
© Stefan Schütz

Geschichte von Maria

Marias Leben ging zu Ende. Sie hatte ihre beiden Töchter allein groß gezogen. Ihre Ehe war nach wenigen Jahren zerbrochen, als sie festgestellt hatte, dass ihr Mann sie regelmäßig betrog. Als sie sich trennten, war Maria voller Hass auf ihren Mann, und er wurde aus der Familiengeschichte verbannt. Maria wurde misstrauisch und ging nie wieder eine Beziehung mit einem anderen Mann ein. Sie war erst fünfzig Jahre alt, als sie an Krebs erkrankte und nach nur zwei Jahren auf ihr Ende wartete. Ihre Töchter und Geschwister waren bei ihr und begleiteten sie. Jetzt endlich fragte eine der Töchter, ob sie irgendjemanden aus ihrem Leben noch Vorwürfe machen würde. »Ja«, sagte Maria. »Eurem Vater werde ich nie verzeihen. Er hat mein Leben und euer Leben zerstört. Ich werde ihn hassen, bis in ewige Zeiten.« Es war für alle, die Marias Lebensende begleiteten, deutlich, wie sehr sie der nagende Hass an einem friedlichen Abschied hinderte. Schließlich setzte sich Marias Tante zu ihr und sprach mit ihr. Sie fragte sie, ob sie selbst auch spüre, wie der Zorn auf ihren Mann jede Zuversicht und jeden Frieden verhindere. Zögernd bestätigte Maria das, setzte jedoch hinzu, dass es Dinge gebe, die niemand auf der Welt verzeihen könne. Die Wunden seien viel zu tief geschlagen. Marias Tante stellte daraufhin die Frage auf, ob es dem Vater ihrer Kinder wohl gut gehen könne. Auch er müsse sich damit konfrontiert sehen, dass er seine Familie verletzt und verloren habe. »Stell' dir vor«, sagte sie, »wie es ist, wenn er einmal im Sterben liegt. Ob ihn das genauso hindern und seine Gedanken fesseln wird, wie jetzt deine Gedanken an ihn dich fesseln?« Daran hatte Maria nicht gedacht. Sie ließ den Gedanken zu, dass es nur eine Frage der Zeit war, bis er mit den Konsequenzen seines eigenen Handelns konfrontiert werden würde. Maria entspannte sich. Sie starb eine Woche später.

Geschichte von Dörte

Dörte war erst Mitte dreißig, als sie im Krankenhaus lag und festgestellt wurde, dass eine weitere Chemotherapie keine Heilungschance mehr bieten würde. Dörte hoffte noch immer auf das Wunder, dass neue Medikamente eine Linderung und Besserung bringen könnten. Dörte lag in ihrem Bett und grübelte vor sich hin. Sie hatte Schlafstörungen und spürte, wie sie jede Nacht in Gedanken bei einigen Menschen aus ihrer Familie war und immer zorniger wurde. Ihre Eltern hatten sie nie ernst genommen und drehten sich nur um sich selbst, ihr Bruder kam selten zu ihr und hatte kein Interesse an ihr, und ihr Freund hatte sie nie verstanden. Dörte konnte nichts anderes mehr denken und fühlte sich aufgewühlt, hoffnungslos und ungeliebt. Sie hoffte so sehr darauf, dass dieser Knoten sich lösen würde. Sie war sicher, dass sie dann gesund werden würde. Ihr Denken konzentrierte sich auf die Klärung dieser Konflikte. Jeder Gedanke an einen möglichen Tod fehlte, und er wurde auch von niemandem angesprochen. Erst als Dörte Besuch von einem Freund bekam, der sie lange nicht gesehen hatte und dieser den Mut hatte, sie zu fragen, was sie täte, sollte sie nicht gesund werden, fiel jeder Zorn von Dörte ab. Sie erkannte, dass sie jeden Gedanken an Abschied vermieden hatte und weinte um ihr kurzes Leben. Dörte schrieb allen, denen sie vorher Vorwürfe gemacht hatte, eine Karte und bat sie um einen Abschied. Sie starb nach wenigen Wochen friedlich.

Begleitende Worte:

Möglicherweise ist der Frieden angesichts des Todes der haltbarste von allen. Zusammenleben mit Menschen bedeutet immer, dass neue Erwartungen und neue Beziehungsbänder geknüpft werden. Im menschlichen Miteinander sind Konflikte damit vorprogrammiert. Die Knoten der Beziehungsbänder müssen immer wieder gelöst werden, so wie sie auch permanent neu entstehen. Auch das ist ein Kennzeichen des Lebens. Allein dann, wenn der letzte große Abschied kommt, kann der Frieden haltbar sein, denn nur dann sind wir vor neu entstehenden Konflikten sicher.

Verletzungen, die eine jahrzehntelange Geschichte haben, sind nicht einfach zu lösen, zumal dann, wenn es so aussieht, als ob durch diese Wunden das eigene Leben unglücklich verlief. Für einen Frieden allerdings ist es nie zu spät. Und selbst ein Frieden, der mit dem letzten Atemzug möglich ist, schafft die Basis für eine hoffnungsvolle Zukunft anstelle von Zwist.

Im Anblick unseres eigenen Sterbens können sich Hoffnungen und Erwartungen vor jede offenkundige Realität schieben. Selbst angesichts des letzten großen Abschieds sind wir mitunter kaum in der Lage, das Wichtige und das Unwichtige voneinander zu trennen, zu sehr drängt sich ein vermeintlicher Alltag mit den dazugehörigen Ablenkungen in unsere Welt. Unsere lieben und nahen Menschen sind nun einmal – genau wie wir – Menschen mit allen dazugehörigen Fehlern.

Dass angesichts des Sterbens und des Abschieds die Makel unserer Mitmenschen oftmals gar nicht mehr der Rede wert sind, ist ein großer Gedanke. Auch das ist ein Zeichen der Würde und des Friedens, wenn wir uns im normalen Alltag, in dem es keinen Tod zu geben scheint, einmal daran erinnern.

Ratschläge für die Begleitung von Konflikten Sterbender mit Nahestehenden:

Wenn Sie Sterbende und ihnen Nahestehende begleiten:

- Wenn Sie wahrnehmen, dass Sterbende in Konflikten mit Nahestehenden sind, fragen Sie bei den Betroffenen nach und lassen sich deren Geschichte erzählen.
- Erinnern Sie Sterbende daran, wie wichtig ein Frieden für jede Zukunft ist, auch für die in einer anderen Dimension.
- Bemühen Sie sich, die verschiedenen Standpunkte nachzuvollziehen und vermeiden Sie, einer Partei Recht zu geben (siehe unten).
- Nutzen Sie einen Moment, in dem Sie die Betroffenen zunächst allein sprechen können.
- Fragen Sie nach, ob Sie zu einer Klärung Unterstützung geben können.
- Sprechen Sie Sterbende und ihnen Nahestehende an, und bitten Sie diese, den Gedanken zuzulassen, dass ein bestehender Vorwurf auch im letzten Moment noch Klärung finden kann. Möglicherweise bedeutet das nicht, dass die Sterbenden und ihre Nahestehenden jetzt Recht bekommen, sie können aber die Chance wahrnehmen, Frieden zu schließen.
- Fragen Sie Sterbende und ihnen Nahestehende, was Sie sich von dem betreffenden Menschen wünschen.
- Fragen Sie Sterbende und ihnen Nahestehende auch, ob sie Gnade mit dem betreffenden Menschen haben können, obwohl sie etwas nicht bekommen haben oder bekommen können.
- Fragen Sie Sterbende und ihnen Nahestehende, ob das, was sie dem betreffenden Menschen vorzuwerfen haben, angesichts des Todes noch wichtig ist.
- Regen Sie Sterbende und Nahestehende an, einen möglichen vorhandenen Konflikt aus- und anzusprechen. Sollten diese sich das nicht zutrauen, können sie es für die Betroffenen auch aufschreiben.
- Sollten Sie sich allein mit den Ratschlägen überfordert fühlen, sprechen Sie Seelsorger in Ihrer Umgebung oder eine Sterbeamme/einen Sterbegefährten an, damit Sie Unterstützung für eine Mediation bekommen können.
- Machen Sie die Naikan-Übung (siehe das Kapitel: »Was hindert am Sterben?«).

- Üben Sie mit Betroffenen Verzeihen und die Bitte um Verzeihung auch anhand von kleineren und scheinbar unwichtigeren Konflikten. Die Betreffenden werden spüren, wie erleichternd das sein kann.
- Lesen Sie das Kapitel: »Von Würde, Frieden, Heilung und Verzeihen«.
- Lesen Sie das Kapitel: »Was hindert am Sterben?«
- Lesen Sie das Kapitel: »Die Grundlagen der Kommunikation ...«.

Wenn Sie selbst Nahestehende/r sind:

- Lassen Sie den Gedanken zu, dass ein bestehender Vorwurf auch im letzten Moment noch Klärung finden kann. Möglicherweise bedeutet das nicht, dass Sie jetzt Recht bekommen, Sie können aber die Chance wahrnehmen, Frieden zu schließen.
- Fragen Sie sich, ob das, was Sie dem Sterbenden vorzuwerfen haben, angesichts des Todes noch wichtig ist.
- Fragen Sie sich, was Sie sich von dem sterbenden Menschen wünschen.
- Fragen Sie sich auch, ob Sie Gnade mit dem sterbenden Menschen haben können, obwohl Sie etwas nicht bekommen haben oder bekommen können.
  - Wenn Ihnen der Gedanke an mögliche Gnade schwer fällt, lesen Sie den Abschnitt: »Verzeihen« in dem Kapitel: »Von Würde, Frieden, Heilung und Verzeihen«.
- Sprechen Sie eine mögliche vorhandene Angst oder Sorge aus. Das ist auch bei Kindern möglich. Sterbende Kinder wissen um ihre Situation, ebenso wie ältere Menschen.
  - Sollten Sie sich das nicht zutrauen, schreiben Sie es für die Betroffenen auf.
- Sollten Sie sich allein mit den Ratschlägen überfordert fühlen, sprechen Sie Priester in Ihrer Umgebung oder eine Sterbeamme/einen Sterbegefährten an, damit Sie Unterstützung für eine Mediation bekommen können.
- Machen Sie die Naikan-Übung (siehe das Kapitel: »Was hindert am Sterben?«).
- Üben Sie Verzeihen und die Bitte um Verzeihung. Sie werden spüren, wie Sie sich leichter fühlen.
- Lesen Sie das Kapitel: »Von Würde, Frieden, Heilung und Verzeihen«.
- Lesen Sie das Kapitel: »Was hindert am Sterben?«

Konflikte Sterbender und Nahestehender mit Ärzten und Pflegepersonal

Paradox ist, dass der negative Befund beim Arzt als positiv empfunden wird.

© Helga Schäferling

Einem Arzt, der nichts verschreibt, zürnen die Kranken und glauben, sie seien von ihm aufgegeben.

Epiktet

Der Arzt verbindet nur deine Wunden. Dein innerer Arzt aber wird dich gesunden. Bitte ihn darum, so oft du kannst.

Paracelsus

Helfen dient, ist aber freier als Dienen.

© Dr. phil. Manfred Hinrich

Ein Wohltäter ist nicht, wer auf Vergeltung wartet, sondern wer einfach wohl zu tun sich vornimmt.

Demokrit

Geschichte von Sieglinde und Erwin

Vor zwei Monaten hatte Erwin sine Diagnose »Blasenkrebs im Endstadium« bekommen. Als er im Krankenhaus in einem Vierbettzimmer lag, kam das Ärzteteam zur Visite und teilte ihm quasi im »Vorbeigehen« das Ergebnis der Untersuchungen mit. Erwins Frau saß zu dem Zeitpunkt neben ihm und erfuhr es mit ihm. Beide waren wie erstarrt und verziehen den Ärzten die Art der Überbringung nie. Beide glaubten ab diesem Moment nicht mehr, dass es irgendeine Hoffnung auf Gesundheit geben könnte. Die letzten Wochen im Krankenhaus war Sieglinde verbittert. Sie traute keinem mehr über den Weg und arbeitete sich tief in alle medizinischen Feinheiten der Erkrankung und Behandlung ein. Sie kontrollierte jede Bewegung des Pflegepersonals und mahnte jede Unregelmäßigkeit in der Pflege an. Ihre Bemerkungen zu den Krankenschwestern waren abfällig und sie beschwerte sich regelmäßig über alle Maßnahmen, die zur Pflege ergriffen wurden. Erwin starb zwei Monate nach der Diagnosestellung. Seine Frau Sieglinde wurde über Jahre von dem Bild verfolgt, wie in diesem kurzen Moment das Todesurteil über ihren Mann gesprochen worden war.

Geschichte von Bärbel

Bärbel besuchte ihren Bruder regelmäßig im Krankenhaus. Er hatte nach einem Autounfall sein Bein verloren und durch ein Schädel-Hirn-Trauma war es fraglich, ob er noch lange leben würde. Bärbel war verzweifelt.

Sie ging auf dem Krankenhausflur auf und ab, sprach täglich mit den behandelnden Ärzten und Krankenschwestern und war gefangen in dem Zustand der Ohnmacht. Bärbel war eine selbstbewusste Frau, die sehr direkt auf alles zuging, was ihr begegnete. Sie machte allen große Vorwürfe. »Sie tun ja überhaupt nichts«, sagte sie zu allen, die in dem Krankenhaus arbeiteten. Als ihr Bruder starb, hatte Bärbel jede Hoffnung, die sie in die klinische Medizin gesetzt hatte, verloren. Später sagte sie, der behandelnde Arzt sei schuld am Tod ihres Bruders. Er habe ihm an dem einen Tag seine Medizin zu spät verordnet, sodass ihr Bruder gestorben sei. Das Gleiche habe sie schon einmal mit einer Tante erlebt, die an einer Krebserkrankung gestorben sei. Sie sei nur gestorben, weil die Ärzte bei der Operation gepfuscht hätten.

Geschichte von Ursula

Ursula war täglich bei ihrem Vater im Hospiz. Langsam zog sich der alte Mann aus seinem Leben zurück. Bei ihren täglichen Besuchen inspizierte Ursula regelmäßig seine Essenspläne und mahnte ihn vernünftig zu sein und zu essen, wenn er wolle, dass es ihm bald besser gehen würde. Ihr Vater traute sich nicht, ihr zu sagen, dass er nichts mehr essen wolle. Regelmäßig sprach er, wenn Ursula wieder gegangen war, mit dem Pflegepersonal und bat es, alles wieder mit hinauszunehmen, wofür seine Tochter gesorgt hatte. Ursula kritisierte das Hospiz sehr. »Er wird nicht richtig versorgt dort«, sagte sie. »Er isst viel zu wenig und die Nahrung, die er dort bekommt, ist falsch. Wahrscheinlich sparen sie jetzt am Essen. Er ist schon ganz schwach geworden.« Diejenigen, die auf der Station arbeiteten, bemühten sich, Ursula klarzumachen, was der Wunsch ihres Vaters war. Doch Ursula wehrte massiv ab. »Das haben die sich nur ausgedacht. Mein Vater will leben, und er wird mit dieser Versorgung nicht weiterleben können!«

Begleitende Worte:

Angesichts des Todes wäre es schön und einfach, wenn man einen Schuldigen finden könnte. Die Enttäuschung darüber, dass Medizin ihre Grenzen hat und es im Leben keine Garantie dafür geben kann, dass alles »gut gehen« wird, ist zutiefst verständlich. Und dass dann diejenigen, die den Berufsstand der Medizin und Pflege vertreten, diese Kritik einstecken müssen, ist unvermeidlich. Viele Erlebnisse von Patienten, gerade in Krankenhäusern entsprechen – leider Gottes – der alltäglichen Realität. Das wissen alle, die jemals in »die Mühle der Medizin« geraten sind. Doch Ethik, Menschenwürde und Menschlichkeit sind keine Fächer, die in einem Medizinstudium gelehrt werden. Nur die Erfahrung mit Kranken und ihren Mitmenschen wird im Laufe der Jahre dem Ärztestand nahe bringen können, wie er in Grenzsituationen behutsam mit Kranken und Nahestehenden umgehen können. Doch auch hierfür gibt es keine Garantie.

Weder Ärzte noch Pflegepersonal sind ausreichend ausgebildet, um die fragilen und existenziellen Ängste und Sorgen von Betroffenen auffangen zu können. Dazu fehlt es an Aus- und Fortbildungsmöglichkeiten. Und eine junge Krankenschwester oder ein Mediziner haben möglicherweise viel zu sehr mit ihren eigenen Erlebnissen und Fragen angesichts von Krankheiten und Sterben zu tun, als dass sie Antworten auf Grenzfragen haben könnten. Der immense Druck, unter dem Mediziner stehen, ist nachvollziehbar. Obwohl sie auf dem Gebiet der Arbeit mit Menschen und in den dazugehörigen Grenzbereichen wenig ausgebildet sind, sollen sie Kranken und ihren Angehörigen gemäß ihren Kompetenzen Diagnosen mitteilen, die deren Leben völlig umkrempeln werden.

»In Krankenhäusern wird geheilt, nicht gestorben.« Diese Aussage gibt sowohl die gängige Ansicht der Gesellschaft als auch die Meinung der klinischen Medizin wieder. Wem nicht beigebracht wird, dass Leben seine eigenen Gesetze hat und die Möglichkeiten des Menschen ihre Grenzen haben, muss den Eindruck eines persönlichen Versagens gewinnen, wenn eine Heilung nicht den erwarteten Verlauf nimmt. Der Ausspruch einer Krankenschwester im Klinikdienst: »Ich mag keinem Patienten mehr gerade in die Augen schauen«, scheint keine Seltenheit zu sein.

Auch wenn Nahestehende ihre Lieben in einem Hospiz untergebracht haben, bedeutet das noch lange nicht, dass sie sich tatsächlich klar darüber sind, dass der konkrete Abschied ihr Leben umwälzen und ihre Vergangenheit in neuem Licht erscheinen lassen wird. Die Hoffnung, dass Sterbende doch wieder nach Hause kommen können und gesund werden, ist wahrlich nicht auf Krankenhäuser beschränkt. Nahestehende sind in den Zeiten, in denen sich ihre Lieben im Sterben befinden, meist in einer Situation, in der sie nur fragmentarisch und diffus an Zukunft denken.

Wann immer die Grenzen der Medizin erreicht sind, ist Verzweiflung bei den Sterbenden und den ihnen Nahestehenden das Resultat. Angst und das Gefühl der Ohnmacht stehen hier im Hin-

tergrund. Es steht zu vermuten, dass die Kritik an der modernen Medizin in den nächsten Jahren zunehmen wird.
Alle in der Heilkunde Tätigen stehen vor dem Dilemma, einerseits den Wünschen von Sterbenden gerecht zu werden, und andererseits selbst in Konflikte zu geraten, wenn Nahestehende diese Wünsche nicht teilen. Dadurch können sie erheblich unter Druck geraten.

Ratschläge für die Begleitung von Konflikten Sterbender und Nahestehender mit Ärzten und Pflegepersonal:

Wenn Sie mit Sterbenden und Trauernden arbeiten:

- Lassen Sie den Gedanken zu, dass Vorwürfe an Sie aus dem tiefen Gefühl der Verzweiflung der Sterbenden und Angehörigen stammen.
- Gehen Sie in Ruhe auf die Bemerkungen von Nahestehenden und Angehörigen ein.
  - Lesen Sie das Kapitel: »Die Grundlagen der Kommunikation ...«
- Erklären Sie den Betroffenen Zusammenhänge und klären Sie diese über Grenzen und Möglichkeiten der Medizin auf.
- Vermeiden Sie die Begriffe »Abschied« und »Tod« nicht. Das bedeutet nicht, dass Sie den Betroffenen einen baldigen Tod prognostizieren müssen. Ein konkret werdender Abschied kann auch umschrieben werden.
  - Folgende Redewendungen können Ihnen dabei Unterstützung geben:
    - »Niemand weiß, wann das Ende eines Menschen da ist. Wir sollten die Möglichkeit aber auch in Betracht ziehen und dann wissen, was wir tun können ...«
    - »Es bestehen immer zwei Möglichkeiten: ein Wunder, was wir alle wünschen, oder aber ein Abschied. Lassen Sie uns gemeinsam nach Lösungen suchen, damit wir keine Möglichkeit außer Acht lassen ...«
- Regen Sie Sterbende und ihnen Nahestehende an, einen möglichen vorhandenen Konflikt aus- und anzusprechen.
- Lesen Sie das Kapitel: »Die Balance von Distanz und Nähe«. Seien Sie sich klar darüber, dass Sie selbst in einem schweren Beruf arbeiten und Ihr Bestes für die Heilkunde und Pflege eines Menschen geben.
- Werden Sie aktiv, damit jede berechtigte Kritik an der klinischen Medizin gehört wird und so Veränderungen möglich werden.

- Regen Sie Mediziner an, sich mit dem Thema auseinander zu setzen.
- Regen Sie an, dass ein Medizinstudium neben allem medizinischen Feinwissen auch den Umgang mit Sterbenden und ihren Angehörigen beinhaltet.
- Nehmen Sie Fortbildungsmöglichkeiten zum Thema Abschied wahr.
- Wenn Sie sich mit der Situation überfordert fühlen, nehmen Sie Kontakt zu Seelsorgern oder Sterbeammen/Sterbegefährten in Ihrem Umkreis auf, um eine Mediation möglich zu machen.

Konflikte Trauernder mit Verstorbenen

Du hast übel gesät und bös geerntet.
Gorgias von Leontinoi

Das Übel ist nicht ein paar Feinde zu hassen, sondern unseren Nächsten nicht genug zu lieben.
Anton Pawlowitsch Tschechow

Man muss verzeihen können. Das Leben des Menschen ist zu kurz, als dass er es mit Nachtragen und Rachsucht hinbringen könnte.
Friedrich II.

Geschichte von Franz
Die Mutter von Franz war gestorben. Erst nach ihrem Tod wurde klar, dass sie das Haus, in dem er seine Kindheit verbracht hatte, seinem Bruder vererbt hatte. Sie hatte sich in ihrem Leben mehr Sorgen um seinen Bruder gemacht als um ihn und der andere war immer ihr Liebling gewesen. Franz bekam seinen Pflichtteil und sein Bruder bezog das Haus. Franz hatte immer gedacht, dass seine Mutter ihn lieb hätte, jetzt fing er an zu zweifeln. Und dieser Zweifel nagte sehr an ihm. Franz wurde sich immer sicherer, dass er ungewollt, ungeliebt von seiner Mutter war. Franz' Zorn auf seine Mutter wuchs, je länger sie tot war. Er sah keine Schuld bei sich, und er verstand nicht, was in ihr vorgegangen sein mochte. Sie hatte keinerlei Erklärung für ihr Handeln hinterlassen.

Geschichte von Hanne
Bert war Familienvater einer fünfköpfigen Familie und mit Hanne seit fast zwanzig Jahren verheiratet. Sie hatte sich um das Haus und um die

Kinder gekümmert und seine Aufgabe war es, das Geld zu verdienen. Es war ein Abend im November, als Hanne die Nachricht erhielt, dass Bert nach einem Autounfall noch am Unfallort gestorben war. Nach seinem Tod wurde Stück für Stück deutlich, welche Probleme er seiner Familie hinterlassen hatte: Er hatte sein Geschäft aufgebaut und viel gearbeitet, doch der Betrieb war hoch verschuldet. Bert und Hanne hatten sich zusätzlich verschuldet, als sie das Haus bauten. Bert hatte jedoch keine Absicherung für den Fall getroffen, dass seine Arbeitskraft ausfallen würde. Hanne hatte ein kaum lösbares Problem: Sie hatte die Kinder und die Schulden. Hanne wurde auf ihren verstorbenen Mann immer böser. Für sie stellte es sich so dar, dass Bert in dem Moment, als er keine Lösung mehr gesehen hatte, gegen den Baum gefahren war und sie mit allem allein zurückgelassen hatte. Das verzieh Hanne ihm nicht.

Geschichte von Lisa

Lisa war als junges Mädchen von ihrem Vater über viele Jahre sexuell missbraucht worden. Sie hatte mit ihrer Mutter darüber gesprochen, was in ihrer Jugend geschehen war. Doch obwohl die Mutter ihr glaubte, folgten keine weiteren Konsequenzen. Die Mutter lebte weiter mit dem Vater zusammen, als wäre nichts geschehen. Lisa hatte den Kontakt zu ihren Eltern nie ganz abgebrochen, zog es aber vor, so selten wie möglich nach Hause zu fahren. Als ihr Vater starb, war sie kaum dreißig Jahre alt. Lisa war froh und erleichtert, dass er endlich tot war. Es war, als könne sie endlich, nach vielen Jahren wieder aufatmen. Auf seine Beerdigung ging sie nur, um sich davon zu überzeugen, dass er »wirklich unter der Erde landete«.

Begleitende Worte:

Es sind nicht nur kleine Fehler, die wir Menschen haben können. Die großen Verletzungen, die wir ausgeteilt haben, sind es, die darüber entscheiden, ob wir Frieden angesichts des Todes finden können oder nicht. Sterbende sind keine besseren Menschen als Lebende. Dass Verstorbene sich mit dem letzten Atemzug in einen Rauschgoldengel, ohne Macken und Fehler verwandeln, entspricht einer recht naiven Vorstellung. Unsere eigenen Verfehlungen mögen dabei gegen die Schwere anderer harmlos aussehen.

An dieser Stelle stellt sich die Frage nach Gut und Böse ebenso wie die Frage, ob es Schuldhaftes geben kann, das niemand verzeihen kann. Hier stellt sich auch die Frage nach dem Sinn einer Beichte. Sexueller Missbrauch ist leider ebenso alltäglich wie Schulden, denen man sich auf die eine oder andere Weise entzieht. Dabei reicht es nicht zu sagen, man hätte nicht anders »gekonnt«. Tatsache bleibt (wie oben beschrieben), dass eine Mutter mit ihren Kindern nicht über Regelungen nach ihrem Tod sprach, dass ein Mann, hoch verschuldet, seiner Frau das schwere Erbe hinterlässt und dass ein Vater seine Triebe nicht kontrolliert hat. Die Frage nach den Konsequenzen ihres Handelns stellte sich ihnen offenbar nicht.

Die Betroffenen, die nach dem Tod eines Angehörigen mit dieser Art von Erbe konfrontiert sind, tragen die Konsequenzen. Es ist, als ob jemand einen großen Berg auf einen anderen Menschen abwälzen würde, den dieser dann weiter trägt, bis er vielleicht jemanden findet, dem er seinerseits meint, die Last weitergeben zu können. Trauernde mögen erleichtert sein, wenn der Mensch, der ihnen großen Schmerz zugefügt hat, verstorben ist. Damit sind die Gedanken an diesen Menschen jedoch noch nicht entsorgt. Diese tragen wir weiter bei uns, wo wir auch gehen und stehen. Die Last des Berges tragen wir weiter. Und wir werden u. U. große Mühe haben, uns aufrecht zu halten.

Wem gehört der Berg? Die Last loszuwerden bedeutet, sie dem zurückzugeben, dem sie gehört. Die Konsequenzen, die aus einer Handlung entstehen, gehören immer der Person, die sie hat entstehen lassen.

Es kann für Trauernde eine große Erleichterung sein, wenn sie feststellen, dass sie die Last auch nach dem Tod noch zurückgeben können. Wer immer jemandem etwas angetan hat, hat noch eine Rechnung offen, die beglichen werden muss. Verstorbene können nicht einfach »ausradiert« werden. Wann immer jemand an die Verstorbenen denkt – sei es in Liebe oder Zorn –, werden die Toten ausgesprochen präsent. Und etwas nur zu »akzeptieren« oder gar »vergessen« zu wollen, funktioniert schlichtweg nicht.

Konsequenzen bleiben solange bestehen, bis sie gelöst sind, nicht bis sie auf jemand anders abgewälzt sind. Die Beziehung zu Verstorbenen bindet uns so lange an sie, bis der Konflikt gelöst ist.

Ratschläge für die Begleitung von Konflikten Trauernder mit Verstorbenen:

Wenn Sie mit Trauernden arbeiten:

- Erinnern Sie Trauernde daran, dass Konsequenzen zu der Person gehören, die die Konflikte geschaffen hat.
- Erinnern Sie Trauernde daran, dass die Verbindung zu den Verstorbenen solange aufrechterhalten bleibt, bis die Konflikte eine Lösung gefunden haben.
    - Wenn Sie z. B. bei einem sexuellen Missbrauch im Hintergrund Schwierigkeiten damit haben, Lösungen zu finden, lesen Sie auch den Abschnitt: »Verzeihen« im Kapitel: »Von Würde, Frieden, Heilung und Verzeihen« (S. 38 ff.)
- Üben Sie mit Trauernden die Wege des Verzeihens.
- Unterstützen Sie – wenn nötig – Trauernde dabei, sich rechtliche Unterstützung zu suchen (Erbrecht). Folgende Anlaufstellen können dabei behilflich sein:
    - ÖRA – Öffentliche Rechtsberatungsstellen
    - Suchen Sie im Internet unter dem Begriff »Mediation« eine für den betroffenen Menschen geeignete Anlaufstelle.
- Lesen Sie dazu auch nach in dem Kapitel über Rituale (S. 133 ff.).

Wenn Sie sich selbst in Konflikten mit Verstorbenen befinden:

- Erinnern Sie sich daran, dass Konsequenzen immer von der Person getragen werden müssen, die sie erschaffen hat.
- Erinnern Sie sich daran, dass die Verbindung zu den Verstorbenen solange aufrechterhalten bleibt, bis der Konflikt eine Lösung gefunden hat.
- Überprüfen Sie, ob Sie der verstorbenen Person verzeihen mögen.
- Üben Sie sich in dem Weg des Verzeihens und des Bittens um Verzeihung.
- Suchen Sie sich, wenn nötig, rechtliche (s. o.) und geistliche Unterstützung und/oder eine Sterbeamme/einen Sterbegefährten für diesen Weg.
- Lesen Sie die Kapitel über Würde und Frieden sowie über Rituale.

Konflikte Trauernder mit anderen Trauernden

Die Zwei ist Zweifel, Zwist, ist Zwietracht, Zwiespalt, Zwitter;
die Zwei ist Zwillingsfrucht am Zweige: süß und bitter.
Friedrich Rückert

Streit und Zwietracht füllen dem Teufel die Hölle.
© Karin Heinrich

Geschichte von Gerhard und Erich
Gerhard und Erich waren Brüder. Sie waren mit ihrer Mutter allein aufgewachsen, da ihr Vater im Krieg gefallen war. Erich hatte sich schon in jungen Jahren von der kleinen Familie gelöst und war in unsichere und halbwegs illegale Geschäfte verwickelt. Die Mutter der beiden Brüder machte sich um Erich deshalb große Sorgen. Immer wieder verschwand Erich für einige Monate und Jahre, bis er dann plötzlich wieder für eine kurze Stippvisite vor der Tür stand. Gerhard sah mit Besorgnis, wie seine Mutter wegen der Sorgen um den Bruder schnell alterte. Gerhard war sicher, dass sein Bruder daran schuld war, dass ihre Mutter an Krebs erkrankte und schließlich starb. Gerhards Hass auf seinen Bruder wurde immer größer. Er verbot dem Bestatter und auch der Friedhofsverwaltung, seinem Bruder über den Tod bzw. über das Grab der Mutter Auskunft zu geben. Als sie beerdigt war, suchte Gerhard sich eine neue Wohnung, um jede Möglichkeit zu unterbinden, dass sein Bruder ihn finden könnte.

Geschichte von Silke
Silke hatte ihren Mann verloren. Sie hatten sich beide nach gescheiterten Ehen zusammengefunden. Die Kinder ihres zweiten Mannes waren bereits erwachsen, als sie mit ihm gemeinsam lebte. Silke war nach seinem Tod untröstlich. Jetzt war sie mit seinen beiden erwachsenen Kindern konfrontiert. Es war immer schwierig gewesen, zu ihnen eine Beziehung aufzubauen. Silke war immer sehr vorsichtig gewesen, den Kindern nicht eine »bessere Mutter« vorzuspielen und bemühte sich sehr keine Konkurrenz aufkommen zu lassen. Die Kinder ihres Mannes hatten, je älter sie wurden, den Kontakt zu ihrem Vater mehr und mehr einschlafen lassen und auch ihr Mann hatte sich nicht sonderlich darum bemüht. Als die Beerdigung vorbei war, schien es zunächst, als ob die Erbschaftsregelungen in beiderseitigem Einvernehmen abgewickelt werden könnten.

Doch nach ein paar Wochen zeigte sich, dass das nicht so einfach war. Die Kinder pochten darauf, das ihnen zustehende Erbe antreten zu können. Für Silke hätte das bedeutet, dass sie, um die Kinder auszahlen zu können, das Haus hätte verkaufen müssen, in dem sie die Jahre mit ihrem Mann verlebt hatte. Böse Briefe und Anklagen waren die Folge. Ein Rechtsstreit schien unvermeidlich. Silke kam durch einen befreundeten Anwalt auf die Idee, dass die Beratung eines unabhängigen und erfahrenen Anwaltes ihnen allen nur hilfreich sein könnte. Schließlich schlug sie den Kindern ihres Mannes einen solchen gemeinsamen Weg vor. Zunächst waren diese skeptisch, willigten jedoch ein. Es benötigte einige Monate und eine Menge an gemeinsamen Gesprächen, bis eine Lösung gefunden war. Ein Rechtsstreit war nicht mehr nötig.

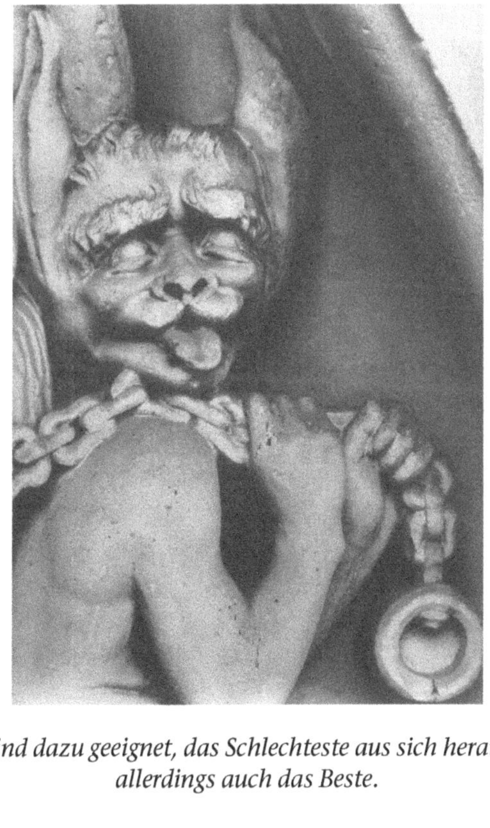

Konflikte sind dazu geeignet, das Schlechteste aus sich herauszuholen – allerdings auch das Beste.

Begleitende Worte:

Der Tod eines Menschen scheint erst dann ein Ende gefunden zu haben, wenn der Nachlass geregelt ist. In den ersten Zeiten nach dem Tod eines Menschen stehen Fassungslosigkeit und die Erkenntnis, dass so vieles in unserem Leben unnötig ist, an erster Stelle. Das ist die Zeit, in der auch der gesündeste Egoismus zurücktritt. Wir denken an unsere eigene Sterblichkeit und sind bereit, Frieden zu halten. Nicht umsonst gab es in früheren Zeiten die Anweisung, mit Witwen im ersten Halbjahr nach dem Tod des Mannes keine Geschäfte abzuwickeln. Die Achtung vor dem Tod ließ alle weltlichen Regelungen und Forderungen in den Hintergrund treten. Erst später, wenn alle wieder im Alltag angekommen sind, denken wir daran, was gerecht und was ungerecht ist. Und erst dann haben wir auch wieder die Kraft, für unsere Rechte einzutreten.

Menschen, die einen anderen Menschen unwiderruflich verloren haben, bemerken oftmals erst spät, welche Geschichte ihres eigenen Lebens sie damit auch zu Grabe tragen müssen. Es ist anzunehmen, dass hinter der Forderung nach »Recht« vielfach Verletzungen stehen, für die Verstorbene angeklagt werden.

Für den Fall, dass ein Verstorbener für Krankheit und Tod eines anderen verantwortlich sein soll, existiert kein Gericht, das darüber Recht sprechen kann. Der Zorn, der sich daraus ergibt, ist messerscharf, gnadenlos und dauerhaft.

Es ist spekulativ anzunehmen, dass Verstorbene in den Streit der Welt einbezogen sind. Möglich jedoch ist auch das. Sollte es einen Verstorbenen geben, der mir nahe steht, kann es ihm möglicherweise (auch wenn er sich in einer anderen Welt befindet) nicht gleichgültig sein, wie »seine« Angelegenheiten geregelt werden, bzw. können Konsequenzen ihn auch in seiner Wirklichkeitsebene berühren.

Eine friedliche Lösung zu finden, bedarf von daher sowohl weltlicher als auch spiritueller Unterstützung. Frieden greift in allen Ebenen. Erst wenn dieser erreicht ist, ist Ruhe für die Lebenden und die Toten möglich.

Ratschläge für die Begleitung von Konflikten Trauernder mit anderen Trauernden:

Wenn Sie mit Trauernden arbeiten:

- Unterstützen Sie bei Trauernden jede Möglichkeit, eine Mediation statt eines Rechtsstreites als Lösung anzustreben.
- Finden Sie heraus, ob Trauernde eine offenkundig rechtliche Klärung, z. B. wegen Erbschaftsangelegenheiten, anstreben und/oder (zusätzliche) Vorwürfe an den Verstorbenen oder die anderen Trauernden richten.
- Unterstützen Sie die Vorstellung, dass sich Konsequenzen und Frieden möglicherweise auch auf den Verstorbenen auswirken. Erinnern Sie Trauernde an die Wirkungen des Verzeihens und der Bitte um Verzeihung.
- Sollten Sie sich mit der Situation überfordert fühlen, ziehen Sie Seelsorger und/oder Sterbeammen/Sterbegefährten mit zu Rate.
- Lesen Sie die Kapitel über Würde und Frieden sowie über Rituale.

Wenn Sie sich selbst in einem Konflikt mit anderen Trauernden befinden:

- Fragen Sie sich, ob neben offenkundig rechtlichen Forderungen auch andere Forderungen an die Verstorbenen oder die anderen Trauernden vorliegen.
- Streben Sie für eine Lösung eine Mediation an statt eines Rechtsstreites.
- Denken Sie lösungsorientiert und konstruktiv.
- Bedenken Sie, dass ein Streit, der im Raum steht, Ihnen selbst den Alltag schwer macht.
- Bedenken Sie, dass Frieden auf allen Ebenen wirkt.
- Bedenken Sie, dass es möglich ist, dass ein Gegeneinander sich auch auf alle Ebenen und Dimensionen auswirkt.
- Bedenken Sie, dass Auseinandersetzungen, die die Forderungen nach »Recht« in sich tragen, keinen wirklichen Gewinn in sich bergen.
- Ziehen Sie die Möglichkeit des Verzeihens in Betracht.
- Lesen Sie die Kapitel über Würde und Frieden sowie über Rituale.
- Sollten Sie sich mit der Situation überfordert fühlen, ziehen Sie Seelsorger und/oder Sterbeammen/Sterbegefährten mit zu Rate.

Bitte beachten Sie: Bei Konflikten ist es unvermeidbar, dass die verschiedenen Parteien Sie auf ihre Seite ziehen möchten. Vermeiden Sie, sich auf eine Seite zu stellen. Dazu kann es ratsam sein, als BegleiterIn eines Konflikts jeder Partei nur das mitzuteilen, was Sie problemlos auch öffentlich vertreten würden! Teilen Sie das klar und deutlich den kämpfenden Parteien mit! Vermeiden Sie, sich auf Geheimniskrämerei einzulassen.

Der Tod im Islam

Der Buchstabe ist nicht der Geist,
und die Bibel ist nicht die Religion.
G. E. Lessing

Ist es nicht seltsam, dass die Menschen so gern für ihre Religion fechten und so ungern nach ihren Vorschriften leben?
Georg Christoph Lichtenberg

Wir glauben an die Kunst der Ärzte.
Wir glauben an die Macht der Gedanken.
Wir glauben an die Heilkraft der Edelsteine.
Wir glauben an die Technik …
Warum nicht an Gott, der Ursprung ist von allem?
© Helga Schäferling

Das, was alle Menschen der Welt – unabhängig von ihrer Hautfarbe, ihrem Glauben oder ihrer Kultur – verbindet, sind Freude und Schmerz.
Elli Oberstenfeld

Die Frage:
Sabine war nachdenklich geworden: »Ich habe gerade erlebt, wie in einem Hospiz eine Frau aus der Türkei gestorben ist«, erzählte sie. »Ihre Verwandten waren die ganze Zeit anwesend, und es hat alle anderen in dem Hospiz fast gestört, als sie laut anfingen zu klagen und zu weinen, als die Frau gestorben war. Als ich mit den Hospizmitarbeitern darüber sprach, erzählten sie, dass schon häufiger Muslime bei ihnen waren. Aber außer, dass diejenigen zu Allah und nicht zu Jesus Christus beten, wussten sie nicht viel mehr. Man hört immer so viel über die Muslime. Aber ich weiß nicht, was sie glauben. Und ich weiß auch nicht, ob das, was wir aus unserem christlichem Verständnis tun, letztlich für diejenigen, die anderen Religionen anhängen und aus anderen Kulturkreisen stammen, richtig ist.«

Die Antwort:
Es gibt verschiedene Weltreligionen, die teils ähnliche, teils unterschiedliche Vorstellungen und Bilder über Gott und das Jenseits, die Erschaffung der Welt, über die Stellung und die Aufgabe des Menschen in der Welt haben.
In einem christlichen Land wie unserem, ist die Zahl andersgläubiger Menschen begrenzt. Von ihrer Zahl her sind hier besonders Muslime zu erwähnen. Statistiken gehen von weit über 3 Millionen Muslimen in Deutschland aus. Deshalb ist die Kenntnis des Islams für alle, die in Heilberufen arbeiten, wichtig. Dabei unterscheidet

sich die islamische Religion von der christlichen unter anderem durch ihre Vorschriften für ein gottesfürchtiges Leben. Was Muslime im Todesfall beachten, sollte nach Möglichkeit respektvoll berücksichtigt werden.

Der Islam ist die jüngste Weltreligion, die weltweit etwa 1 Milliarde Anhänger hat. Islam bedeutet übersetzt »Hingabe, Unterwerfung«. Der Islam kennt nur einen Gott (Allah, kein Eigenname, sondern das arabische Wort für »Gott«), er ist also eine monotheistische Religion. Gottes Wille ist entscheidend für alles, was einem Menschen im Leben begegnet. Mit seinem Glaubenszeugnis (»Ich bezeuge, es gibt keinen Gott außer Gott, und Muhammad ist der Gesandte Gottes.«) überantwortet der Muslim seine Person der göttlichen Wahrheit und dem Willen seines Schöpfers und Herrn.
Muhammad, der Religionsführer und Prophet des Islam, wurde 569 in Mekka geboren, zog wegen Verfolgung im Jahre 622 von Mekka nach Medina und starb dort 632. Über einen Zeitraum von zwanzig Jahren erhielt er Offenbarungen Gottes durch den Erzengel Gabriel. Die empfangenen Worte sind niedergeschrieben im Koran. Das heilige Buch des Islam ist in 114 Suren (Kapitel) eingeteilt und gilt wortwörtlich als »das Wort Gottes«. Deshalb gilt es als besonders erstrebenswert, den Koran auswendig zu kennen – selbst unabhängig davon, ob man versteht, was die Worte bedeuten oder nicht.
Muhammad einte durch den Koran und die darin enthaltenen Lebensregeln viele versprengte und verfeindete arabische Stämme des Nahen Ostens, die gleichzeitig den unterschiedlichsten Glaubensrichtungen anhingen. Muhammad gilt als Prophet Gottes, er ist nicht (wie Jesus Christus im christlichen Glauben) Gott selbst. Es ist falsch – wie früher in Analogie zu »Christen« üblich – von »Mohammedanern« zu sprechen, denn der Prophet Muhammad wird zwar geehrt, nicht jedoch angebetet. Das Gebet gilt allein Gott.
Muhammad ist der letzte einer ganzen Reihe von Propheten, zu denen auch einige aus dem Alten Testament bekannte Gestalten sowie Jesus Christus gehören. Der Koran, den Muhammad bringt, ist die letztgültige Offenbarung Gottes.
Der Islam versteht sich als ein umfassendes Lebensmodell, alle Bereiche des Lebens werden nach religiös autorisierten Grundsätzen geregelt. Der Islam kennt die Trennung zwischen Religion und Staat (geistlich und weltlich) daher nicht. Neben der Beach-

tung von fünf Gebetszeiten am Tag, dem Freitagsgebet in der Moschee, dem jährlichen Fasten (Ramadan), das alle Muslime der Welt, außer in Krankheit oder auf Reisen, durchführen, der Wallfahrt nach Mekka einmal im Leben, ist in christlichen Ländern bekannt, dass Muslime kein Schweinefleisch essen, keinen Alkohol –ganz besonders keinen Wein – trinken dürfen und dass sie nahezu ausnahmslos monogam leben, selbst wenn der Koran Männern vier Frauen gestattet.

Muslime legen großen Wert auf die Reinigung des Körpers. Rituelle Waschungen sind nicht nur nach Geschlechtsverkehr, vor Gebeten oder am Ende der Menstruation durchzuführen, sondern auch als besondere rituelle Waschung, die an Verstorbenen vorgenommen wird. Bei allen Reinigungen ist zu beachten, dass Muslime die linke Hand nutzen, um die Körperöffnungen zu reinigen, weshalb sie als unrein gilt. Die rechte Hand wird zur Essensaufnahme benutzt. Probleme in stationären Einrichtungen entstehen z. B. dadurch, dass Muslime aufgrund ihrer religiösen Vorschriften meist ein erheblich höheres Schamempfinden haben als Menschen, die in unserer Kultur beheimatet sind. Die Regel, dass man von einem Menschen des anderen Geschlechts nicht nackt gesehen werden darf, besteht auch nach dem Tod des Menschen fort.

Gleichzeitig gelten auch für das Schlachten von Tieren und für deren Zubereitung besondere Richtlinien, die es den Patienten schwer machen, die in stationären Einrichtungen zubereitete Nahrung anzunehmen.

Muslime sind sicher, dass die Seele des Verstorbenen noch einige Zeit nach dem Tod anwesend ist; daher ist der achtungsvolle Umgang mit Verstorbenen selbstverständlich. Das gleiche gilt für Totgeburten, die beerdigt werden, sobald sie Gliedmaßen ausgebildet haben (in Deutschland: 500 g Geburtsgewicht).

Für einen gläubigen Muslim gelten fünf Grundpfeiler des Glaubens und Handelns:

1) Glaubenszeugnis
   »Ich bezeuge, es gibt keinen Gott außer Gott, und Muhammad ist der Gesandte Gottes.«

2) Fünf Gebete täglich, nach Mekka ausgerichtet
   a. bei Sonnenaufgang
   b. gegen Mittag
   c. am späten Nachmittag

d. bei Sonnenuntergang
e. nach Sonnenuntergang

3) Die Abgabe an Arme
4) Fasten im Ramadan (erst nach Sonnenuntergang darf gegessen und getrunken werden)
5) Die Wallfahrt nach Mekka

Die Gebete und viele alltägliche Handlungen sind durch den Koran vorgeschrieben. Angaben zur Reinigung des Körpers stehen neben Richtlinien für Körperbedeckung oder Essensvorschriften. Ein gläubiger Muslim nimmt die Gebote ernst, auf dass er nach seinem Tod ins Paradies und in die Nähe Gottes gelangt.

Der Tod ist das natürliche Ende eines Menschen, also keineswegs als Strafe zu verstehen. Im Koran gibt es keine Angaben darüber, wie mit einem Verstorbenen umzugehen ist. Diese Vorschriften haben sich aus der islamischen Tradition herausgebildet, wobei es entsprechend den verschiedenen Rechtsschulen dadurch auch unterschiedliche Traditionen gibt. Einige haben sich jedoch als übereinstimmend herauskristallisiert (siehe Ratschläge):

– Der Sterbende wird an das Glaubenszeugnis (»Ich bezeuge, es gibt keinen Gott außer Gott, und Muhammad ist der Gesandte Gottes.«) erinnert, indem es ihm ins Ohr geflüstert wird. Diese Worte sollen die letzten sein, die ein Mensch hört, bevor er stirbt.

– Der Körper des Verstorbenen wird nach einem speziellen, bis in Einzelheiten geregelten Ritual gereinigt. Die Personen, die die Waschungen vornehmen, müssen dabei gleichen Geschlechts sein.

– Bei der Aufbahrung zeigt der Kopf des verstorbenen Menschen nach Mekka.

– Der Verstorbene wird in weiße Tücher gewickelt. Wenn der verstorbene Mensch an der Wallfahrt nach Mekka teilgenommen hat, wird die dort getragene weiße Pilgerkleidung verwendet.

– In islamischen Ländern findet die Beerdigung noch am gleichen Tag statt. Die Bestattung innerhalb von 24 Stunden ist dabei nicht durch den Koran geregelt, sondern als Brauch bereits zur Zeit Muhammads – wahrscheinlich der Hitze in den muslimischen Ländern wegen – entstanden. Dennoch wird auch in europäischen Ländern die Bestattung sobald wie möglich stattfinden.

– Der Verstorbene soll nur in die Tücher gewickelt bestattet werden,

d. h. ohne Sarg. In Zusammenarbeit mit deutschen Kommunen gibt es mittlerweile speziell hierfür eingerichtete Friedhofsplätze.
– Das Grab ist in Richtung Mekka ausgerichtet und das Gesicht des Verstorbenen zeigt ebenfalls nach Mekka.
– Der Vorbeter oder nahe männliche Verwandte sprechen bei der Aufbahrung das Totengebet. Bei Männern steht der Vorbeter am Kopfende, bei Frauen am Fußende. Am Grab selbst werden nur noch kurze Gebete gesprochen.

Verstorbene Muslime dürfen von Nicht-Muslimen nicht berührt werden. Sollte sich das nicht vermeiden lassen, tragen Sie bitte Einmalhandschuhe, um der Würde des Verstorbenen und der Achtung seines Glaubens gerecht zu werden.

Frauen sind beim Leichenzug traditionell nicht anwesend und bei der Grablegung nicht zugegen, so wie es die Überlieferung gebietet. Andererseits sprechen andere Schriften davon, dass es einer Frau nicht verboten sei, wenn sie den Friedhof besucht.
In Deutschland sind Beerdigungen ohne Sarg nur an besonderen Plätzen erlaubt. Der vielfach noch herrschende Sargzwang hat dazu geführt, dass viele muslimische Verstorbene in ihr Ursprungsland überführt werden. Das wiederum bringt Probleme für die Familien mit sich, die in Deutschland teilweise bereits in der dritten Generation leben. Feuer- und Seebestattung ist im Islam nicht zulässig. Auch das Anbringen von Schmuckelementen, sowie Aufstellen von Kerzen auf den Gräbern ist nicht erlaubt, Bepflanzungen hingegen ja.
Für Trauernde gelten – auch je nach Tradition – unterschiedliche Regeln. Während in einigen Teilen der islamischen Welt laute Klage angesichts des Todes als Teil eines heilsamen Trauerprozesses angesehen wird und dazu auch Klageweiber gerufen werden, ist es in anderen Traditionen verpönt, allzu laut dem Schmerz Raum zu geben. Lautes und anhaltendes starkes Klagen gilt dann als Zeichen mangelnden Glaubens. Leid, Krankheit und Sterben stehen in Gottes Händen und entsprechen seinem Plan. Deshalb ist ein Auflehnen dagegen eine Auflehnung gegen den göttlichen Willen.
Die Trauer soll drei Tage dauern. In der dreitägigen Trauerzeit ist es Aufgabe von Nachbarn und Freunden, die Familie mit Essen zu versorgen. In dieser Zeit finden auch Beileidsbesuche statt. Eine Witwe darf vier Monate und zehn Tage um ihren Mann trauern.

Nach dem Tod findet für den Verstorbenen eine Art Zwischengericht statt. Dieses Gericht ist noch nicht das Jüngste Gericht, sondern eine Art Vorbeurteilung, bei der die Seele erfährt, ob sie für den Himmel oder die Verdammnis vorbestimmt ist. Ein endgültiges Urteil wird am Jüngsten Gericht gefällt. Bei dem Zwischengericht nach dem Tod treten Engel auf den Plan, die den Verstorbenen nach seinem Glauben befragen. Dazu sind vier Engel befähigt:

- Munkar (das Negative)
- Nakir (das Verwerfliche)
- Mubashar (frohe Botschaft)
- Bashir (Verkünder der frohen Botschaft)

Die Letzteren sind für die Gerechten zuständig. Die Befragung nach dem Tod besteht aus vier Fragen, die richtig beantwortet werden müssen, wenn die Seele gerettet werden will:

1) Wer ist Gott?
2) Wer ist dein Prophet?
3) Welches ist deine Religion?
4) Welches ist die Gebetsrichtung?

Am Ende der Fragen wird die Verheißung gegeben oder es findet – bei falschen Antworten – Peinigung und Qual statt. Wer sich als nicht gläubig herausstellt, stürzt eine Brücke hinunter, die »schärfer ist als ein Schwert und dünner als ein Haar«.

Bis zum Jüngsten Gericht befindet sich die Seele an einem besonderen Ort der Erwartung, der einem Dämmerzustand ähnelt. An diesem Gericht, das erst nach dem Ende der Weltzeit erfolgt, wird Jesus Christus als Prophet und Fürsprecher für die Christen auftreten, wie Muhammad für die Muslime erscheinen wird. Die Ungläubigen werden in die Hölle verdammt, die Gerechten werden in den Garten der Unsterblichkeit aufgenommen. Dieses Paradies ist gekennzeichnet durch allen Überfluss. Hier begegnen die wundervollen Paradiesjungfrauen (Huri). An diesem wunderbaren Ort ist es erlaubt, Wein zu trinken, der heiter stimmt, ohne zu berauschen. Das bedeutet, dass die Gesetze für die Lebenden aufgehoben sind, da sämtliche Genüsse im Paradies genossen werden können, ohne dass sie Schaden anrichten können.

Keiner der gläubigen Muslime wird nach dem Jüngsten Gericht auf ewig verdammt, sondern sie werden errettet werden. Die Vorstel-

lung von Erlösung begegnet im Islam allerdings nicht. Für jeden Muslim ist es von daher wichtig, in seinem Glauben stark zu sein, damit beim Gericht Rettung möglich ist.
In der Regel werden Muslime von ihren nahen Verwandten während des Sterbeprozesses begleitet. Anders als in der heutigen Großstadtgesellschaft haben Familie und Gemeinschaft im Islam einen hohen Stellenwert.

Ratschläge für die Begleitung von Muslimen bei Sterbefällen:

- Lesen Sie das Kapitel »Von Frieden, Würde, Heilung und Verzeihen«.
- Bedenken Sie: Alle Menschen empfinden den gleichen Schmerz angesichts des Abschieds – unabhängig davon, welcher Religion sie angehören.
- Beachten Sie Lebensregeln des Islam, wenn Sie Muslimen in stationären Einrichtungen begegnen:
    - Die Reinhaltung von Körper und Geist ist Vorraussetzung zur Erfüllung der religiösen Pflicht. Reinhaltung nach religiösen Grundätzen ist durch einen Nicht-Muslimen nicht möglich. Daher können Nicht-Muslime einen muslimischen Patienten nur waschen, niemals aber reinigen.
    - Beachten Sie, dass Nicht-Muslime einen verstorbenen Muslim nicht berühren dürfen. Ziehen Sie daher Einmalhandschuhe an, wenn Sie Sterbende oder Verstorbene berühren (müssen).
    - Nahrung wird mit der rechten Hand aufgenommen. Die linke Hand ist der Reinigung der Körperöffnungen, auch nach Toilettengang, vorbehalten.
    - Eine Pflege ist nur durch das gleiche Geschlecht erlaubt.
    - Der Verzehr von Schweinefleisch und von Alkohol ist verboten. Lebensmittel, die mit Schweinefleisch in Berührung gekommen sind, gelten als unrein.

Regeln für den Umgang mit Sterbenden:

- Ein sterbender Mensch wird nicht allein gelassen.
- Dem Sterbenden gegenüber wird der Tod nicht erwähnt. Vorbereitung auf den Tod ist daher im Islam nicht gebräuchlich.
- Dem Sterbenden wird das Glaubenszeugnis beim Sterben ins Ohr geflüstert, damit dies die letzten Worte sind, die er vernimmt (siehe oben: Jenseitsvorstellungen).
- Ein Sterbender darf nicht durstig sterben.

- Ein Mensch darf nur vom eigenen Geschlecht nackt gesehen werden. Die Regel gilt auch für Verstorbene.
- Ein verstorbener Mensch wird von seinen Angehörigen (oder anderen Muslimen) versorgt. Dabei wird streng nach Geschlechtern getrennt.
- Bitten Sie Nahestehende und Angehörige von Muslimen hinzu, wenn ein sterbender Muslim Unterstützung benötigt.
- Geben Sie den betroffenen Muslimen die Möglichkeit, von dem Sterbenden Abschied zu nehmen und ihre eigenen Sterbe-, Trauer- und Beerdigungsrituale durchzuführen.
- Sollte der sterbende Muslim keine Angehörigen haben, bitten Sie Menschen einer in der Nähe gelegenen Moschee, den Dienst der Versorgung des Toten nach islamischen Regeln vorzunehmen. Dieses entspricht einer gemeinschaftlichen Pflicht, die für Muslime und deren Gemeinschaft vor Gott wichtig ist.
- Sollte während des Sterbeprozesses kein Angehöriger zugegen sein, flüstern Sie dem sterbenden Menschen sein Glaubensbekenntnis ins Ohr (»Ich bezeuge, es gibt keinen Gott außer Gott, und Muhammad ist sein Gesandter.«).
- Setzen Sie sich bei weiteren Fragen mit Moscheen in Ihrer Nähe in Verbindung und bitten Sie dort um Aufklärung bzw. Ratschläge.
- Weitere Hinweise können Ihnen durch die folgende Broschüre gegeben werden:
»Du, oh beruhigte Seele ...« Zum Umgang mit Tod und Trauer bei Muslimen in Krankenhäusern.
Herausgeber: Deutsches Rotes Kreuz, LV Berliner Rotes Kreuz e. V., zu beziehen bei: Ambulantes Hospiz des DRK, Kreisverband Wedding/ Prenzlauer Berg e. V., Neue Hochstr. 21, 13347 Berlin. Telefon: (030) 46 90 19-44, Telefax: (030) 46 90 19-49, E-Mail: hospiz@drk-wedpre.de
- Einige Links können Ihnen zur weiteren Information hilfreich sein:
  - www.islam.de
  - www.islaminstitut.de

Nachwort

Die Sterbeamme/der Sterbegefährte

Der Frieden ist dem Land eine Amme.
Hesiod von Böotien

Und soll es sein, und muss es sein,
da hilft kein Zieren und Flennen:
greif in die Nesseln frisch hinein,
so werden sie nicht brennen.
F. W. Weber

Die Gastronomie beherrscht das ganze Leben, denn die Tränen des Neugeborenen verlangen die Brust einer Amme und der Sterbende schlürft noch hoffnungsvoll den letzten Trank, den er, ach! nicht mehr verdauen soll.
Jean Anthelme Brillat-Savarin

Das Leben ist der Begleiter des Todes;
der Tod ist der Anfang des Lebens.
Aus China

Wer immer sich in einem Trauerprozess befindet, sieht mit einer gewissen inneren Verwunderung die Leichen, die im täglichen Fernsehprogramm bereits am Nachmittag produziert werden. Schreitet der Abend fort, werden die Tode und der damit einhergehende Horror zunehmend anschaulicher zubereitet. Die Bilder der Kriegsberichterstattung sind ebenso alltäglich wie Berichte über Leichenverbrennungen in Indien. Allerdings sterben ja immer nur die anderen. Der Tod hat mit uns selbst nicht im Geringsten etwas zu tun. Sind wir nicht unsterblich?

Erst wenn Freunde, Großeltern, die eigenen Kinder, die Eltern oder unsere Geliebten sich zum Sterben bereit machen, nagt die eigene Fragilität an unserer Seele. Dann stehen wir vor dem Unfassbaren. Trauer, Entsetzen, Sprachlosigkeit und »Das Leben muss weitergehen!«-Parolen stehen als mögliche Reaktionsmuster zur Verfügung.

Und plötzlich und klammheimlich drängen sich Zweifel in unseren doch so gewohnten Alltag und stellen unsere Ziele und Prinzipien auf den Prüfstand. Dann hat uns erreicht, was uns längst klar wäre, wenn wir nicht ununterbrochen abgelenkt wären durch den Alltagsspaß, den ganze Nationen gemeinsam mit uns zelebrieren: Wir sind verletzbar, wir sind sterblich und geben unser Bestes, damit wir das auf keinen Fall bemerken.

Der Tod als Alltagsphänomen

Überall werden Menschen geboren und überall sterben Menschen. Bei uns jedoch geschieht das allenfalls hinter verschlossenen Türen, betreut von medizinischem Fachpersonal. Und wenn der Tod eingetreten ist, tritt anderes Fachpersonal in Aktion. Die Bestattungsunternehmen erledigen die Formalitäten, und bestenfalls umsorgen sie die Angehörigen, bis die Beerdigung vorbei ist. Dann gehen alle nach Hause. Der Alltag muss weitergehen.

Krankheiten aus der Trauer geboren

Trauer findet jedoch immer statt. Auch wenn sie geleugnet wird. Ein verzweifeltes »Hossa!« mit gellend lauter Musik und Alkohol sind ebenso eine Form von Trauer, wie erschüttertes, verzweifeltes Weinen oder stiller Gram.

Doch bei der Trauer geht es nicht allein um die Verstorbenen und die schmerzliche Sehnsucht nach ihnen. Wir sind ebenso daran erinnert, dass auch unser eigener Weg endlich ist und wir zerbrechlich sind. Und viele Menschen klammern sich verzweifelt an das letzte bisschen Alltag, um den bohrenden Gedanken Einhalt zu gebieten.

Wir haben keine gemeinsamen Formen mehr, die – über eine Beerdigung hinaus – Trauer als Gemeinschaftsprozess kennzeichnen. Lediglich schwarze Kleidung für ein ganzes Jahr und regelmäßige Besuche bei denen, die sich in der Trauer befinden, sind noch heute gebräuchlich – allerdings gehören diese Formen in ländliche Gegenden und sind in einer modernen Großstadt kaum mehr zu finden.

Ob wir dann jedoch persönliche Formen finden können, um unserer Trauer Ausdruck zu verleihen, ist ein sehr individuelles und intimes Geschehen. Ein Foto, ein Geruch, ein Lied im Radio, alles das kann dann schmerzliche Erinnerungen in uns wachrufen und der Kampf mit den aufsteigenden Tränen beginnt.

Die Folgen eines nicht gelebten Trauerprozesses sind nicht exakt messbar und dennoch deutlich wahrnehmbar. Eine herzzerreißende Sehnsucht, eine aufgeworfene und unbeantwortete Sinnfrage wühlen unentwegt in unseren Tiefen. Die Folge, auch nach Jahren, umfasst auf einer körperlichen Ebene die ganze Palette stressbedingter vegetativer Störungen: Schwindelattacken, nervöse Herzbeschwerden, Schlafstörungen, Sexualstörungen, Immundefizite seien hier als einige Beispiele genannt. Auch schwer zu greifende Angstzustände, Depressionen und Suchtverhalten stehen oft in Verbindung mit unverarbeiteter Trauer. Wenn diese Symptome unmittelbar nach dem Tod eines nahestehenden Menschen auftreten, ist eine Verflechtung schwer zu übersehen. Der Prozess des Trauerns beinhaltet jedoch einen Ablauf in Phasen. Das führt dazu, dass diese Erscheinungen unter Umständen erst nach Jahren auftreten.

Tatsache ist, dass in einer üblichen ärztlichen Behandlung solche Zusammenhänge oft nicht wahrgenommen werden. Auch Ärzte und Krankenpersonal sind nicht auf Trauer und deren Folgen vorbereitet, geschweige denn in einer möglichen Begleitung ausgebildet. Auch in naturheilkundlichen Behandlungen werden diese Zusammenhänge bei weitem nicht genügend beachtet. Ein allgemeines gesellschaftliches Tabu betrifft dabei die Trauer um Ungeborene oder tot geborene Kinder.

Wenn Trauer der offenkundige Anlass für eine gesundheitliche Störung ist, bleibt unter heutigen Erstattungsbedingungen der Krankenkassen oft nur der Griff zu Psychopharmaka als vermeintlichem Rettungsanker. Es soll nicht unerwähnt bleiben, dass die große Sehnsucht nach den Verstorbenen auch zu einem »Hinterhereffekt« führen kann. Unfälle und lebensbedrohliche Erkrankungen sind mögliche Wege, sich aus der unendlichen Sehnsucht nach den Verstorbenen aus dem Staub dieser Welt, auf den Weg fort vom Leben zu machen.

Alle diese Erscheinungen sind als Störung eines physiologischen Trauerprozesses zu werten. Es ist notwendig, dem einzelnen Betroffenen zur Seite zu stehen und ansatzweise einen Platz in der Gemeinschaft anzubieten. Dazu reicht ein sehr privates Vertrauensverhältnis PatientIn und TherapeutIn nicht aus. Die ganze Gesellschaft wird hier in die Pflicht genommen werden müssen. Dass dies mit einer »Spaßgesellschaft« kein leichtes Unterfangen ist, ist wahr.

Geboren werden und Sterben

Sterbephasen, wie von der Pionierin der Sterbeforschung, Elisabeth Kübler-Ross, beobachtet und beschrieben, sind Schritte in einem Prozess, der mit einem Abschied endet. Alle Abschnitte eines Abschieds durch den Tod können verglichen werden mit den Phasen

einer Schwangerschaft. Unweigerlich entwickelt sich dieser Prozess auf den Tod – die Geburt – hin. Sterbende werden in eine neue Existenz hinein geboren, lassen eine alte Hülle hinter sich, sie verlassen eine Gemeinschaft. Das neu geborene Kind taucht langsam in diese Welt ein und die Verstorbenen lösen sich langsam von dieser Welt.
Das anschließende Wochenbett der Trauer allerdings betrifft die Hinterbliebenen. Die Zeit der möglichen »Nachwehen« dauert mindestens ein Jahr, damit die betroffenen Trauernden sich in ihrem ungewohnten neuen Alltag zurechtfinden können. Wie mit jeder abgeschlossenen Geburt, beginnt für die Familie ein neues Leben. Und, wie bei jeder Geburt, ist eine sachgerechte und einfühlsame Wochenbettbegleitung eine gesundheitliche Notwendigkeit. Die Fragilität dieses Zustandes wirft die allergrundsätzlichsten Fragen um Tod und Leben auf. Umso wichtiger ist eine Nachsorge bei jenen Fällen von »Sturzgeburt«, wie sie bei unnatürlichen, plötzlichen Todesfällen der Fall ist.
Insbesondere für diese Formen der Umsorgung der Hinterbliebenen bietet sich ein neues Berufsbild an: Angehörige verschiedener Heilberufe können sich als Sterbeamme *qualifizieren.*

Was ist eine Sterbeamme/ein Sterbegefährte?

Eine Sterbeamme/ein Sterbegefährte bewegt sich vertraut mit den Phasen des Sterbens und Trauerns und sicher erfahren im Gebiet des nachtodlichen Wochenbettes. Sie wissen um die Qualen der Zurückgebliebenen und die Ängste der Sterbenden. Sie haben die unserer Kultur eigenen früheren Formen rituellen Trauerns studiert und entwerfen neue, zeitgemäße Formen. Sie begleiten die Angehörigen, je nach Wunsch, eine gewisse Zeit oder ein ganzes Trauerjahr hindurch. Sie sind in der Lage, konfessionelle wie überkonfessionelle Ansätze aufzugreifen. Ihr Ziel ist, dazu beizutragen, Angst und Trauer von Selbstvorwürfen und unstillbarer Sehnsucht zu erlösen. Sie unterstützen professionell die Fähigkeit der Betroffenen, ihr Leben selbst, um ein paar grundlegende Antworten auf Lebensfragen reicher, in die Hand zu nehmen.
Trauer ist ein schmerzlicher Prozess. Es sind die Nachwehen, die, wenn sie unbegleitet sind, ein unerwünschtes Eigenleben entwickeln können. Die Sterbeamme/der Sterbegefährte weiß um diese Schmerzen und hat eine Vielzahl von phantasievollen Möglichkeiten zur Verfügung, diese zu lindern. Sie bieten hilflosen Menschen

ein Konzept, einen Rahmen, sich selbst wieder zu finden. Ihre Arbeit beginnt mit der Begleitung Sterbender und deren Angehörige. Die Begleitung durch eine Sterbeamme/einen Sterbegefährten kann auch nach dem Tod einsetzen und die Hinterbliebenen in ihrem Trauerprozess unterstützen, damit sie trotz allen Schmerzes eine neue Zukunft finden können.
Zu ihren Aufgaben gehört es auch, einen pathologischen Trauerprozess erkennen zu können. Eine pathologische Trauersituation ist dann gegeben, wenn Trauernde in eine nicht aufzuhaltende Verbitterung geraten und aus dieser nicht mehr herauswollen. Auch wenn sie gar nicht mehr auf die Idee kommen, dass eine Unterstützung von außen überhaupt möglich ist und der Anstoß von außen dazu sie nicht mehr zum Handeln bewegen kann, liegt eine solche Schwierigkeit vor. Die Aufgabe der Sterbeamme/des Sterbegefährten ist es, in diesen Fällen Betroffene an eine medizinische Behandlung zu verweisen.
Eine Sterbeamme/ein Sterbegefährte steht mit beiden Beinen fest im Leben, denn nur so ist es möglich, dem Flüchtigen und Ungreifbaren angesichts des Todes offen zu begegnen.
Die Bezahlung der Dienste einer Sterbeamme/eines Sterbegefährten wird privat geregelt. Spendengelder und ehrenamtliche Tätigkeit sind nicht ausreichend. Wer versteht, wie sehr durch diese Arbeit gesundheitliche Folgeerkrankungen aufgefangen werden können, wird auch das verstehen. Eine solche professionelle Unterstützung unterscheidet sich nicht von jeder anderen fundierten Dienstleitung, sei es dem Beistand eines Rechtsanwaltes oder der Reparatur eines Schuhs.

Eine Zukunftsvision

Dürfen wir uns vorstellen, dass sich Sterbende irgendwann in kommenden Zeiten, betreut von medizinischem Fachpersonal im Hospiz oder von einer Sterbeamme/einem Sterbegefährten im Kreis ihrer Lieben und nahen Menschen auf den Weg machen? Dürfen wir uns vorstellen, dass Krampfwehen der Trauer von zupackenden Händen weich massiert werden können? Dürfen wir uns vorstellen, dass nach einem Trauerjahr, begleitet von einer Sterbeamme/einem Sterbegefährten, ein Jahrestag mit Weinen *und* Lachen gefeiert werden kann? Wir dürfen!

Informationen über Ausbildung zur Sterbeamme/ zum Sterbegefährten
Informationen über die Ausbildung zur Traueramme/ zum Trauergefährten

Claudia Cardinal
Heilpraktikerin, Sterbeamme, Autorin
Brookkehre 11
21029 Hamburg
Tel: 040-7242420
Fax: 040-7242214
E-Mail: claudiacardinal@sterbeamme.de
www.sterbeamme.de

Viele Hospize und Hospizdienste bieten Trauerbegleitung und Trauergruppen für Kinder und Jugendliche an. Bitte informieren Sie sich über die nächstgelegene Gruppe im Internet.

Unter www.sterbeamme.de finden Sie Sterbeammen und Sterbegefährten in Ihrer Nähe.

Abbildungsnachweis

12 privat
53 © getty images (John Lund)
67 © getty images (Nicholas Veasey)
103 © Museum für Völkerkunde, Hamburg
120 © Felipe Morales, El segundo yo, 1990, © beim Künstler
169 © Bildarchiv Monheim, Meerbusch
233 © Der Teufel – Darstellung vom Jüngsten Gericht, Bamberger Dom, Tympanon des Fürstenportals, um 1230